How-nual Shuwasystem Beginners Guide Book

基本と仕組みがよ～くわかる本

難解な制度の全体像がまるわかり！

［第9版］

ケアタウン総合研究所代表
高室 成幸 監修

秀和システム

●注意

(1) 本書は著者が独自に調査した結果を出版したものです。
(2) 本書は内容について万全を期して作成いたしましたが、万一、ご不審な点や誤り、記載漏れなどお気付きの点がありましたら、出版元まで書面にてご連絡ください。
(3) 本書の内容に関して運用した結果の影響については、上記(2)項にかかわらず責任を負いかねます。あらかじめご了承ください。
(4) 本書の全部または一部について、出版元から文書による承諾を得ずに複製することは禁じられています。
(5) 本書に記載されているホームページのアドレスなどは、予告なく変更されることがあります。
(6) 商標
本書に記載されている会社名、商品名などは一般に各社の商標または登録商標です。

はじめに

「介護の社会化」をめざして創設された介護保険制度は、「成長」から「成熟」のステージに入りました。２０２５年には戦後生まれのベビーブーマーたち、つまり「団塊世代」が後期高齢者となり、制度の持続可能性を左右するターニングポイントを迎えます。

かつては「介護は女性の役割」「家族介護は美徳」という意識が一般的でした。現在では男性介護者が当たり前となり、同居介護だけでなく「通い介護」や「しながら介護」（仕事、子育て、学業）などのスタイルも定着してきました。介護への社会的理解は進み、介護サービスを利用すること、施設に入居させることへの「引け目感」は25年前より軽減されてきました。

しかし、介護の姿は大きく様変わりしています。長命化の流れの下、夫婦型の老老介護に70代の子どもが90代の親を介護する親子型も増えました。単身高齢者の急増、孤立化と孤独死、インフレと増税による生活困窮高齢者の急増、仕事や子育て・学業との両立、など課題は複雑化し混迷の度合いは増えています。

そして25年をかけて構築した介護インフラは危機にあります。深刻な介護人材不足、物価高騰と人件費高騰に追いつかない介護報酬、後継者不足と経営不振による介護事業者の倒産とＭ＆Ａなど大きな転機を迎えています。

介護保険制度は市町村が保険者となり、地域包括ケアシステムで総合的に支えていく仕組みをめざしてきました。これからは高齢障がい者への支援が加わり「共生社会型の仕組み」にアップデートすることが求められています。そして「人生１００年時代」が当たり前の「長命社会」を迎える日本は、団塊ジュニアが前期高齢者となる２０４５年に向けて大きな一歩を踏み出す時期になりました。そのためには新たな介護サービスと介護スタイルの創出、医療・介護・日常生活資源との連携、地域コミュニティを巻き込んだ支援だけでなく、保険外サービスの創出、ＡＩを活用したＩＣＴ支援と機器の開発などが期待されます。

本書が介護に悩み、不安を抱える利用者・家族と先が見えない介護サービス事業者の一助となるとともに、地域包括ケアシステムに関わる多くの専門職や行政関係者の方々の参考となることを願っています。

ケアタウン総合研究所　代表　高室　成幸

介護保険歴史年表

2045年をめざす「地域包括ケアシステム」のイノベーション！

予防重視型システムへの転換を図るため、ICF（国際生活機能分類）を導入。地域包括支援センターを創設し、地域密着型サービスを開始。施設給付の見直しや介護サービス情報の公表も行われた。

3年ごとに介護保険事業計画が見直される。

期	年	介護保険制度のあらまし	高齢者人口	介護保険給付（総費用額）	保険料基準額*
―	1997	介護保険法成立	1976万人		
	…				
第1期	2000	介護保険法施行	2,193万人	3.6兆円	2,911円
	2001			4.6	
	2002			5.2	
第2期	2003			5.7	3,293円
	2004			6.2	
	2005	第一次改正	2560万人	6.4	
第3期	2006	第一次改正が施行		6.4	4,090円
	2007			6.7	
	2008	第二次改正		6.9	

医療とは独立した高齢者の介護を社会的に支える仕組みとしてスタート。自立支援と利用者本位に立った一体的サービスの提供をめざし、社会保険方式を採用した。

市町村が指定権者となる地域密着型サービスが誕生。認知症グループホームが組み入れられ「小規模多機能型居宅介護」が誕生。

＊全国平均

医療と介護の連携が強化され、24時間対応型定期巡回・随時対応型サービスが始まる。介護人材の確保とサービスの質の向上や、有料老人ホームの前払金の利用者保護、高齢者住まい法の創設、認知症対策の推進（市民後見人の育成等）が盛り込まれた。

地域包括ケアシステムの構築が本格的にスタート。予防給付が地域支援事業に移行。一定以上の所得者の自己負担割合の引き上げや低所得者の保険料の軽減割合の拡大など、費用負担についても大きく変化した。

期	年	改正	人口	介護保険給付	保険料
第９期	2024	第七次改正			6,225円
第８期	2023		3623万人	13.8	6,014円
	2022		3624万人	13.3	
	2021	第六次改正が施行	3677万人	11.3	
第７期	2020	第六次改正	3619万人	11.1	5,869円
	2019			10.8	
	2018	第五次改正が施行		10.4	
第６期	2017	第五次改正	3515万人	10.2	5,514円
	2016			10.0	
	2015	第四次改正が施行	3392万人	9.8	
第５期	2014	第四次改正		9.6	4,972円
	2013			9.2	
	2012	第三次改正が施行	3079万人	8.8	
第４期	2011	第三次改正		8.2	4,160円
	2010		2958万人	7.8	
	2009	第二次改正が施行		7.4	

「地域包括ケアシステムの推進」と「介護保険制度の持続可能性の確保」が掲げられる。

期中改定。介護職員処遇改善加算の見直し。

在宅等での中重度ニーズへの対応、介護予防・日常生活支援総合事業が始まる。「早めの住み替え」を合言葉にしたサービス付高齢者住宅がスタート。

景気後退対策として初めてプラス改定され、現場の負担を新たに評価。EPA（経済連携協定）による外国人の介護人材受け入れもスタート。

高齢者人口が3000万人を突破。

（注）人口は毎年10月1日現在（2000〜2015年は「令和2年国勢調査人口等基本集計結果」、その他は「人口推計」）。
介護保険給付は、厚生労働省社会保障審議会介護保険部会（第110回）資料をもとに作成

❶地域包括ケアシステムの深化・推進

認知症、単身高齢者、生活困窮高齢者、医療ニーズが高い高齢者などを含め、すべての利用者に対して質の高いケアマネジメントやサービスが提供できる地域包括ケアシステムを推進する

①質の高い公正中立なケアマネジメント

・居宅介護支援：ヤングケアラー、就労介護者、高齢障害者、生活困窮者、難病患者等への対応を促進

②医療と介護の連携の推進

・各種介護サービスにおいて、医療ニーズの高い利用者への対応と医療機関との連携を強化（入院時・通院時・退院時の情報連携加算、ターミナルケアマネジメント加算の充実）

③認知症の対応力向上

・小規模多機能型居宅介護：専門的研修修了者の配置の推進を認知症加算で評価
・認知症対応型共同生活介護、介護保険施設：「認知症チームケア推進加算」を新設

地域包括ケアシステム

地域の実情に応じた柔軟かつ効率的な取組み

④看取りへの対応強化

・訪問入浴介護、短期入所生活介護：看取り連携体制加算を新設
・介護老人保健施設：ターミナルケア加算で死亡日前々日～死亡日の単位数を引き上げて重点化

⑤福祉用具の貸与と販売「選択制」

・一部の用具で、貸与と販売の「選択制」を導入し、利用者負担の軽減・制度の持続可能性を確保
・全国平均の貸与価格・上限価格の導入

⑥高齢者虐待防止の推進

・虐待発生・再発防止の措置を講じることを強化
・「高齢者虐待防止措置未実施減算」を新設

⑦感染症や災害への対応力向上（BCP）

・入所系サービス、施設サービス：医療機関と連携の下、施設内で感染者の療養を行い感染拡大を防止
・感染症や災害発生時に、継続的にサービス提供できる体制構築のため業務継続計画（BCP）策定を推進（「未策定減税」を新設）

❷自立支援・重度化防止に向けた対応

介護保険制度の「高齢者の自立支援・重度化防止」という趣旨に沿い、多職種連携と各種データの活用等を推進する

●自立支援・重度化防止に係る取組の推進

①通所介護

・入浴介助に関わる職員に入浴介助に関する研修等を行う要件を新設
・医師等が訪問困難な場合に、介護職員が訪問し、情報通信機器等を活用して医師等が浴室の動作等を状況把握し、評価・助言を行えば入浴介助加算が可能に
・利用者宅に近い入浴環境（手すりの位置・浴槽の深さと高さなど）を再現して入浴介助

②介護老人保健施設

・在宅復帰・在宅療養支援等評価指標・要件を引き上げ
・入所前の主治医と連携して薬剤を評価・調整した場合の加算を引き上げ
・入所前に6種類以上の内服薬が処方されている利用者に対して、施設入所中も服用薬剤の評価・調整をした場合の加算を新設

●LIFEを活用した質の高い介護

・科学的介護推進体制加算・自立支援促進加算
LIFEへのデータ提出頻度を3か月に1回とし、入力項目の定義の明確化、選択肢の統一化により入力負担を軽減

●アウトカム評価の充実のための加算等の見直し

①ADL維持等加算
ADL利得の計算方法を簡素化

②排泄支援加算
尿道カテーテルの抜去を加算の評価の対象に

③褥瘡マネジメント加算等
施設入所時等に認めた褥瘡の治癒を加算の評価対象に

●リハビリテーション（機能訓練）、口腔、栄養の一体的取組等

①通所リハビリテーション

・〈予防〉リハビリテーションと口腔機能向上・栄養改善の一体的取組を推進する観点から、「一体的サービス提供加算」を新設
・リハビリテーションマネジメント実施体制が充実している大規模型事業所の基本報酬を通常規模型事業所並みに引き上げ

②居宅療養管理指導

歯科衛生士、管理栄養士の提供するサービスは、通所可能な人も算定対象に

③訪問系・短期入所系サービス

口腔管理に関する情報を歯科医療機関や介護支援専門員に情報提供を行う等の連携をした場合の加算を新設

④介護保険施設

退所先の施設や医療機関に栄養管理に関する情報を提供した場合の「退所時栄養情報連携加算」を新設

❸良質な介護サービスの効率的な提供に向けた働きやすい職場づくり

介護人材及び介護支援専門員不足の中で、更なる介護サービスの質の向上を図るため、処遇改善と生産性向上による介護サービスの効率化及び職場環境の改善に向けた先進的な取組を推進

生産性の向上等を通じた働きやすい職場環境づくり（訪問系と通所系サービスを除くサービス

- 利用者の安全・介護サービスの質の確保・職員の負担軽減のための方策を検討する委員会を設置し、厚生労働省への実績報告を義務化（3 年間の経過措置あり）
- 見守り機器や介護機器等のテクノロジーを導入し、生産性向上ガイドラインに基づいた業務改善を継続的に行う場合に「生産性向上推進体制加算」を新設

介護職員の処遇改善

介護職員の処遇改善のための加算を、新設する「介護職員等処遇改善加算（Ⅰ）～（Ⅴ)」に一本化し、加算率を引き上げ。事業所内での柔軟な職種間配分を認める

効率的なケアマネジメント提供の推進

介護支援専門員の一人当たり取扱件数を（Ⅰ）45 件未満、（Ⅱ）50 件未満とし、介護予防支援の件数は 3 分の1で計算する

❹制度の安定性・持続可能性の確保

介護保険制度の安定性・持続可能性を高め、公正・中立で安心できる制度を構築する

評価の適正化

①**訪問介護事業所の同一建物居住者へのサービス提供時の報酬を見直し**

過去６か月間の提供総数のうち同一建物居住者が９割以上の場合には 12%の減算

②**短期入所生活介護の長期利用の適正化**

・要介護：61 日以降の単位を引き下げ
・要支援１：要介護１の 75/100 を算定
・要支援２：要介護１の 93/100 を算定

③**同一建物に居住する利用者へのケアマネジメントの報酬の見直し**

➡ 95%に減算（新設）

報酬の整理・簡素化

①**定期巡回・随時対応型訪問介護看護の報酬の見直し**

基本報酬から夜間にのみ訪問サービスを除く区分を新設

②**介護予防通所リハビリテーションの加算の見直し**

・運動器機能向上加算を廃止して基本報酬へ包括化
・事業所評価加算を廃止

加算の廃止

①**認知症情報提供加算**（介護老人保健施設）
②**地域連携診療計画情報提供加算**（介護老人保健施設）
③**長期療養生活以降加算**（介護医療院）

❺その他

「書面掲示」規制の見直し

重要事項等の情報は、「書面掲示」に加えウェブサイトへの掲載・公開を義務化

通所系サービスの送迎取扱い

他の介護事業所や障害福祉サービス事業所の利用者との「同乗」が可能に

「居住費」の見直し

光熱・水道費は、値上がり分を勘案して、１日当たり 60 円分増額

「地域区分」の見直し

客観性や公平性の観点から、隣接する地域の地域区分に合わせて変更

ポイントと利用者・事業者への影響

2024年介護保険制度改正が、利用者・事業者へどのような影響を与えるのかまとめました。

改正ポイント	利用者への影響	事業者への影響
①地域包括ケアシステムの推進	公正中立のケアマネジメントにより介護職・医療職に情報が共有され、認知症や看取り期、就労支援のために適切な介護と医療のサービスを受けることができる	医療機関への情報提供が増え、重度の利用者の医療的ケアの充実が求められる。福祉用具などは複数提案と選択制が義務化となる

②自立支援・重度化防止の取組の推進	すべての介護サービスにおいて、科学的根拠に基づいた心身の維持改善・自立支援に向けたサービスを受けられるようになる	リハビリテーション（機能訓練）・口腔ケア・栄養改善に資するサービスの提供（一体的）と、その結果（アウトカム評価）を「LIFE」に提供することが求められる
③介護人材の確保・介護現場の働きやすい職場づくり	介護人材の多様化（外国人材の採用、中高年者の活用など）、介護ロボット、AIの活用、処遇改善により「介護の質の向上」が期待できる	外国人材を含め幅広い人材の採用・育成が求められる。また、テレビ電話システムなどによるICTやAIを活用して、業務の効率化やコスト削減と生産性の向上が求められている
④制度の安定性・持続性の確保	報酬単価の見直し（上昇）により「負担増」となり、加算等の項目も複雑化し、サービス利用がよりわかりにくくなる	介護保険制度上、介護報酬と特別加算の見直し、評価の適正化などにより、公正かつ根拠のあるサービスの提供が求められる
⑤書面掲示、送迎乗り合い、居住費・地域区分見直し	重要事項説明書のウェブサイト掲示による常時の確認と質の改善が期待できる。送迎時間の自由度が増す	重要事項説明書の改善、送迎バスの乗り合い可による効率化、居住費等の改訂による経営改善が期待される

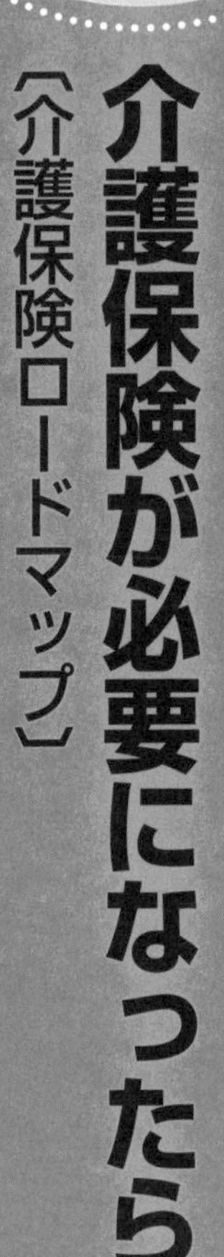

介護保険が必要になったら

【介護保険ロードマップ】

いざ介護保険が必要となった場合、どのような流れになるのか、一目でわかるロードマップです。

介護予防・
日常生活支援
総合事業

要介護認定の
申請をする

非該当(自立)
と認定される

認定調査

訪問調査
(一次)

要介護度
の認定
(二次)

要支援者と
認定される

介護保険利用
スタート!

要介護者と
認定される

介護保険利用
スタート!

居宅介護
支援事業者
(ケアマネジャー)
と契約

予防プラン
の確定
利用者の
同意
サービス
担当者会議
介護予防
サービス計画
原案作成
介護予防
事業者の
選定と契約
訪問・
アセスメント
地域包括支援センター
介護予防
サービス
スタート!!
地域包括
支援センター
と契約
認定調査
訪問調査
（一次）
要介護度
の認定
（二次）
要介護
（支援）度が
変更される
認定の
変更手続き
訪問・
アセスメント
居宅介護支援事業者（ケアマネジャー）
介護サービス
スタート!!
居宅サービス
計画原案作成
事業者の
選定と
契約
ケアプラン
の確定
利用者の
同意
サービス
担当者会議

チャートでわかる!

興味があるところから読んでください

〔本書の内容をナビゲート〕

本書には様々なタイプの読者に向けた内容になっています。あなたに合った情報をナビゲートします。

介護ビジネスに興味がある

- 介護ビジネスに興味があるひと
- 事業所等を経営しているひと
- 介護業界を知りたいひと

介護ビジネスに参入している → No → 業界の動きを知りたい
No
Yes

介護の仕事に興味がある

- 介護の現場で働いているひと

- 介護の資格取得を考えているひと

- 介護に転職を考えているひと

介護関連資格をもっている
No
Yes

介護サービスに興味がある

- 自分や身近な人が介護を必要としているひと

- 老後の備えを考えているひと

要介護または要支援認定を受けた
No
Yes → 既にサービスを利用している

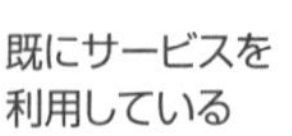

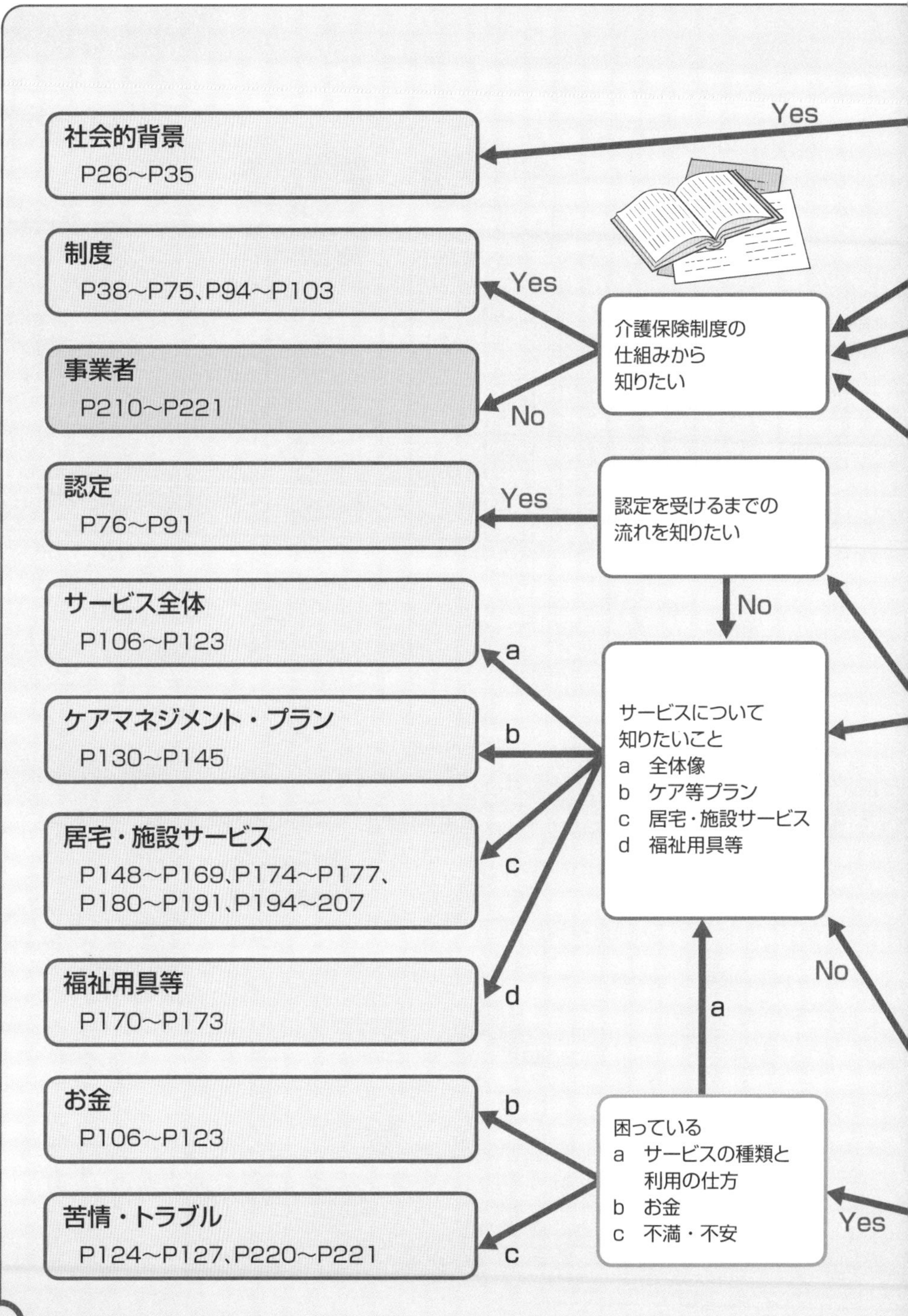
Yes
社会的背景
P26～P35
制度
P38～P75、P94～P103
Yes
事業者
P210～P221
No
介護保険制度の
仕組みから
知りたい
認定
P76～P91
Yes
認定を受けるまでの
流れを知りたい
No
サービス全体
P106～P123
a
ケアマネジメント・プラン
P130～P145
b
居宅・施設サービス
P148～P169、P174～P177、
P180～P191、P194～207
c
福祉用具等
P170～P173
d
サービスについて
知りたいこと
a 全体像
b ケア等プラン
c 居宅・施設サービス
d 福祉用具等
No
a
お金
P106～P123
b
苦情・トラブル
P124～P127、P220～P221
c
困っている
a サービスの種類と
利用の仕方
b お金
c 不満・不安
Yes

図解でわかる!

読む前に確認しましょう

〔標準的なサービスの流れと本書の流れ〕

自分に必要な情報が本書のどこにあるのか、読む前に確認してみましょう。

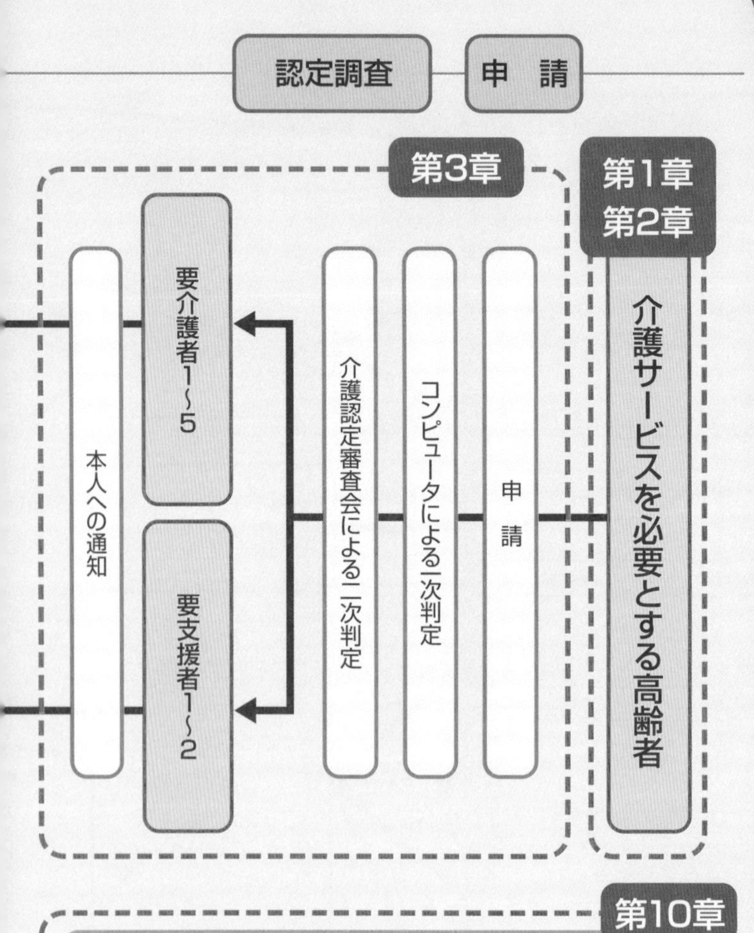

第10章

ケアマネジメント事業所

- 指定居宅介護支援事業者
- 指定介護予防支援事業者（地域包括支援センター）
- 指定居宅サービス事業者
- 指定地域密着型サービス事業者
- 民間サービス　など

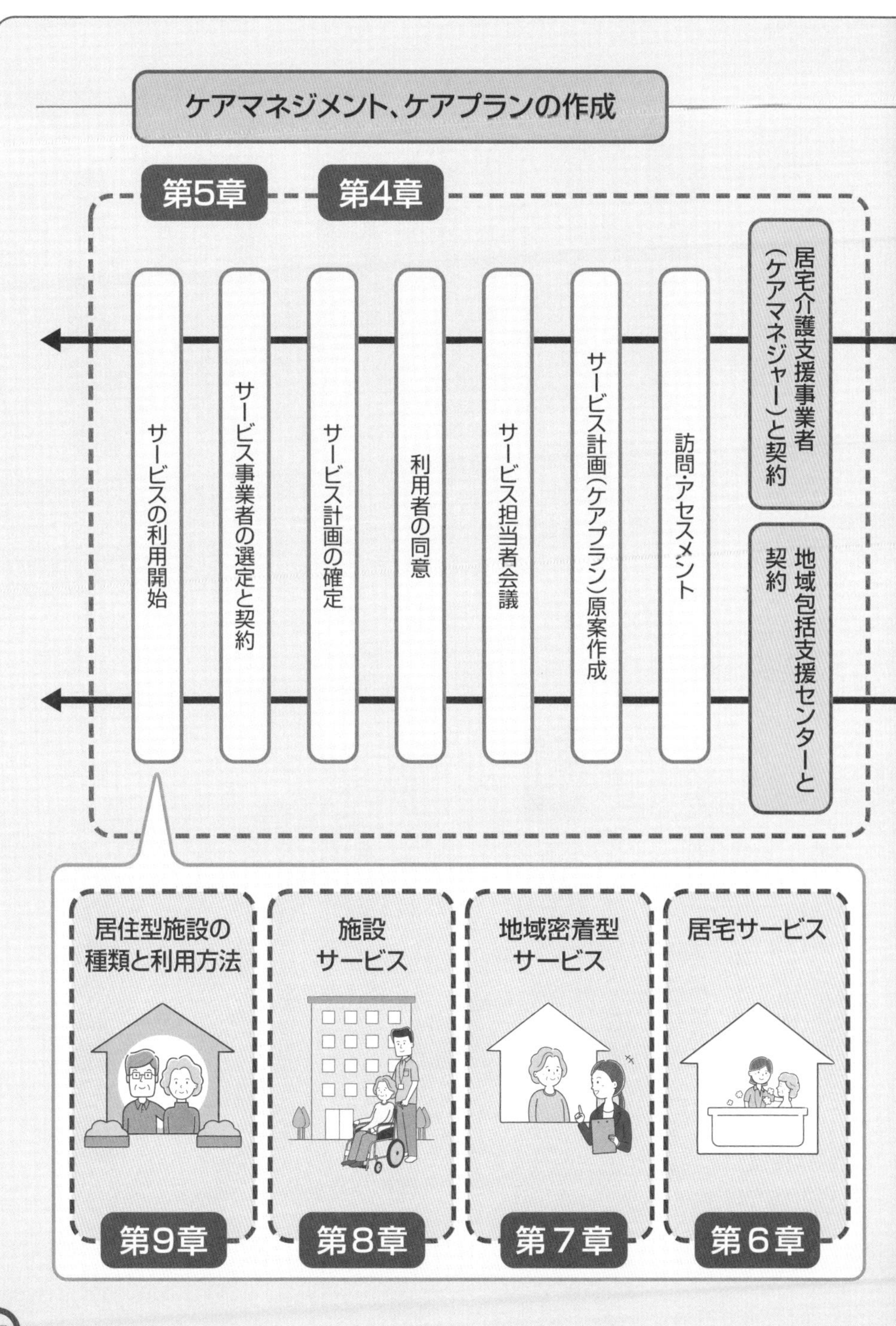
ケアマネジメント、ケアプランの作成
第5章
第4章
居宅介護支援事業者（ケアマネジャー）と契約
地域包括支援センターと契約
訪問・アセスメント
サービス計画（ケアプラン）原案作成
サービス担当者会議
利用者の同意
サービス計画の確定
サービス事業者の選定と契約
サービスの利用開始
居宅サービス
第6章
地域密着型サービス
第7章
施設サービス
第8章
居住型施設の種類と利用方法
第9章

How-nual
図解入門
ビギナーズ

最新介護保険の基本と仕組みがよ～くわかる本［第9版］

●目次

はじめに……3

介護保険歴史年表
「地域包括ケアシステム」のイノベーション！　2045年をめざす……4

介護保険制度改正のポイントダイジェスト……6

介護保険制度改正
ポイントと利用者・事業者への影響……10

流れがわかる！　介護保険が必要になったら……12

チャートでわかる！
興味があるところから読んでください……14

図解でわかる！　読む前に確認しましょう……16

第1章　介護保険とこれからの介護

1-1　超高齢社会と介護保険……26
1-2　地域包括ケアシステムの強化のための改正が2018年度からスタート……28
1-3　2024年の改正では医療・介護情報基盤の整備をさらにすすめる……30
1-4　第9期介護保険事業計画のポイント……32
1-5　地域の住民や元気な高齢者が生活支援などの担い手に……34
コラム　団塊高齢者こそ「個別性と文化性」に着目したケアを……36

第2章　介護保険の仕組み

2-1　介護保険の仕組みと概要……38
2-2　介護保険を運営するのは市町村……40
2-3　国や都道府県は市町村の事業の〝支え手〟である……42
2-4　国、都道府県、市町村がそれぞれ介護保険事業の計画を定める……44

2-5 介護保険に加入する人は40歳以上の国民すべて……46
2-6 適用除外の人や扱いの異なる人もいる……48
2-7 65歳以上の人と65歳未満の人はこう違う……50
2-8 資格の取得と喪失の時期は決まっている……52
2-9 介護保険の財源は公費と被保険者の保険料で1／2ずつ負担する……54
2-10 市町村の介護保険財政を支える仕組みがある……56
2-11 65歳以上の人の保険料はこうして決められる……58
2-12 65歳以上の人の保険料は自治体によって差がある……60
2-13 65歳以上の人の保険料はこうして集められる……62
2-14 保険料を滞納した人には給付に制限が加えられる……64
2-15 会社員の介護保険料は医療保険料と合算で毎月の給与から天引きされる……66
2-16 自営業者の保険料は国民健康保険と一緒に集められる……68
コラム 介護破綻の「5つの前兆」を先読みする……70

第3章 サービス利用の手続き

3-1 介護保険のサービスを利用するには手続きが必要……72
3-2 保険給付が受けられるのは要介護・要支援のとき……74
3-3 市町村に要介護認定の申請をする……76
3-4 申請前でも認定前でも介護保険は利用できる……78
3-5 要介護認定を受ける……80
3-6 訪問調査は調査員が訪問して聞き取りによって行う……82

3-7 訪問調査では高齢者の日常の状態を見てもらう……84
3-8 1次判定は要介護認定等基準時間の合計で行われる……86
3-9 2次判定は介護認定審査会の合議によって行われる……88
3-10 市町村は認定結果を通知する……90
3-11 原因が労災や交通事故の場合は他の制度を利用する……92
3-12 医療保険の給付と同じものは介護保険が優先する……94
3-13 公費負担医療、措置制度、生活保護の場合……96
3-14 介護保険の手続きができない人のための制度……98
3-15 自立と判定された人も介護予防の支援を受けられる……100
3-16 市町村が実施する地域支援事業とは……102
コラム 令和の介護スタイルは「ながら介護」……104

第4章 サービスの利用と負担の仕組み

4-1 認定を受けてからサービスの利用、費用支払いまでの流れ……106
4-2 保険給付は3種類に分類されている……108
4-3 要介護度によって保険給付の上限が決まる……110
4-4 利用者が1割から3割を支払う現物給付の方式をとる……112
4-5 サービスの種類によっては償還払い方式となる……114
4-6 介護報酬は算定基準にもとづいて計算される……116
4-7 事業所の加算の取得状況によって利用料が変わる……118
4-8 払えないときは高額介護サービス費などの制度がある……120
4-9 施設入所のときの食費と居住費が補助される……122

4-10 国保連は介護報酬の審査と支払い、苦情処理をする……124
4-11 不服申立てに対応する介護保険審査会……126
コラム 介護離職は防げるのか?……128

第5章 サービスの利用とケアマネジメント

5-1 ケアマネジメントは介護保険の大きな特徴……130
5-2 ケアマネジャーは介護保険の"要"の役割を果たす……132
5-3 ケアマネジャーを上手に選んで上手に使おう……134
5-4 ケアプランは利用者の自立支援とニーズにもとづいてつくられる……136
5-5 実際のケアプランはこうやってつくる……138
5-6 事業者は個別援助計画にそってサービスを提供する……140
5-7 ケアプランはいつでもつくり直すことができる……142
5-8 要支援であると認定された人の介護予防ケアマネジメント……144
コラム 人生100年時代―50歳になったら人生後半戦のシミュレーションを……146

第6章 居宅サービスの種類と利用方法

6-1 在宅で利用者の生活を支える中心的サービス(訪問介護①)……148
6-2 慎重な業者の選び方と利用料金(訪問介護②)……150
6-3 自宅での入浴を希望する人へのサービス(訪問入浴介護)……152
6-4 自宅にいながら受けられる医療サービス(訪問看護)……154
6-5 自宅でリハビリテーションを受ける(訪問リハビリテーション)……156

6-6 医療系の専門職が自宅に来てくれる（居宅療養管理指導）……158
6-7 日帰りで受けられる介護サービス（通所介護）……160
6-8 日帰りで受ける医療ケアとリハビリテーション（通所リハビリテーション）……162
6-9 家族の介護負担を軽くする（短期入所生活介護）……164
6-10 在宅復帰を目指した医療ケアを受ける（短期入所療養介護）……166
6-11 有料老人ホームなどに入居する（特定施設入居者生活介護）……168
6-12 レンタル&購入で自立した生活を援助する（福祉用具）……170
6-13 住まいの家庭内事故を減らすバリアフリー化（住宅改修）……172
6-14 サービスの不都合を解消する共生型サービス……174
6-15 市町村独自のサービスを利用する……176
コラム 認知症基本法がめざす共生社会の実現……178

第7章 地域密着型サービスの種類と利用方法

7-1 24時間体制で、安心を提供する（夜間対応型訪問介護）……180
7-2 訪問、通所、宿泊のサービスを組み合わせる（小規模多機能型居宅介護）……182
7-3 きめ細かく対応する小規模デイサービス（地域密着型通所介護・療養通所介護）……184
7-4 認知症の人に家庭的なケアを提供（認知症対応型共同生活介護・認知症対応型通所介護）……186
7-5 地域に根付いたサービス（地域密着型特定施設入居者生活介護・地域密着型介護老人福祉施設入所者生活介護）……188
7-6 地域包括ケアの実現（定期巡回・随時対応型訪問介護看護・看護小規模多機能型居宅介護）……190
コラム ACPと「人生会議」～生きる選択～……192

第8章 施設サービスの種類と利用方法

8-1 介護保険施設に入所して受けるサービス……194
8-2 常時介護が必要な中重度の利用者への住まいの提供(介護老人福祉施設)……196
8-3 生活の場と医療を結び付ける中間的施設(介護老人保健施設)……198
8-4 長期の療養生活を支える(介護医療院)……200
コラム 看取りは、病院でなく「自宅や施設」で……202

第9章 居住型施設の種類と利用方法

9-1 「老人福祉法」に規定されている有料老人ホーム……204
9-2 「高齢者住まい法」に基づくサービス付き高齢者向け住宅……206
コラム 居住型施設の上手な使い方……208

第10章 指定介護サービス提供事業者の要件

10-1 指定を受けた事業者だけが介護保険サービスを提供できる……210
10-2 ケアマネジメントを提供する事業者が指定を受けるには……212
10-3 サービス事業者は種類ごと、事業所ごとに指定を受ける……214
10-4 事業者の指定には特例がある……216
10-5 指定事業者に関する情報を収集する……218
10-6 介護保険サービスについての苦情があるとき……220
10-7 介護保険制度外の介護サービスを利用する……222
10-8 保険会社の介護保険商品を利用する……224
コラム 民間の生活支援サービスを活用する……226

DATA

巻末資料

資料1　介護保険被保険者証……228
資料2　主治医意見書……229
資料3　介護報酬の主な加算減算……230
資料4　要介護度別ケアプランの例……255
索　引……263

第1章

介護保険とこれからの介護

急激な少子高齢化が進み、介護が深刻になるという日本社会の姿が見えはじめた2000年、高齢者介護を社会全体で解決していくために介護保険がスタートしました。その後、年々利用者と介護給付費が増大。制度の維持を目的に2014年改正でスタートした地域包括ケアシステムは10年をかけて定着してきました。そして、いよいよ団塊世代がすべて後期高齢者となる時代が目前となった2024年、介護需要のさらなる増加に対応するために、医療・介護情報を活用する基盤整備と地域包括支援センターの体制整備を目的とした改正が行われました。

1-1

超高齢社会と介護保険

2000年に始まった介護保険制度は、高齢者を社会全体で支える仕組みです。

高齢者が増え、子どもが減る日本

日本は総人口に対して65歳以上の高齢者の割合（**高齢化率**）が21％を超えた**超高齢社会***です。調査によると、1970年に7％を超え、1994年に14％に達し、2020年では28・6％にまでなり、急速に高齢化が進みました。

また、2020年の平均寿命は、新型コロナウイルス感染症の影響で前年をわずかに下回ったものの、男性が81・05歳、女性が87・09歳で、男性は世界4位、女性は世界第1位の長寿国です（厚生労働省「令和4年簡易生命表の概況」による）。

一方で、年齢が高くなるにつれて病気になる人、リハビリが必要な人が増えてきますので、健康寿命*を延伸することが重要視されるようになりました。

誕生から変わり続ける介護保険制度

日本に介護保険制度が誕生したのは2000年です。核家族化が進み、介護を必要とする人を個人や家族だけでは支えきれなくなるため、社会全体で高齢者と家族を支える仕組みとして設けられました。

介護保険制度と介護サービスの報酬は3年ごとに見直され、できる限り介護が必要な状態にならないようにする「**介護予防サービス**」、介護職員と看護師が連携して訪問する新しい24時間サービスや小規模多機能型サービスに看護を組み合わせたサービス、高齢の障害者が利用しやすい共生型サービスなど、より利用者と家族のニーズに応えられるサービスも創設されました。また、社会保障費抑制のため、サービスの利用者負担割合を、所得によっては1割から2～3割に高めることも行われました。

* **超高齢社会**　国際連合の定義では、65歳以上の高齢者人口が7％を超えた国を「高齢化社会」、14％を超えた国を「高齢社会」としている。識者の間では21％あるいは25％を超えると、「超高齢社会」と定義付けられるとされている。

年齢3区分別人口の推移（出生中位〈死亡中位〉推計）＊1

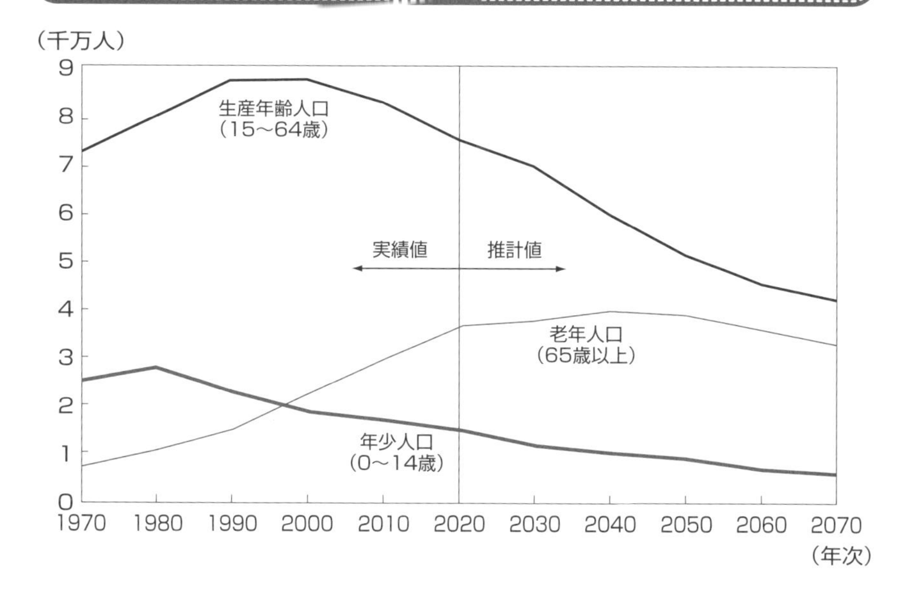

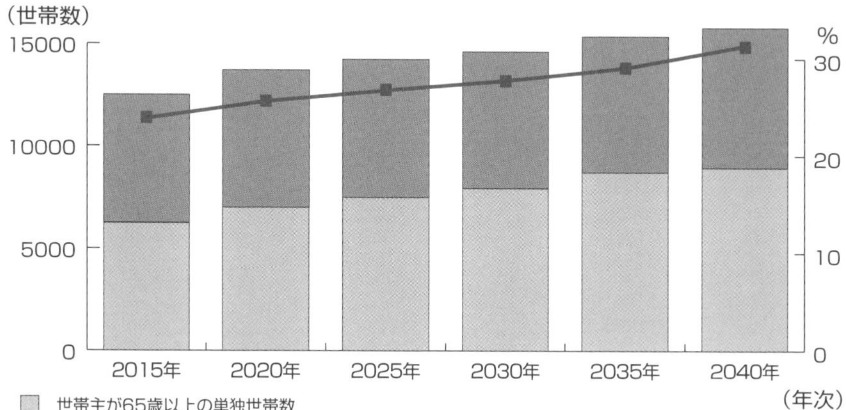

＊**健康寿命**　「健康上の問題で日常生活が制限されることなく生活できる期間」のことです（「健康日本21（第二次）」による定義）。

＊1出所：『日本の将来推計人口（令和5年推計）』国立社会保障・人口問題研究所より。

＊2出所：『日本の世帯数の将来推計』（2018年推計）　国立社会保障・人口問題研究所より。

1-2 地域包括ケアシステムの強化のための改正が2018年度からスタート

地域の実情に合わせた地域包括ケアシステム－日本がめざすこの仕組みの構築を促進し強化するための法律ができました。

住み慣れた地域で、医療も介護も受けられる

地域包括ケアシステムとは、要介護状態になっても、認知症になっても、住み慣れた地域で、「自分らしい暮らし」を最期まで続けることができるように、医療・介護・予防・生活支援・住まいが一体的に提供される仕組みのことです。

国は、いわゆる団塊の世代が75歳以上になる2025年には、国民の3人に1人が65歳以上、5人に1人が75歳以上になると予想し、その年を目途にこの仕組みの構築を実現させようとしています。

そしてまず、2014年の第4次の改正で、「地域包括ケアシステムの構築」を柱の1つにして、地域医療・介護総合確保推進法*が制定され、翌年度に施行されました。

地域包括ケアシステムの深化・推進

2017年の第5次の改正では、さらに地域包括ケアシステムの深化・推進を図ろうと、**地域包括ケアシステム強化法***が制定されました。そして保険者機能の強化や、医療・介護の連携などを推進させるための内容が盛り込まれました。

国は、2040年にはいわゆる団塊ジュニア世代が65歳以上になるなど、人口の高齢化は今後さらに進むと見込んでいます。介護保険制度の創設以来、サービス利用者数も、給付費も大きく増え、持続可能な介護保険制度構築が求められています。

介護保険制度を将来にわたって維持するためにも、地域住民の活動や元気な高齢者なども社会資源として活用する地域包括ケアシステム*が必要であると考えられています。

＊**地域医療・介護総合確保推進法**　「地域における医療及び介護の総合的な確保を推進するための関係法律の整備等に関する法律」。

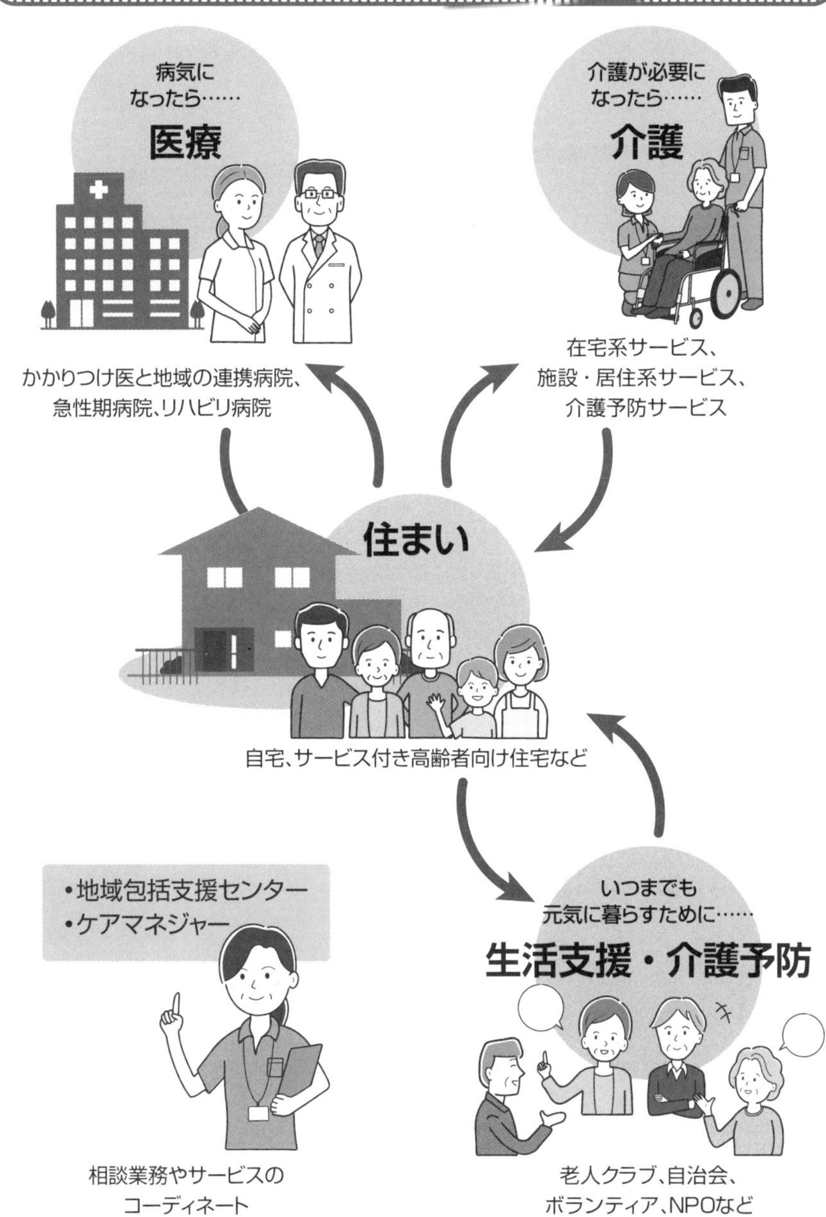

＊**地域包括ケアシステム強化法**　「地域包括ケアシステムの強化のための介護保険法等の一部を改正する法律」。

1-3

2024年の改正では医療・介護情報基盤の整備をさらにすすめる

介護情報基盤整備や地域包括支援センターの体制整備等、持続可能な介護保険制度を目指す改正が行われました。

●医療・介護情報基盤の整備を促進する事業を地域支援事業に位置づけてさらに推進する

2024年の第7次改正は、全世代対応型の持続可能な社会保障制度を構築するため、子ども・子育て支援の拡充や高齢者医療制度の見直しなどと同時に行われました。

この改正では、被保険者（介護保険利用者）に関する医療・介護情報のデータを、介護保険事業者だけでなく利用者、自治体、医療機関等が閲覧できる情報基盤を整備することとなりました。そして、情報を共有・活用することを促進する事業は保険者である市町村が実施する地域支援事業として位置づけられました＊。

このシステムを利用して利用者の情報を閲覧することにより、自治体は利用者の状況を把握して地域の実情に応じた介護保険事業の運営ができるようになり、介護保険事業者や医療機関は利用者に提供するサービスの質を向上させることができるという効果が期待されています。また、利用者にとっても自分の介護情報を見て、自分自身の自立支援・重度化防止の取組を推進することにつながることが期待されています。

●介護事業者の生産性向上の取組を推進

介護現場における生産性向上の取組を推進するためには、各事業所の自助努力だけでは限界があるとして、都道府県に対し、介護サービス事業所や施設の生産性向上の取組を促進することが努力義務となりました。また、都道府県介護保険事業支援計画の任意記載事項にも追加されました。

＊この事業は、医療保険者等と共同して国民健康保険団体連合会または社会保険診療報酬支払基金に委託することができます。

なお、市町村介護保険事業計画においても生産性向上に関して都道府県と連携した取組が任意記載事項に追加されました。

介護予防支援や総合相談支援業務は居宅介護支援事業所に委託可能に

地域包括支援センターは地域住民の複雑化・複合化したニーズへの対応、家族介護者支援など地域の拠点としての業務が増大しています。そうした実情に対応するため、これまで地域包括支援センターが実施していた介護予防支援や総合相談支援業務の一部を居宅介護支援事業所（ケアマネ事業所）に委託することができるようになりました。地域包括支援センターが地域住民への支援をより適切に行う体制が整備されることを目的としています。

また、今回の改正では、今後増加が見込まれる医療ニーズの高い要介護者の療養生活を支えるサービスとして、看護小規模多機能型居宅介護*を複合型サービスに位置付け、普及させていくことになりました。

医療・介護情報の共有・活用促進事業のイメージ

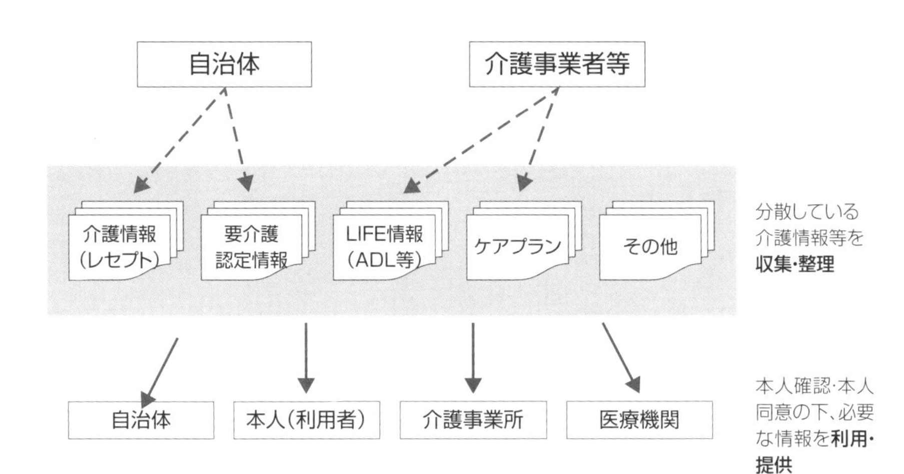

出所：厚生労働省ホームページ資料

＊看護小規模多機能型居宅介護は、自宅での看護サービス、サービス拠点での「通い・泊まり」における介護サービスを一体的に提供する複合型サービス。

1-4 第9期介護保険事業計画のポイント

2060年頃まで続く85歳以上人口の増加と生産年齢人口の急減を踏まえた目標を示しました。

地域の高齢化や介護資源の状況に応じ、介護サービス基盤を医療提供体制と一体的に整備する

介護保険の保険者である市町村は、国が定める基本指針に基づき、3年を1期とする介護保険事業計画を策定します（2-4参照）。

第9期（2024～2026年）の基本指針では、地域によって異なる高齢化の状況やサービス需要を踏まえ、施設サービス、居住系サービス、地域密着型サービスをバランスよく組み合わせて整備することが必要とされました。

また、医療と介護の両方を必要とすることが多い85歳以上人口は2060年まで増加が見込まれるため、在宅医療・介護を一体的に提供できる体制を整備していくことが重要とされました。

そのほか、地域包括支援センターの役割として、認知症高齢者の家族、ヤングケアラーなど家族介護者支援に取り組むことも明記されました。

地域密着型サービスの広域的利用可能に

市町村介護保険事業計画では、第9期の目標や目標を達成するための施策は、地域の実情に応じて優先順位を検討し定めることが重要とされました。

また、介護保険施設等の整備は、開設までに期間が必要であり、第9期と第10期までの二期を通した中期的な整備目標を定めるとしています。地域密着型サービスは、県内の利用に限らず広域の利用を調整していくこと、様々な介護ニーズに柔軟に対応できるよう、既存資源等を活用した複合型サービスを整備していくことも重要とされました。

第9期基本指針のポイント

- 中長期的な地域の人口動態や介護ニーズの見込み等をとらえて介護サービス基盤を計画的に確保する
- 医療・介護双方のニーズを有する高齢者の増加を踏まえ、医療・介護の連携強化
- 在宅生活を支えるための地域密着型サービスの更なる普及
- 地域共生社会の実現
- デジタル技術を活用した医療・介護情報基盤の整備
- 保険者機能の強化
- 都道府県主導のもとでの生産性向上に資する支援・施策の総合的な推進
- 介護サービス事業者の財務状況等の見える化を推進

地域における中長期的なサービス需要の傾向に応じた整備の考え方

中長期的なサービス需要を踏まえ、サービス基盤の大きな傾向(傾向1、2、3)を把握し、そのうえで①サービス整備の絶対量、②期間(角度①／②)を勘案して第9期計画を策定することが重要。

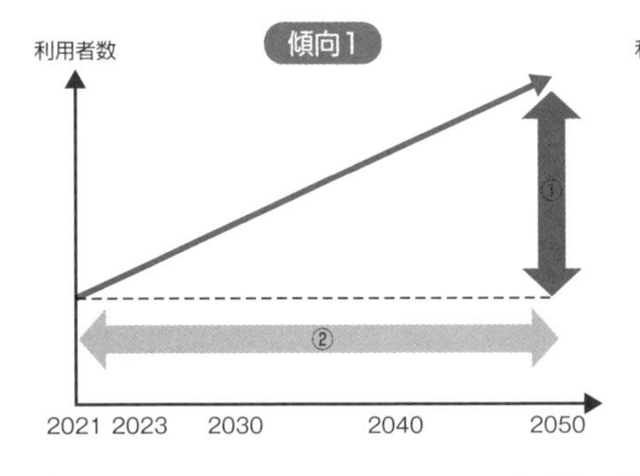

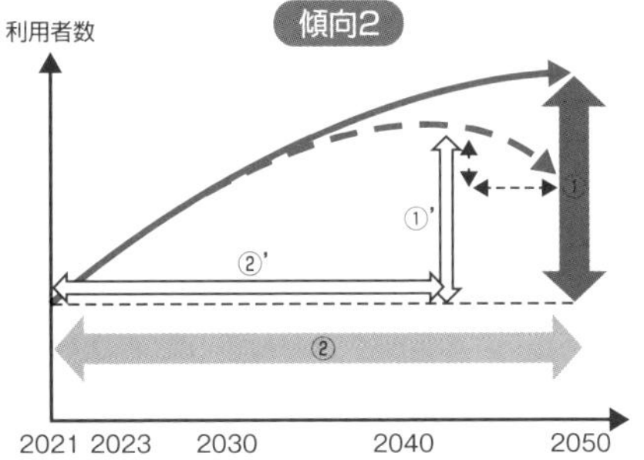

【傾向1　サービス需要が増加し続ける地域】
- 特養など施設の整備
- 在宅生活を支えるサービスの充実

【傾向2　サービス需要のピークアウトが見込まれる地域】
- 在宅生活を支えるサービスの整備
- 将来的な機能転換や多機能化を見すえた施設の整備

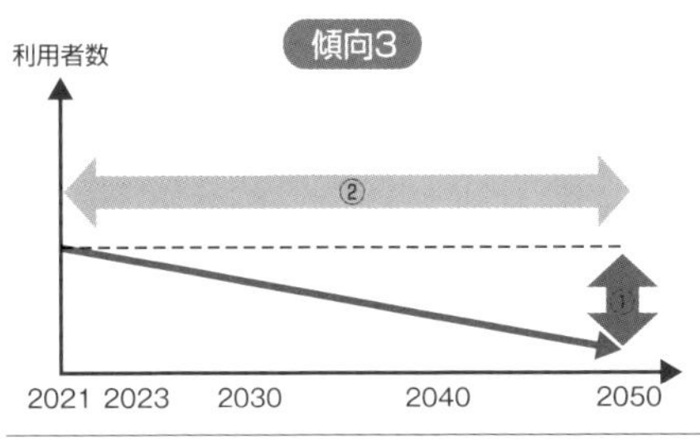

【傾向3　サービス需要が減少する地域】
- 既存事業所の包括報酬型サービスへの転換
- 既存施設の多機能化
- 共生型サービスの活用

＊出所：厚生労働省社会保障審議会　介護保険部会（第107回）令和５年７月資料より。

1-5 地域の住民や元気な高齢者が生活支援などの担い手に

地域で人生を全うするためには、公的サービスだけでは不十分。元気な高齢者が担い手となって要介護者を支えます。

多様な主体が提供する生活支援サービス

高齢者の在宅生活を支えるためには、日常生活に欠かせない買い物、調理、掃除、ゴミ出しなどの家事支援から外出支援や見守りなど、公的サービスだけでは補いきれない個別のニーズにきめ細かく対応する柔軟なサービスが必要です。そこでNPO法人やボランティアという形で地域住民が主体的に生活支援に参加することが望まれています。こうした支援を安定的かつ継続的に行うためには、担い手の養成が重要で、講座・研修会などが必要です。

民間企業による**生活支援サービス**も多彩です。コンビニが過疎化の進む地域に食料品や日用品を車で移動販売して高齢者の買い物を助けたり、配食事業者が高齢者宅を訪問した際に安否を確認したりするなど地域に根ざしたサービス事例があります。

生活支援の担い手として期待される元気な高齢者

近年、**元気な高齢者が社会参加**する姿は珍しくなくなりました。地域包括ケアシステムにおいては、介護予防に役立てるためにも交流サロンやコミュニティカフェなどの「集いの場」を設けて地域住民の交流を促進したり、生活支援サービスの担い手として活躍してもらうことが期待されています。社会的役割を果たすことによって、地域から必要とされていると実感したり、異なる年代の人と交流することは、高齢者の**生きがい**や**介護予防**にもつながります。

これからは、「ライフ・ワーク・バランス」に介護を加えた「**ライフ・ワーク・ケア・バランス**」が重要になり、多彩で新しい働き方、生き方のできる社会の実現が望まれます。

地域住民の参加

地域住民の参加

「生活支援の担い手」としての社会参加

生活支援サービス	高齢者の社会参加
○ニーズに合った多様なサービス種別 ○住民主体、NPO、地元企業など多様な主体によるサービス提供	○現役時代の能力を活かした活動 ○興味関心がある活動 ○新たにチャレンジする活動

支え合いによる地域包括ケアシステムの構築

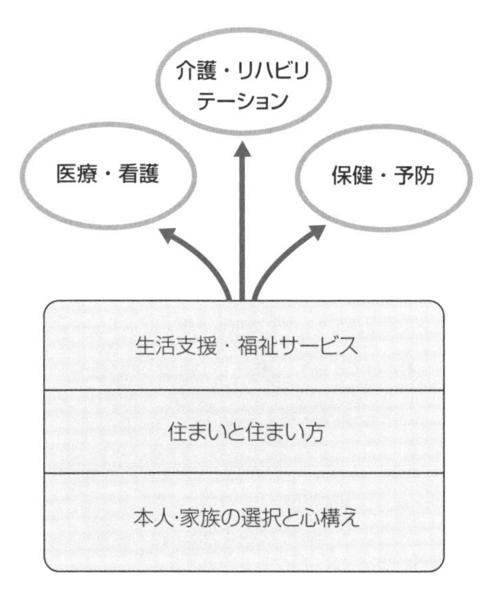

●自助
- 本人が取り組むこと
- 介護保険·医療保険の自己負担部分
- 民間サービスの利用および購入

●互助
- 家族による対応
- 地域住民の取り組み
- 費用負担が制度的に保障されていないボランティアなどの支援

●共助
- 介護保険·医療保険制度などによる給付

●公助
- 介護保険·医療保険の公費(税金)部分
- 自治体などが提供するサービス
- 社会保障にかかるサービス

団塊高齢者こそ「個別性と文化性」に着目したケアを

「人生100年時代」がポジティブに語られる長命社会日本となりました。そのボリュームゾーンが「団塊高齢者」です。団塊世代とは、戦後の第一次ベビーブーム（1947～1949年）の3年間に生まれた人たちで、彼らが75歳以上になるのが2025年、85歳以上になるのが2035年です。

そして高齢者人口がピークを迎えるのが2040年。それ以降は減少を始めます。

介護保険制度ではこの団塊高齢者への支援をひとつの目安としてさまざまな整備が行われてきました。そのひとつが「住み慣れた地域で暮らし続ける」ことをめざす地域包括ケアシステムです。

では、団塊高齢者はどのような特徴をもっているでしょうか。

第1が「豊かさ」を体現してきた世代ということ。高度経済成長のカーブと団塊世代の成長がシンクロしています。核家族の登場とともに団地やマンションという新しい居住スタイルが広がり、一家に1台の「テレビ、洗濯機、クルマ」が当たり前になっていきました。

第2が「多様な価値観」を体現してきた世代でもあるという点です。明治・大正・戦中派世代は戦争下の「欲しがりません、勝つまでは」という戦意高揚の精神が徹底していました。しかし団塊世代は戦後生まれであり、教育勅語の影響下にはありません。高度経済成長によりモノがあふれ、生き方さえも自由に選べる時代になったのです。

第3が「個人の主張」を発信してきた世代という点。1クラス50人が当たり前の教室では「主張」しなければ集団に埋もれてしまいかねない。欧米の知識や文化が大胆に輸入され、日本史上初めて「個を意識」する層が誕生しました。

この団塊高齢者の特徴とニーズに応えるケアサービスのインフラはまだ発展途上です。アメニティなどの居住環境だけでなく、個別性（自分らしさ）と文化性（CADL：文化的日常生活活動・行為）に着目したケア手法の開発がまさに必要とされています。

（高室 成幸）

第2章

介護保険の仕組み

介護保険は、制度を運営する保険者を市町村、制度に加入する被保険者を40歳以上の国民すべてとして、社会保険方式によってスタートしました。この章では、被保険者に2種類あることや国と都道府県の役割、制度運営のための財源の負担割合、財政を安定化するための制度、保険料の負担額の算出や納付方法など、介護保険の仕組みについて記述しています。

2-1 介護保険の仕組みと概要

介護保険は、市町村が保険者となり、40歳以上の国民すべてで、高齢者を支える制度です。

介護保険は皆で支える制度

介護保険制度は、次ページの図表に示すような仕組みになっています。

まず、介護保険を理解するうえで必要な基本用語を理解しておきましょう。

保険者　介護保険では市町村（特別区を含む）で、法にもとづいて被保険者を強制加入させ、介護保険事業を運営する。

被保険者　介護保険に加入している人。65歳以上の第1号被保険者と40歳以上65歳未満の第2号被保険者の2種類がある。

要介護者　心身に障害があり、日常生活を送るうえで、入浴、排泄、食事、移動などについて介護が必要とされる状態にあると認定された人。この書籍では要支援者も含む場合は、要介護者等という。

要支援者　「いつも介護が必要な状態」にならないように、その軽減や悪化防止に役立つ支援を必要とする状態、あるいは日常生活を営むのに支援が必要な状態にあると認定された人。

要介護認定・要支援認定　市町村が、被保険者が要介護状態や要支援状態にあるか判定すること。認定されなければ、介護サービスは受けられない。

介護サービス*　要介護者等が受けられる保険給付。自宅で受ける居宅サービス、地域密着型サービス、施設に入所して受ける施設サービスがある。

保険給付　要介護者等に給付されるサービス、金銭、物。全国共通の介護給付・予防給付、市町村が独自に行う市町村特別給付がある。

保険料　介護保険費用の被保険者の負担分。第1号被保険者は原則年金からの天引きで、第2号被保険者は医療保険の保険料と共に徴収される。

＊介護サービス　要介護者を対象とする居宅サービス、地域密着型サービス、施設サービスのほか、要支援者を対象とする介護予防サービスや地域密着型介護予防サービスがある。

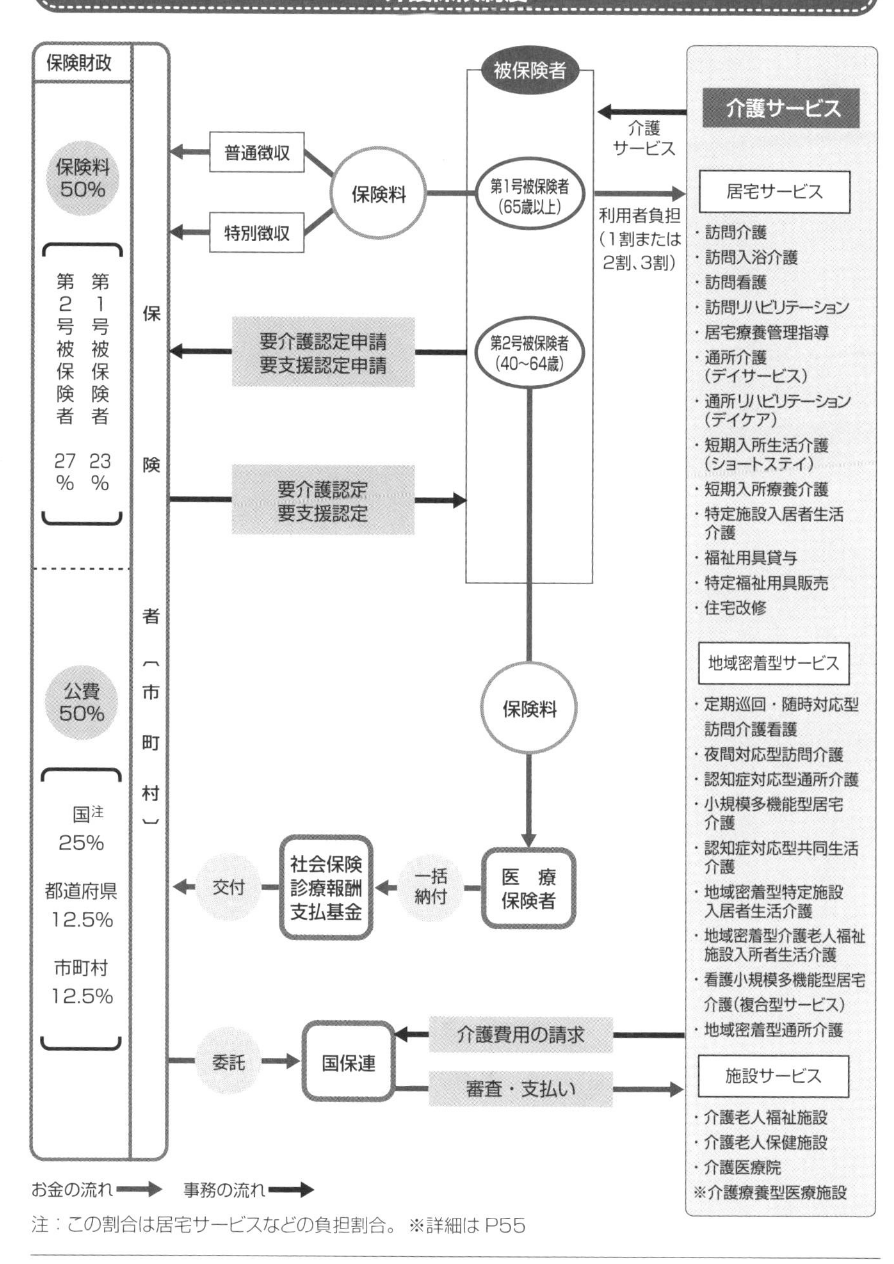

注：この割合は居宅サービスなどの負担割合。※詳細は P55

＊**介護療養型医療施設**　2024年度末で廃止予定。介護医療院などへの転換を図る。

2-2 介護保険を運営するのは市町村

市町村は、介護保険の運営において、保険料の設定と徴収、要介護者等の認定をします。

●介護保険の保険者は市町村

介護保険における**保険者は、「市町村」です**（特別区も含みますが、以下市町村といいます）。また、40歳以上の国民は誰もが介護保険に加入して**被保険者**となります。そして、市町村は被保険者から**保険料**を徴収してそれを財源に事業を運営し、被保険者に介護が必要となった場合に**介護サービス**（**保険給付**）を提供します。介護保険で市町村が保険者とされた理由は、次の3点によります。

①介護サービスのもつ地域性という特性から、給付主体として市町村がふさわしい。

②保険料の設定、徴収、管理には、地域ごとのサービスの水準を反映させることが必要である。

③地方分権を推進する点からも、国民に最も身近で基礎的な行政単位である市町村が適当である。

市町村に実施が義務付けられている主な仕事は、次ページのとおりです。

●市町村は特別会計によって運営する

介護保険事業は、市町村の一般の収入支出と区分して経理する必要があるので「**介護保険特別会計**」を設けて運営されます。また、介護保険の運営に関して市町村が独自に決めるべき事柄については、市町村議会の議決による「**条例**」にもとづくこととされています。

しかし、被保険者の少ない小規模な市町村では、保険料収入や介護給付などの変動が大きく、保険財政を安定的に運営することが困難です。そこで、隣接する市町村同士で、「**広域連合**＊」または「**一部事務組合**＊」を結成して広域的に運営することが認められています。

保険者である市町村の仕事

①被保険者の資格の管理

・被保険者台帳の作成
・被保険者証の発行と更新　など

②要介護・要支援認定

・要介護認定・要支援認定事務
・介護認定審査会の設置

③保険給付にかかわる事務

・介護報酬の審査と支払い（国保連*に委託）
・ケアプラン作成を居宅介護支援事業者に委託する旨の届け出の受け付け
・償還払いの保険給付の支給（福祉用具購入費、住宅改修費の支給　など）
・種類支給限度基準額の設定、区分支給限度基準額の上乗せおよび管理　など

④事業者・施設の指定、指導監督

・居宅介護支援、地域密着型サービス、介護予防支援などに対する指定や指導監督など

⑤地域支援事業と保健福祉事業の実施

⑥市町村介護保険事業計画の策定、実績の評価　など

⑦保険料の徴収にかかわる事務

・第1号被保険者の料率の決定
・普通徴収
・特別徴収督促と滞納処分　など

⑧介護保険に固有の条例などの制定

⑨財政運営にかかわる事務

・特別会計の事務
・国庫定率負担、都道府県負担、調整交付金、事務費交付金の申請、収納
・社会保険診療報酬支払基金からの介護給付費交付金の申請、収納　など

⑩他の制度にかかわる事務

・国民健康保険
・生活保護

⑪広報

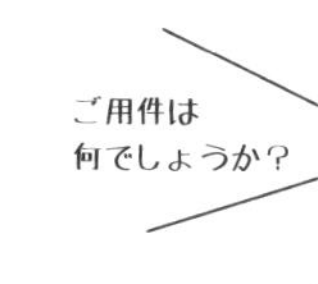

＊**広域連合**　地方自治法に規定される特別地方公共団体の1つ。市町村の事務で広域にわたって処理することが適当であるものについて、市町村が総合的、計画的に処理できるように規約を設けて総務大臣、都道府県知事の許可を受けて設けることができる。

＊**一部事務組合**　市町村がその事務の一部を共同処理するために、規約を設けて総務大臣、都道府県知事の許可を受けて設けることができる。

＊**国保連**　国民健康保険団体連合会。P124参照。

2-3 国や都道府県は市町村の事業の〝支え手〟である

介護保険制度において、国は基本的枠組みを定めます。

国や都道府県、医療保険者、年金保険者の役割

市町村を保険者とした場合、①財政単位が小規模なため、財政が不安定になる、②要介護認定、保険料徴収、財政運営などの事務処理が小規模な市町村においては困難である、③市町村間の保険料水準の格差が大きくなる、というおそれがあります。

そこで、国、都道府県、医療保険者、年金保険者がそれぞれの立場から、保険者である市町村を支える、様々な仕組みが講じられています。それぞれの主な任務については次ページを参照してください。

国の仕事のうち、「制度運営に必要な基準などの設定」は特に重要です。具体的には、要介護認定の基準、介護報酬の額や支給限度額の設定、事業者や施設の運営基準、第2号被保険者負担率の設定などを行うほか、介護保険事業の健全で円滑な運営のため、様々な措置を講じることになります。

都道府県は、広域的な地方公共団体として、市町村に対して、指導、援助を行います。重要な仕事は、事務軽減や財政安定化のために複数の市町村が協力することに対する援助、事業者や施設の指定・許可・指導・監督、財政安定化基金の設置・運営などです。

医療保険者（健康保険組合、国民健康保険組合など）は、第2号被保険者の保険料をそれぞれが加入する医療保険の保険料に上乗せして徴収し、社会保険診療報酬支払基金に納付します。＊

年金保険者（老齢年金等を支払う者）は、第1号被保険者の保険料を年金を支払う際に天引きで徴収し（特別徴収）、市町村に納入します。

国、都道府県、医療保険者、年金保険者の仕事

●国の仕事

①制度運営に必要な基準などの設定
- ・要介護認定基準
- ・介護報酬の算定基準
- ・区分支給限度基準額　など

②保険給付、地域支援事業などに対する財政負担

③介護サービス基盤の整備
- ・基本指針の策定
- ・市町村計画および都道府県計画の調査・分析・結果の公表　など

④介護保険事業の円滑な運営のための指導・監督・助言　など
- ・市町村に対する介護保険事業の実施状況に対する報告請求
- ・国保連が行う業務に関する指導監督　など

●都道府県の仕事

①要介護認定等業務の支援
- ・介護認定審査会の共同設置
- ・都道府県介護認定委員会の設置
- ・指定市町村事務受託法人の設置

②財政支援
- ・保険給付、地域支援事業に対する定率の負担金
- ・財政安定化基金の設置、運営　など

③事業者・施設の指定・指導*　など

④介護サービス情報の公表

⑤介護支援専門員の登録　など

⑥介護サービス基盤の整備
- ・都道府県介護保険事業支援計画策定
- ・市町村計画作成上の助言、実績の評価　など

⑦その他の事務

●医療保険者の仕事

①介護給付費・地域支援事業支援納付金の納付

②介護給付費・地域支援事業支援納付金分の保険料率（介護保険料率）の算出

③被保険者からの医療保険料としての徴収

●年金保険者の仕事

①各市町村に年金支払額が一定額以上の者の一覧を送付

②特別徴収の依頼の受け付け

③保険料の年金からの徴収、納入

＊市町村が指定するものを除く（p.41 参照）

2-4

国、都道府県、市町村がそれぞれ介護保険事業の計画を定める

国は基本方針、都道府県は支援計画、市町村は介護保険事業計画をそれぞれ3年ごとに定めます。

基本指針と、都道府県事業支援計画

国が定める「基本指針」の項目

①介護サービスの提供体制の確保、地域支援事業の実施に関する基本事項
②市町村の介護保険事業計画において介護サービス量の種類ごとの見込みを定める際に参酌すべき事項
③介護保険給付の円滑な実施のために必要な事項等

「都道府県介護保険事業支援計画」に定める主な項目

①各年度の介護サービス量の見込み
②都道府県内の市町村による被保険者の地域における自立した日常生活の支援や介護給付等に要する費用の適正化などの取組への支援について都道府県が取り組むべき施策とその目標に関する事項等
③有料老人ホームおよびサービス付き高齢者向け住宅のそれぞれの入居定員総数

市町村は介護保険事業計画を策定する

「市町村介護保険事業計画」に定める主な項目

①各年度のサービスの種類ごとの量の見込み
②被保険者の地域における自立した日常生活の支援や介護給付等に要する費用の適正化などについて市町村が取り組むべき施策とその目標に関する事項
③地域支援事業の費用の額と量の見込み
④①と③の見込み確保のための方策
⑤指定居宅サービス事業者などの連携確保など介護給付の円滑な提供を図るための事項
⑥指定介護予防サービス事業者などの連携確保など予防給付の円滑な提供を図るための事項
⑦認知症に関する施策の総合的な推進に関する事項

2-4　国、都道府県、市町村がそれぞれ介護保険事業の計画を定める

2025年及び2040年を見すえた介護保険事業計画の策定

国の基本指針で定める

・国は、介護保険事業にかかわる保険給付の円滑な実施を確保するための基本指針を定める
　※市町村等が介護サービス量を見込むに当たり標準を示す

市町村介護保険事業計画で定める

・各年度の介護サービスの種類ごとの量の見込み（区域ごと）
・各年度の以下のサービスの必要利用定員総数（区域ごと）
　※認知症対応型共同生活介護、地域密着型特定施設入居者生活介護、地域密着型介護老人福祉施設入所者生活介護
・各年度における地域支援事業の量の見込み
・被保険者の地域における自立した日常生活の支援や介護給付等に要する費用の適正化などについて市町村が取り組むべき施策とその目標*
・認知症に関する施策の総合的な推進に関する事項
・その他の事項

→ 保険料の設定等

都道府県介護保険事業支援計画で定める

・各年度の介護サービスの種類ごとの量の見込み（区域ごと）
・各年度の以下のサービスの必要利用定員総数（区域ごと）
　※介護保険施設、介護専用型特定施設入居者生活介護、地域密着型徳手施設入居者生活介護、地域密着型介護老人福祉施設入所者生活介護
　※混合型特定施設にかかわる必要定員総数を設定することもできる
・都道府県内の市町村による被保険者の地域における自立した日常生活の支援や介護給付等に要する費用の適正化などの取り組みへの支援について都道府県が取り組むべき施策とその目標*
・有料老人ホームおよびサービス付き高齢者向け住宅のそれぞれの入居定員総数
・その他の事項

基盤整備

＊2018年4月から介護保険事業計画には、施策の実施状況、目標の達成状況についての調査・分析・評価を行い、その評価の結果を公表するという仕組みが導入された。

2-5

介護保険に加入する人は40歳以上の国民すべて

被保険者には65歳以上の第1号被保険者と40歳以上65歳未満の第2号被保険者がいます。

●介護保険は原則強制加入

一般に保険制度で「**被保険者**」とは、その保険の目的である事故が発生した（介護保険では介護が必要になった）場合に、損害などの補てん（介護サービス）を受ける人のことです。社会保険では、一定の要件に該当する人は法律上すべて被保険者とされ、その権利や義務は法律で規定されています。

介護保険においても、一定の資格要件に該当する人はすべて被保険者となります。つまり、その人に保険加入の意思があるなしにかかわらず、届け出や手続きの必要なく、保険関係が生じるのです。これを「**強制適用**（**強制加入**）」といいます。

●被保険者は年齢により2種類に分けられる

介護保険法における被保険者は、次のように年齢によって2種類に分けられます。

第1号被保険者……市町村内に住所をもつ65歳以上の者

第2号被保険者……市町村内に住所をもつ40歳以上65歳未満の医療保険加入者

「市町村の区域内に住所をもつ」ということは、「市町村の住民基本台帳上の住所をもつ」ということで、このことを「**住所地主義**」といいます。しかし「**住所地特例**」が適用される場合もあります。

在日外国人についても、市町村の区域内に住所をもっていて一定の要件を満たせば、被保険者となります。その場合は、外国人登録を行っており、在留資格期間が1年以上あることが必要です。

したがって、日本人でも海外に長く滞在していて日本に住民票がない人や、短期間日本に滞在する外国人は被保険者とはなりません。

介護保険施設等入所者の「住所地特例」

介護保険では、住所地である市町村の被保険者となる住所地主義が原則。しかし、施設入所の際に、施設のある市町村に住所を移して住所地主義をとると、施設のある市町村に介護費用が集中してしまうことから、対象となる施設所在地に住所を変更した被保険者については、施設に住所を移転する前の住所地の市町村を保険者とするという特例措置がとられており、これを「住所地特例」という。

「住所地特例」の対象施設

- 介護保険施設
- 有料老人ホーム、特定施設の指定を受けていない住宅型有料老人ホームやサービス付き高齢者向け住宅*
- 軽費老人ホーム、養護老人ホーム

*2015年4月1日以降の入居者が対象

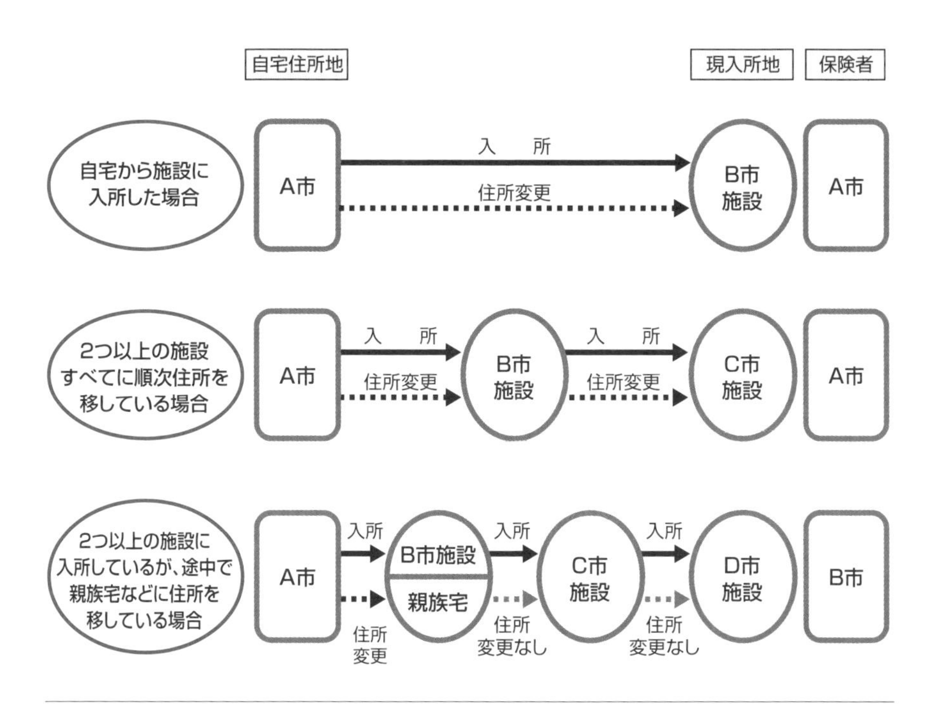

2-6 適用除外の人や扱いの異なる人もいる

介護保険は、障害者支援施設などに入所している人や生活保護を受けている人の場合は扱いが違います。

障害者支援施設などの入所者は被保険者とはならない

介護保険は、40歳以上という年齢の条件と住所をもつという条件（第2号被保険者の場合は医療保険加入も）で、誰でも被保険者となることができます。しかし、**障害者支援施設などに入所している人**は、当分の間、被保険者とはならず**適用除外**とされます。

そのような施設に入所している人が被保険者とならないのは、次の理由からです。

①将来も入所し続けることが予想され、介護保険のサービスを受ける機会が少ないと思われる。

②すでに施設で介護や治療、生活援助などのサービスを受けている。

③40歳以上の人が一定程度入所している。

生活保護を受けている場合は年齢によって異なる

生活保護を受けている人のうち、65歳以上の人は被保険者となりますが、40歳以上65歳未満の人は被保険者とはなりません。保険料や介護サービスを受けた場合の自己負担分の支払いについても扱いが異なります。

65歳以上……第1号被保険者となる。
生活保護の介護扶助に優先して介護保険による介護サービスを受ける。
利用者負担分は生活保護の介護扶助によって支払われる。

40歳以上65歳未満……被保険者とはならない。
保険料は生活保護の生活扶助による。
介護サービスは生活保護の介護扶助を受ける。

適用除外の施設

①指定障害者支援施設、障害者支援施設
②医療型障害児入所施設
③指定発達支援医療機関
④独立行政法人国立重度知的障害者総合施設のぞみの園が設置する施設
⑤ハンセン病療養所
⑥救護施設
⑦労災特別介護施設
など

生活保護と介護保険

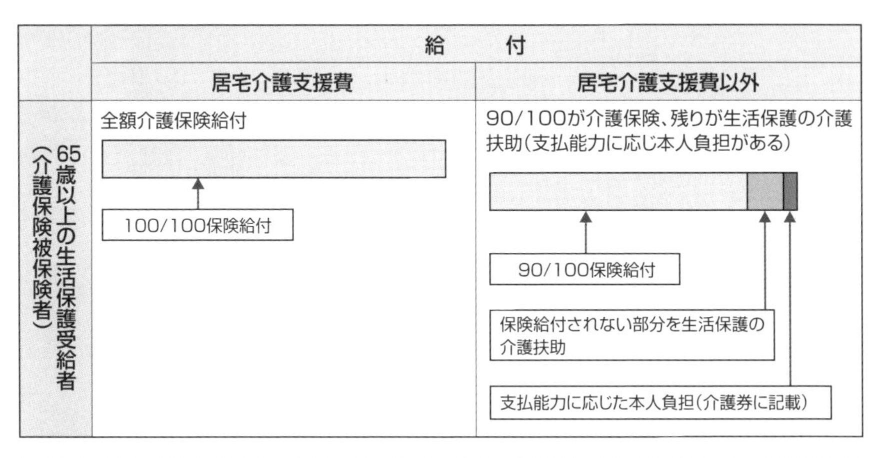

	給付	
	居宅介護支援費	居宅介護支援費以外
65歳以上の生活保護受給者（介護保険被保険者）	全額介護保険給付	90/100が介護保険、残りが生活保護の介護扶助（支払能力に応じ本人負担がある）

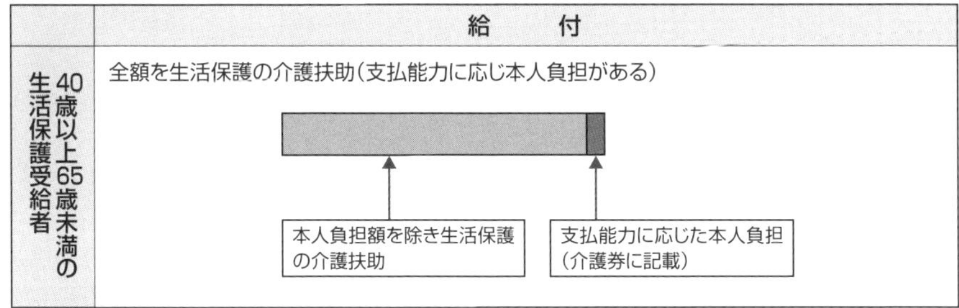

	給付
40歳以上65歳未満の生活保護受給者	全額を生活保護の介護扶助（支払能力に応じ本人負担がある）

2-7 65歳以上の人と65歳未満の人はこう違う

第2号被保険者は、パーキンソン病、末期がんなど16種の特定疾病が原因の場合にサービスを受けられます。

65歳以上で市町村に住所のある人は第1号被保険者

65歳以上で市町村に住所のある人は自動的にその市町村の**第1号被保険者**となります。そして、その住所地の市町村に保険料を納め、介護が必要となった場合にはその市町村から介護サービスを受けることができます。

保険料は、政令で定める基準に従って、市町村が独自に決め、3年に1度改定します。介護サービスの需要が多く費用が多くかかる市町村は、1人当たりの保険料は高く、そうでない市町村は低くなります。

40歳以上65歳未満の医療保険加入者は第2号被保険者

第2号被保険者は、**40歳以上65歳未満**で市町村に住所をもち、**医療保険に加入**しているという条件も満たすと、その市町村の被保険者となります。

保険料は、加入している医療保険の保険者（健康保険組合、共済組合、国民健康保険組合など）がそれぞれ規定にもとづいて保険料率を設定して、医療保険の保険料と共に徴収し、社会保険診療報酬支払基金（以下**支払基金**という）を通じて市町村に交付することになっています。

第1号被保険者との大きな違いは、介護が必要となった原因が、老化との間に医学的関係が認められる「**特定疾病**」による場合だけ介護保険サービスが受けられるという点です。事故で障害が残り介護が必要になったとしても介護保険は利用できません。ただし、65歳に達した後は利用できるようになります。

第2号被保険者は認定申請のときに、特定疾病名を記入し、主治医意見書によって確認されます。

第1号被保険者と第2号被保険者

	第1号被保険者	第2号被保険者
対象者	65歳以上の者	40歳以上65歳未満の医療保険加入者
受給権者	要介護者 要支援者	左のうち、初老期における認知症、脳血管疾患などの老化に起因する疾病（特定疾病）によるもの
保険料徴収方法	年金額一定以上は特別徴収（年金天引き）、それ以外は普通徴収	医療保険者が医療保険料とともに徴収し、納付金として一括して納付
保険料負担	所得段階※別定額保険料 （低所得者の負担軽減） ※国の9段階の基準をもとに市町村が弾力的に決められる	国保:所得割、均等割などに按分 （国庫負担あり） 健保:標準報酬×介護保険料率 （事業主負担あり）

特定疾病

①心身の病的な加齢現象と医学的関連があること。
②40歳以上65歳未満でも多く発生するなど、加齢との関係について医学的根拠が明確であること。
③継続して要介護状態等になる割合が高いこと。

筋萎縮性側索硬化症（ALS）	糖尿病性神経障害、糖尿病性腎症および糖尿病性網膜症
後縦靱帯骨化症	脳血管疾患
骨折を伴う骨粗しょう症	進行性核上性麻痺、大脳皮質基底核変性症およびパーキンソン病
多系統萎縮症	閉塞性動脈硬化症
初老期における認知症	関節リウマチ
脊髄小脳変性症	慢性閉塞性肺疾患
脊柱管狭窄症	両側の膝関節または股関節に著しい変形を伴う変形性関節症
早老症	末期がん（医師が、進行性で治癒困難・不能と診断した場合）

2-8 資格の取得と喪失の時期は決まっている

第1号被保険者の移動については市町村に届け出ることが必要ですが、第2号被保険者は不要です。

資格の取得や喪失を届け出る場合

第1号被保険者は、資格の取得と喪失について、次の場合には**14日以内に市町村に届け出ます**。

①転入などによって資格を取得したとき。
②外国人で65歳に到達したとき。
③氏名の変更、同一市町村内での住所変更、世帯主の変更を行ったとき。
④転出、死亡により資格を喪失したとき。

65歳に達したことによる資格取得は、市町村が把握できるので、届け出は不要となります。また、転入届、転居届、転出届、世帯変更届があったときは、介護保険の届け出があったものと見なされます。

第2号被保険者に届け出の義務がないのは、医療保険者が保険料を徴収し、市町村は要介護認定をした後に被保険者の管理を行うからです。

被保険者資格の取得と喪失の時期

被保険者は、次の日に**資格を取得します**。

①市町村に住所をもつ40歳以上65歳未満の人が医療保険加入者となった日、医療保険加入者が40歳になった日（誕生日の前日）。
②40歳以上65歳未満の医療保険加入者、または65歳以上の人が市町村に住所を得た日。
③生活保護の被保護者が医療保険に加入した日。
④生活保護の被保護者が65歳になった日。

また、次の日に**資格を失います**。

①その市町村に住所がなくなった日の翌日。
②市町村に住所がなくなった日に他の市町村に転入した場合は、その日。
③第2号被保険者は医療保険加入者でなくなった日。
④被保険者が死亡した日。

市町村での被保険者資格記録管理

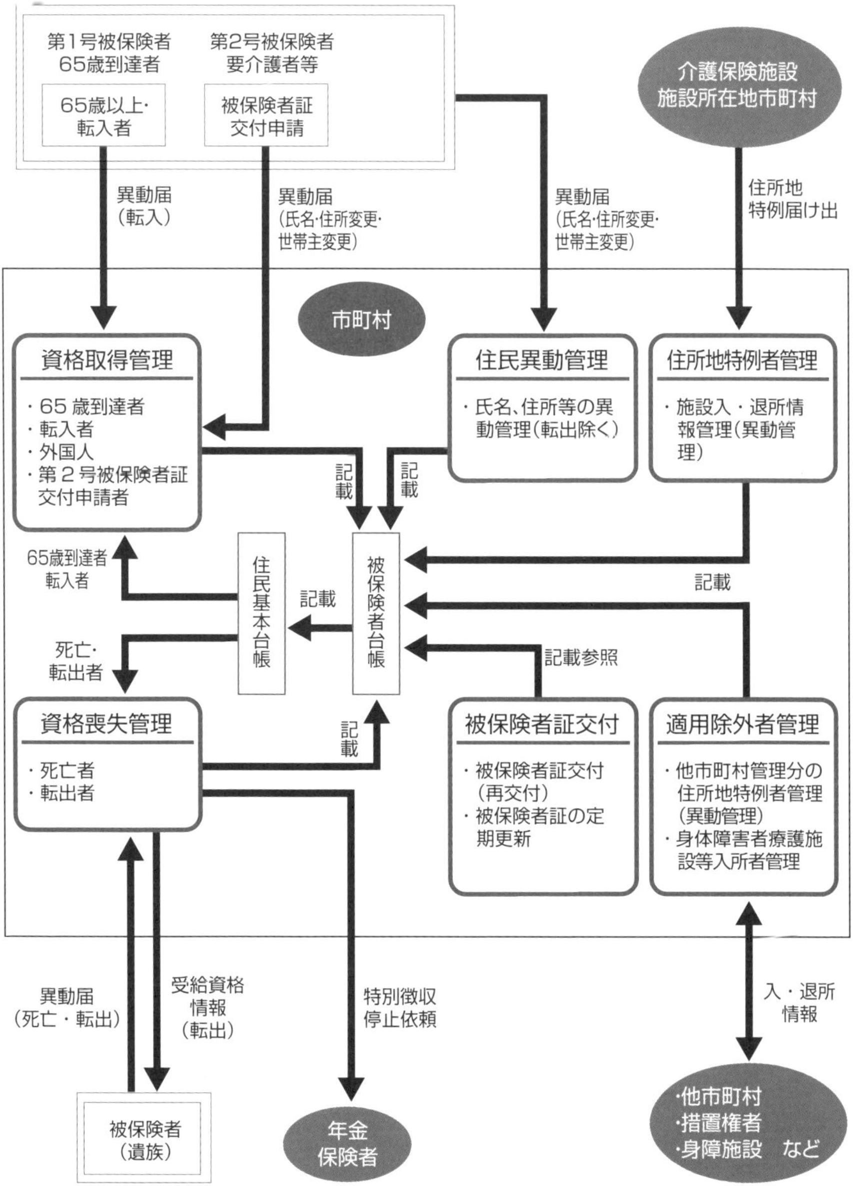

2-9 介護保険の財源は公費と被保険者の保険料で1/2ずつ負担する

介護保険給付費は、公費と保険料が2分の1ずつ。公費の国と都道府県・市町村負担割合はサービスの種類で異なります。

財源は、公費と保険料でまかなわれる

介護保険を運営するための費用には、①保険給付に必要な費用　②市町村独自の保健福祉事業などの経費　③事業の管理運営のための事務的経費があります。これらの費用をまかなうために、介護保険の給付費は、税金を財源とする**公費**と被保険者から徴収する**保険料**がそれぞれ2分の1ずつを負担します。なお、公費の負担割合の内訳は、サービスの種類によって異なります。

市町村が負担する給付額は、介護給付、予防給付の費用の合算額に充てられ、市町村が条例で独自に給付する費用は含まれません。一方、地域支援事業の財源についても、保険料と公費で賄われています。介護予防・日常生活支援総合事業の場合は、第2号被保険者保険料による負担はありません。地域支援事業であるため、費用の上限は市町村が独自に定めます。

介護保険費用の半分は被保険者が負担する

被保険者の保険料の負担割合は介護保険の給付費全体の2分の1です。第1号被保険者と第2号被保険者の負担割合は、それぞれの被保険者の平均的な1人当たりの負担額がほぼ同じ水準になるように、まず第2号被保険者の負担割合が次の式によって算出されます。

第2号被保険者負担割合＝第2号被保険者数÷被保険者総数（第1号被保険者数＋第2号被保険者数）÷2

第2号被保険者負担割合は、この式にもとづいて政令で3年ごとに定められ、2024～2026年度は27％とされています。したがって、第1号被保険者の負担割合は23％となります。

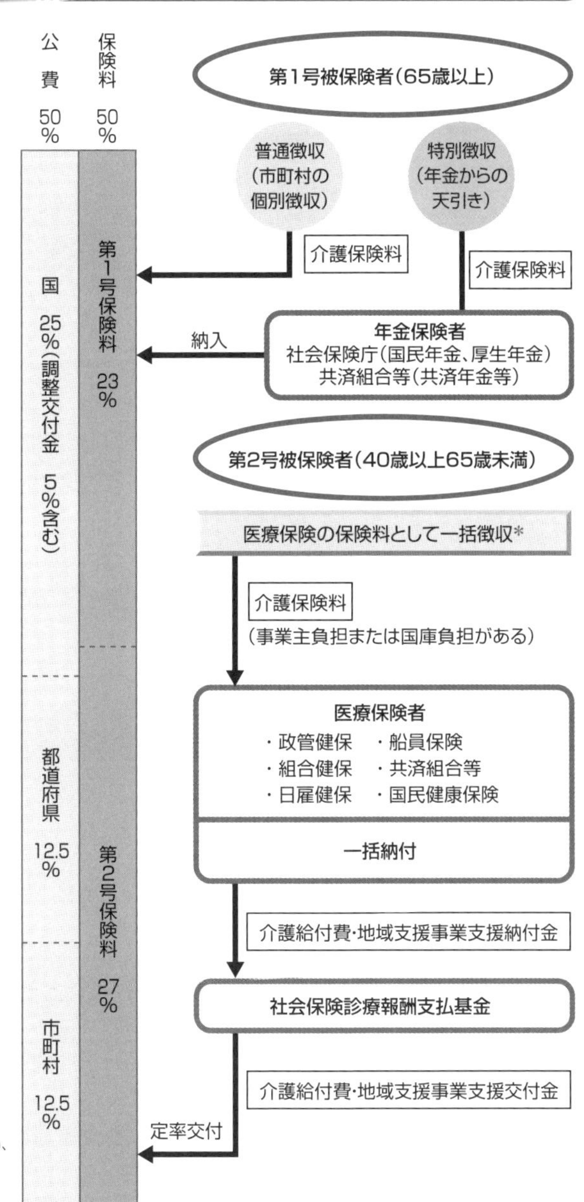

注：国の負担金のうち5%は調整交付金
・介護保険施設及び特定施設に係る施設給付費の場合は、国20%、都道府県17.5%、市町村12.5%
・地域支援事業のうち介護予防･日常生活支援総合事業の場合は国38.5%、都道府県19.25%、市町村19.25%

＊第2号被保険者保険料のうち、組合健保や共済組合などの被用者保険が徴収するものについては、被用者保険間の報酬額に比例した総報酬割が2017年8月分より段階的に導入され、2020年4月から全面的に導入されました。

2-10

市町村の介護保険財政を支える仕組みがある

市町村により介護給付費の負担に差があるため、「調整交付金」の仕組みが設けられています。

市町村の格差を解消する調整交付金

全国どの市町村も一律にその給付費額の12・5％を負担しますが、次のような格差があります。

①75歳以上の後期高齢者の比率の高い市町村ほど介護給付費が増える。

②所得の低い被保険者の割合が高い市町村では、保険料率を高くしないと必要な保険料が集まらない。

それらを解決するために、「**調整交付金**」の仕組みがあります。国が負担する25％のうち20％は各市町村の給付費額に対して定率で交付されます。残りの5％が、調整交付金として市町村間の財政力の格差を調整するために交付されます。

介護保険財政を安定させるための取組み

市町村の介護保険財政を安定させるために、都道府県に**財政安定化基金**を置き、次の事業を行っています。

①通常の努力にもかかわらず保険料未納によって生じた不足額の2分の1を交付する。

②見込みを上回る給付費の増大などによる赤字額に相当する資金を貸し付ける。

市町村は、貸付けを受けた期の次の市町村介護保険事業計画の期間に、第1号保険料を財源として、3年間の分割払いで返済します。

財政安定化基金の財源は、国、都道府県、市町村が3分の1ずつ負担します。

小規模な市町村では、単独で介護保険財政を安定して運営することが困難なので、①小規模な市町村の財政単位を広域化する、②市町村間の保険料水準を均衡させる、③相互に財政の調整を行う、という目的で、「**市町村相互財政安定化事業**」を行います。

調整交付金の仕組み

後期高齢者比率が低く所得水準が高い市町村	後期高齢者比率・所得水準が全国平均である市町村	後期高齢者比率が高く所得水準が低い市町村
第2号保険料（27%）	第2号保険料（27%）	第2号保険料（27%）
第1号保険料（26%）	第1号保険料（23%）	第1号保険料（18%）
調整交付金（2%）	調整交付金（5%）	調整交付金（10%）
国の定率負担（20%）	国の定率負担（20%）	国の定率負担（20%）
都道府県（12.5%）	都道府県（12.5%）	都道府県（12.5%）
市町村（12.5%）	市町村（12.5%）	市町村（12.5%）

2-11

65歳以上の人の保険料はこうして決められる

第1号被保険者の保険料率は3年に一度条例で定めます。保険料は年金額により13段階に分けられます。

第1号被保険者の保険料率の決まり方

65歳以上の第1号被保険者の介護保険料率は、保険者である市町村が、政令に定める基準に従って、**3年に一度、条例で定める**ことになっています。

市町村が保険料率を設定するには、まず、3年間の支出の見込み額を算定します。区域内の高齢者の実態を調査し、介護を必要とする人数とサービスの量を予測して必要となる費用を算出します。さらに、財政安定化基金の拠出金や前期の貸付金の返済額、市町村独自の給付費用などを加算して支出額を出します。そこから、国や都道府県の負担分などを収入額として差し引き、残額を保険料でまかなうことができるように保険料率を定めます。

第1期（2000～2002年度）の保険料（基準額）は、全国平均で1人1か月当たり2911円でしたが第9期は6225円*となっています。

介護保険料が減免されるケース

保険料率が条例で定められると基準となる保険料である**基準額**が決まり、それにもとづいて一人ひとりの被保険者の保険料が算出されます。各被保険者の保険料は、その所得に応じた負担能力に配慮した9段階の**所得段階別保険料**が設定されています。ただし、市町村の状況に応じて、各段階の割合や所得金額区分の変更は可能です（2-12参照）。

決められた保険料を、年度の途中で災害に遭った、生活を支える人が亡くなった、収入が著しく減少した、などの理由で払えなくなった人は、申請にもとづいて保険料が減免されます。また、本来適用される保険料や利用者負担を払うと、生活保護が必要となる人を対象に減額される制度もあります。

＊「第9期計画期間における介護保険の第1号保険料及びサービス見込量等について」厚生労働省

給付費の動向から見た保険料の推移

※保険料額は基準額の全国平均

第1期保険料（2000～2002年度）
2,911円／月

↓

給付費の増

第２期介護保険事業計画における給付増見込み
約22%増（年平均約7%）

近年の給付費の増加傾向

給付費の増　約33%増
（直近実績ベース年10%強）

その他の要因

- 第１号被保険者の増
- 財政安定化基金拠出率の引き下げ
- 準備基金取崩し
- 財政安定化基金貸付金の償還　など

↓

第2期保険料（2003～2005年度）
3,293円／月

→ 第3期保険料（2006～2008年度）
4,090円／月

第4期保険料（2009～2011年度）
4,160円／月

→ 第5期保険料（2012～2014年度）
4,972円／月

第6期保険料（2015～2017年度）
5,514円／月

→ 第7期保険料（2018～2020年度）
5,869円／月

第8期保険料（2021～2023年度）
6,014円／月

→ 第9期保険料（2024～2026年度）
6,225円／月

2-12

65歳以上の人の保険料は自治体によって差がある

第1号被保険者の保険料は、住んでいる市町村の高齢化率、所得格差、サービスの水準によって異なります。

保険料は市町村によって差が出る

第1号被保険者の保険料率は市町村が独自に決めることになっているので、市町村によって差が出ることになります。それは次の理由によります。

① 市町村によって高齢化率と認定率、サービスの利用率が異なる

市町村によって65歳以上の人口比率（高齢化率）は異なります。一般に高齢化率が高い市町村では認定率も高く、介護サービスの利用者が多く、保険給付も多くなります。介護予防意識が高く認定率が低い市町村では保険料は低い傾向にあります。

② 特に75歳以上の人口比率（後期高齢化率）の差が大きく影響する

③ 65歳以上の人に所得格差がある

所得が低い人の多い市町村は保険料収入が少ない。

④ 介護保険の給付水準が異なる

市町村は国が定める給付基準以上に上げたり、独自に市町村特別給付や保健福祉事業を行うこともあり、水準の高い市町村は保険料が高くなります。

これらの理由から、保険料の**基準額**の市町村格差は第9期（2024～2026年度）では、最高の市町村は最低の市町村の2．97倍となりました。

低所得者への配慮

第1号被保険者の**介護保険料率**の設定は、2024年度より、これまでの9段階からさらに細分化されて、標準で13段階になりました（自治体によってはさらに細分化して14段階以上の設定をすることもできます）。そして、第1段階から第3段階の低所得者に対しては公費により保険料を軽減する措置が取られています＊。

＊公費負担の割合は、国が1/2、都道府県と市町村がそれぞれ1/4ずつです。

保険料基準額の分布状況*

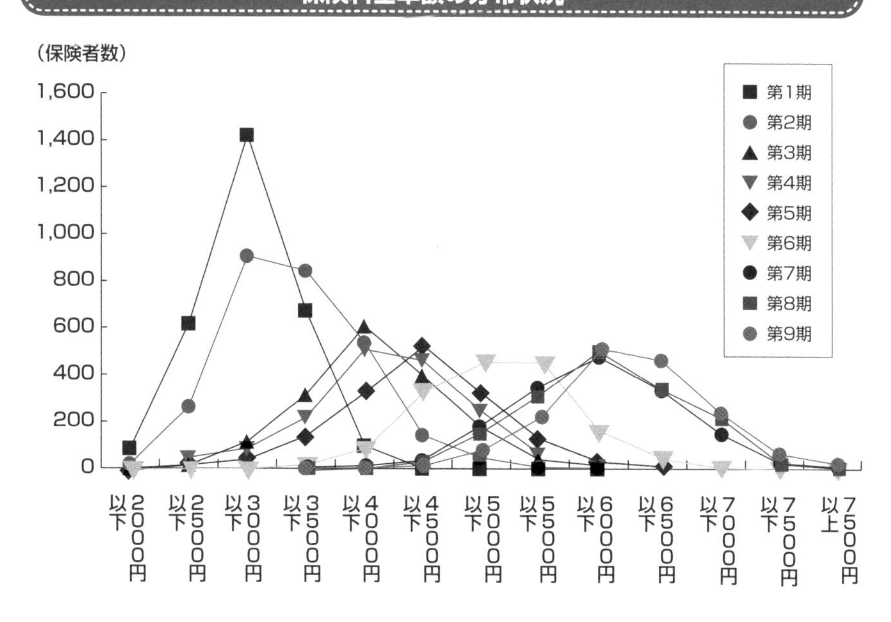

所得段階別保険料

段　階	対　象　者	保険料率
第1段階	生活保護被保護者、市町村民税非課税世帯の老齢福祉年金受給者または本人年金収入等80万円以下など	基準額の28.5%
第2段階	市町村民税非課税世帯で本人年金収入等80万円超120万円以下	基準額の48.5%
第3段階	市町村民税非課税世帯で本人年金収入等120万円超	基準額の69%
第4段階	本人が市町村民税非課税で年金収入等80万円以下	基準額の90%
第5段階	市町村民税非課税で本人年金収入等80万円超	基準額の100%
第6段階	市町村民税課税で合計所得金額120万円未満	基準額の120%
第7段階	市町村民税課税で合計所得金額120万円以上210万円未満	基準額の130%
第8段階	市町村民税課税で合計所得金額210万円以上320万円未満	基準額の150%
第9段階	市町村民税課税で合計所得金額320万円以上420万円未満	基準額の170%
第10段階	市町村民税課税で合計所得金額420万円以上520万円未満	基準額の190%
第11段階	市町村民税課税で合計所得金額520万円以上620万円未満	基準額の210%
第12段階	市町村民税課税で合計所得金額620万円以上720万円未満	基準額の230%
第13段階	市町村民税課税で合計所得金額720万円以上	基準額の240%

＊出所：厚生労働省資料より。

2-13

65歳以上の人の保険料はこうして集められる

第1号被保険者の保険料は、年金から天引きされます。無年金者や低年金者は「普通徴収」です。

多くの人は年金から天引きされる

65歳以上の第1号被保険者の保険料の徴収は、原則として、「**特別徴収**」方式です。特別徴収は、年金保険者（老齢年金等を支払う者）が、第1号被保険者に老齢年金や退職年金、障害年金、遺族年金を支払う際に天引きで徴収し、その徴収額を市町村に納入するという方法です。

具体的には、年額18万円以上の老齢基礎年金やその他の年金を受給する被保険者の年金から特別徴収することになります。

これは、第1号被保険者と年金受給者はほぼ一致しており、効率的で確実に保険料が徴収できる、被保険者の手間が省ける、などの理由から採用された方法です。

年金の低い人は直接納める

老齢年金や退職年金を受給していない人（無年金者）や低年金者（年額18万円未満）など、特別徴収によることが不可能、あるいは不適当な人の場合は、市町村が直接、納入通知書を送って保険料の納付を求める「**普通徴収**」の方式によります。4月2日以降に65歳になった人や、他の市町村から転入した人も、その年は普通徴収となります。

保険料の納付は、本人が義務を負うだけでなく、配偶者や世帯主にも連帯して支払うよう、保険料の**連帯納付義務**が課せられています。また、国民健康保険の保険料と同時に徴収する市町村もあります。

納期は、市町村が条例で定めることになっており、毎月納付するところや隔月に納付するところがあります。保険料の未納者は増加傾向にあります。

第1号被保険者の保険料の徴収方法

特別徴収

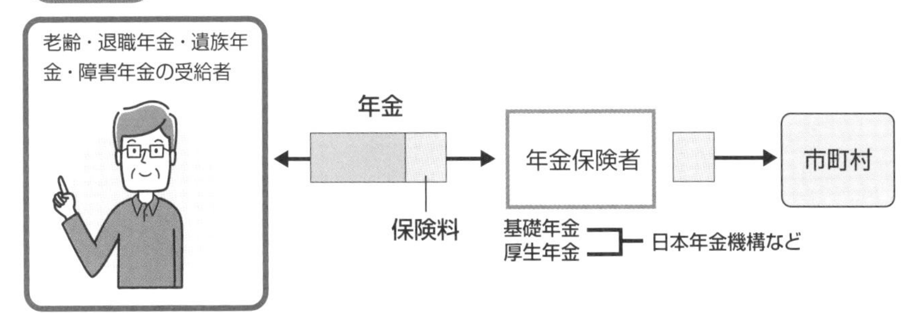

・その年の4月1日段階で年額18万円以上の人が特別徴収
・対象となる年金は、老齢基礎年金と厚生年金などの老齢退職年金、遺族年金、障害年金
・複数の年金がある場合はまず老齢基礎年金から徴収

・市町村民税や所得税の申告などによって、年度の途中で保険料の段階区分が変更になった場合は
保険料が増額になった場合……増額分を普通徴収で納める
保険料が減額になった場合……特別徴収を中止して普通徴収

普通徴収

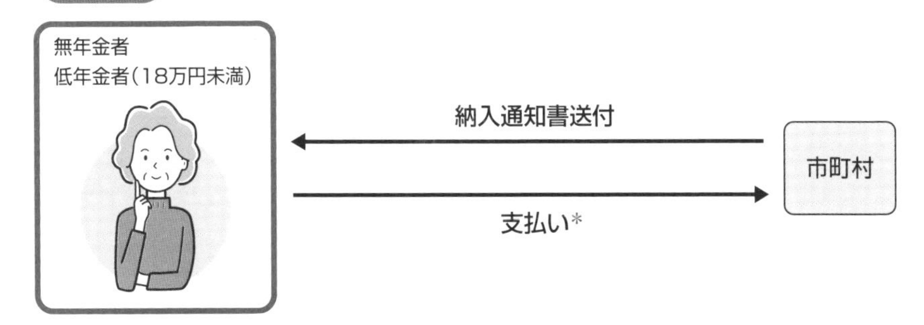

・4月2日以降に65歳となった人や、他の市町村から転入した場合もその年は普通徴収となる

＊市町村の委託を受けた私人（コンビニエンスストアなど）でも保険料の支払いを行うことができる。

2-14 保険料を滞納した人には給付に制限が加えられる

滞納すると給付制限措置がとられ、被保険者証に記載されます。

介護保険料の滞納者には保険給付が制限される

介護保険は、その財源の半分を保険料に負っています。被保険者は相互扶助の考え方にもとづいて、能力に応じて保険料を負担することが義務となっています。保険料を滞納する人については、一定の期間を設けて督促を行いますが、それでも自主的な納付が期待できない場合には、最終的には強制的に保険料を徴収する権限（**徴収債権**）が市町村に与えられており、滞納処分として、年金、不動産、預金などの財産の差し押さえが行われる場合があります。

また、介護サービスを利用している場合には、滞納期間に応じて次のような保険給付が制限される措置がとられます*。その場合、介護保険の被保険者証に「支払方法変更の記載」が行われます。

①**1年間滞納**　保険給付が現物給付から償還払い*に変更される

②**1年半滞納**　保険給付の支払いを一時的に差し止め、その後も滞納を続けると、差し止めた保険給付から滞納保険料を控除（相殺）する

③**2年間滞納**　保険給付率を9割（または8割か7割）から7割（または6割）に引き下げ、高額介護サービス費を給付しない

なお、納付期限は2年間で、その期間を過ぎると、時効により市町村は徴収する権限がなくなり、保険料を追納できず**未納期間**となります。介護サービスを利用していない場合でも、後に要介護状態等となって保険給付を受ける際、過去に未納期間がある場合は、右の③と同じ給付制限が行われます。

また、**第2号被保険者で国民健康保険料の滞納**がある場合は、給付の一時差し止めを行います。

＊実際には保険給付の制限だけでなく、事業者からのサービスの制限も行われることになります。

保険料を滞納したときの措置

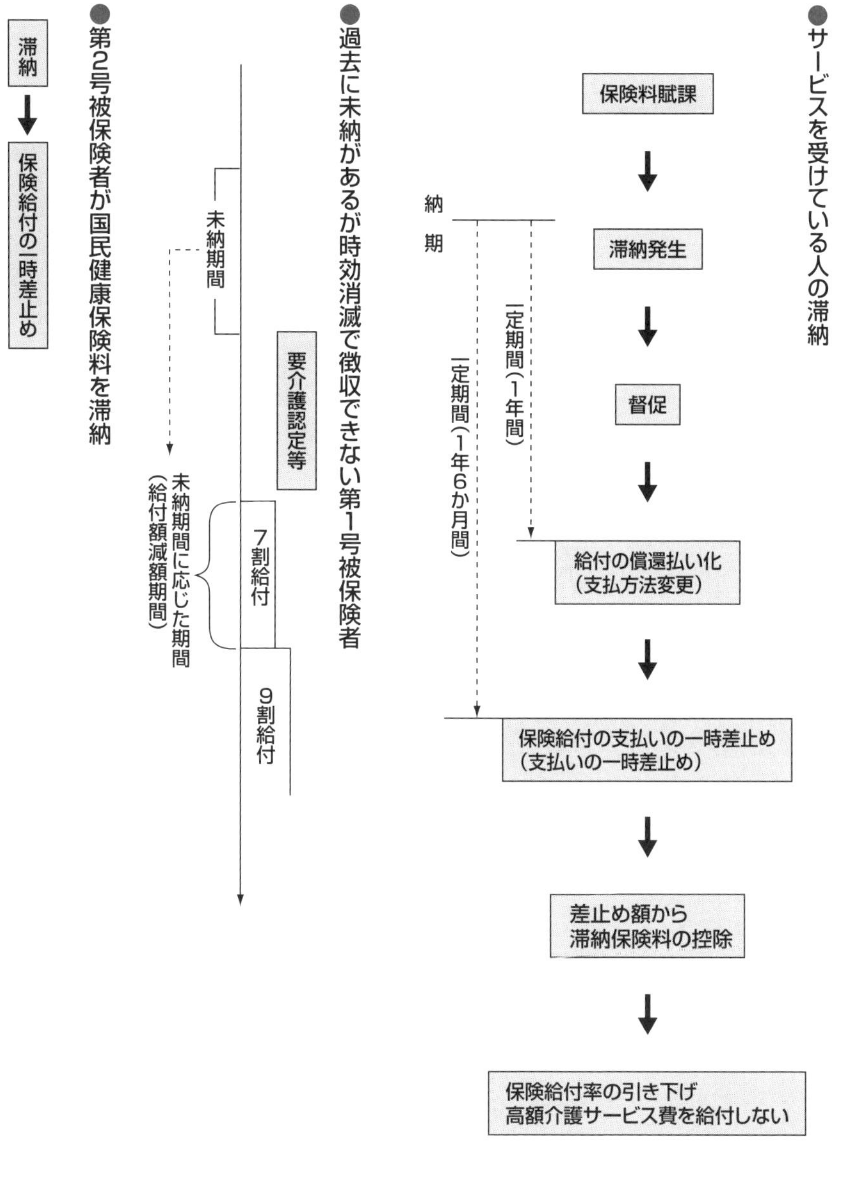

●サービスを受けている人の滞納

- 保険料賦課
- ↓
- 滞納発生
- ↓
- 督促
- ↓
- 給付の償還払い化
（支払方法変更）
- ↓
- 保険給付の支払いの一時差止め
（支払いの一時差止め）
- ↓
- 差止め額から
滞納保険料の控除
- ↓
- 保険給付率の引き下げ
高額介護サービス費を給付しない

納期
一定期間（1年間）
一定期間（1年6か月間）

●過去に未納があるが時効消滅で徴収できない第1号被保険者

- 要介護認定等
- 7割給付
- 9割給付

未納期間
未納期間に応じた期間
（給付額減額期間）

●第2号被保険者が国民健康保険料を滞納

- 滞納
- ↓
- 保険給付の一時差止め

＊**償還払い**　介護保険では、サービスを利用したとき、利用者はその費用の１割（または２割か３割）を支払い、残りの９割（または８割か７割）は市町村からサービスを提供した事業者に支払われる。それに対して、償還払いは、利用者が全額を支払い、市町村に申請して後に９割（または８割か７割）分を返してもらう方法（詳細はP114）。

2-15 会社員の介護保険料は医療保険料と合算で毎月の給与から天引きされる

第2号被保険者のうち、職場の医療保険に加入している人の保険料は、医療保険者が徴収します。

会社員の介護保険料は給与から天引きされて社会保険診療報酬支払基金から市町村へ

第2号被保険者のうち、職場の医療保険（組合管掌健康保険、全国健康保険組合管掌健康保険、共済保険など）に加入している会社員や公務員の場合、介護保険料は、医療保険の保険料と併せて、**毎月の給料から天引き**されます（自営業者、農業者、無職の人については、2-16参照）。その後、医療保険料といっしょに社会保険診療報酬支払基金に納付され、そこから介護給付費交付金として市町村に交付され介護給付費として使われます。

保険料額は標準報酬月額と保険料率で決まる

介護保険の毎月の保険料額は、医療保険料と同じように「**標準報酬月額**」に保険料率をかけて算出されます。

標準報酬月額は、毎年4月から6月までの給与の額を平均した金額を当てはめる「**標準報酬月額表**」の等級区分の額です。賞与が年3回以内支給された場合は、賞与の額に応じた**標準賞与額**に保険料率をかけて賞与分の保険料額が算出され、併せたものが介護保険料となります。（年4回以上賞与が支給された場合は通常の報酬に含めます。）標準報酬月額と保険料率は加入している医療保険ごとに異なるので、保険料の額も加入している医療保険によって異なってきます。

中小企業などが加入している全国健康保険協会管掌健康保険（協会けんぽ）の2024年度の介護保険料率は、全国一律で1.60％です*。

なお、医療保険と同様に原則として介護保険料の半分は、事業主が負担することになっています。

＊医療保険の保険料率は、都道府県によって異なります。

会社員の介護保険料額の算出方法の例（協会けんぽの場合）

例1 標準報酬月額が220,000円、事業主負担50％の場合

介護保険料額＝220,000円×1.6％＝3,520円
天引きされる金額＝3,520円×50％＝1,760円

例2 標準報酬月額が220,000円で標準賞与額が445,000円、事業主負担50％の場合

介護保険料額＝(220,000円＋445,000円)×1.6％
＝10,640円
天引きされる金額＝10,640円×50％＝5,320円

＊医療保険の扶養家族には介護保険料の負担はなく、この会社員に40歳以上65歳未満の無職の妻がいたとしても、追加して負担する保険料はありません。

職場の医療保険に加入している会社員・公務員の介護保険料徴収方法

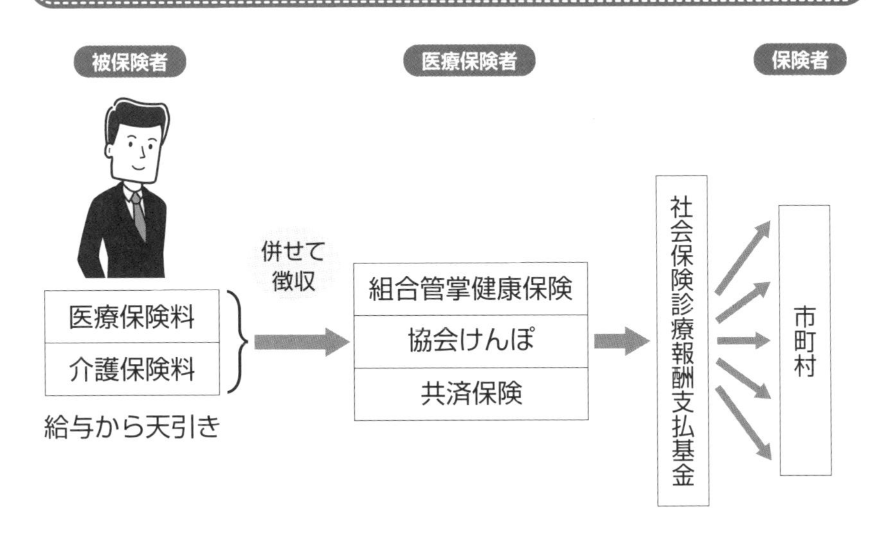

2-16

自営業者の保険料は国民健康保険と一緒に集められる

国民健康保険に加入している人の介護保険料の半分は国庫が負担します。

国民健康保険とともに徴収される

第2号被保険者のうち、自営業者やフリーランサー、無職の人は、医療保険は**国民健康保険**に加入しています。このような人たちは、一人ひとりの所得と被保険者の数などによって決められた額を、国民健康保険の保険料（法律上は税）に上乗せした形で介護分保険料（税）として世帯ごとにまとめて徴収されます。

保険料はこうして決まる

国民健康保険の保険者である市町村は、次のような段階を踏んで、保険料を決めます。

全国一律の第2号被保険者の1人当たりの負担見込み額にその市町村の第2号被保険者の人数を掛けるなどすると、その市町村の国民健康保険が納めるべき介護分保険料の総額が出ます。総額の2分の1は国庫負担ですから、残りの2分の1が被保険者の保険料が負担する分です。

それを、世帯ごとに、**所得割額**（所得に応じた保険料）や、**被保険者均等割額**（世帯に属する被保険者の人数に応じた定額の保険料）、**平等割額**（1世帯について定額）などを合計して年間17万円を最高限度として算定します。この3つのうちいくつを採用するか、どのように按分するかについては市町村が選択できます。

このようにして算出された介護分保険料額と医療保険分と後期高齢者支援金分として算出される保険料額を合計したものが徴収されます。

なお、65歳以上の人で18万円以上の老齢・退職年金を受給している人は、国民健康保険に加入していても、介護保険料は年金からの特別徴収になります。

第2号被保険者1人当たり負担見込み額の推移（概算納付金）＊

年度	2001	2002	2003	2004	2005
年額	32,425円	35,019円	36,513円	41,665円	45,054円

2006	2007	2008	2009	2010	2011
47,578円	49,476円	49,533円	50,248円	52,107円	54,191円

2012	2013	2014	2015	2016（4月～9月）	2016（10月～3月）
56,366円	59,588円	63,270円	62,120円	64,221円	64,161円

2017	2018	2019	2020	2021	2022
66,665円	67,909円	71,875円	75,720円	80,133円	81,948円

国民健康保険料の介護分保険料の計算方法の例（2023年度分）

●福岡県K市の場合（①+②+③）

①所得割額円	（総所得金額等−基礎控除43万円）×3.04%
②均等割額	40～46歳の加入者1人あたり9,160円
③平等割額	1世帯当たり8,080円

●東京都M区の場合（①+②）

①所得割額	40～64歳の加入者の算定基礎額（前年の合計所得−基礎控除）×1.93%
②均等割額	40～64歳の加入者1人につき16,200円

＊出所：厚生労働省資料より。

介護破綻の「5つの前兆」を先読みする

介護が始まって1年間前後はなんとか乗り切れている家族介護も、2～5年が経過すると「ほころび」があらわれ、やがて「大きな亀裂」が家族介護を襲うことになります。その前兆（危機：クライシス）に「過度な介護負担、介護虐待、介護離職・転職、介護破産、介護孤立」があります。

「今、そこにある危機」的な状況になる前に、いかに危険（リスク）の段階で行政や介護サービスの事業所や専門職がサポートするか、がとても重要です。

介護には、入浴や排泄・移動、寝返り、移乗などの身体介助から、3度の食事、掃除、着替えなどの日常生活に関わる生活介助などがあります。介護の専門的な知識もスキルもない家族介護者には、過度な負担です。さらに認知症になると介護拒否や暴言、物盗られ妄想、弄便などのBPSD（行動・心理症状）などが加わり、介護の負担は一気にアップします。月数回しか帰省できず時間に制約がある遠距離介護ともなると、負担感はなおさらです。

専門家の力を借りることができないと、家族介護者は次第に追い詰められ、そのストレスは要介護者に向かいます。暴言や暴力で要介護者を押さえこむ、鍵をかける、無視をするという虐待的行動をとるケースもあります。仕事との両立は困難となり、介護離職の判断をせざるを得なくなり、やがて月々5～8万円近くかかる介護費用も負担できない介護破産の道に転がり落ちることになります。

施設に入れたくても月々の利用料が払えないため、それも選べない。世間体の悪さから地域や身内から孤立し、やがて介護心中や介護殺人などの悲惨な結末を迎えるケースも増加傾向にあります。

かつて家族介護は「美徳」とされました。しかし、公的サポートを利用しないと暴力性を秘めた「危機的な状況」になりかねない要素を常にはらんでいます。介護破綻で「家族関係」まで破綻させてはいけません。そのために家族介護者は介護保険制度をフルに活用するとともに、カラダとココロに負担をかけない「介護の手法」をプロの専門職から学ぶことです。そして介護サービス事業者も積極的に「プロの技」を伝えることが重要だと考えます。

（高室 成幸）

第3章

サービス利用の手続き

介護保険は、健康保険などのように保険証をもっていけばすぐにサービスが受けられるものではありません。サービスを受けたいと思う人は、まず市町村に申請して介護が必要か認定してもらいます。このことを要介護認定といいます。この章では、申請をしてから訪問調査を受けて、要介護認定を受けるまでの手続きと仕組みについて解説します。

3-1

介護保険のサービスを利用するには手続きが必要

介護保険のサービスを受ける手順には、要介護認定の申請、要介護認定、ケアプランの届け出などがあります。

●サービスを利用するための5つの手順

介護保険は、希望すれば誰でもすぐにサービスを利用できるという仕組みにはなっていません。次のような手順を踏んで利用します。

①要介護認定の申請をする（申請主義）

被保険者は、まず、市町村に要介護認定の申請を行い、原則として要介護・要支援認定を受けなければサービスを利用することができません。

②要介護認定を受ける

要介護認定申請を受理した市町村は、**訪問調査員**を派遣して調査を行い、30日以内に要介護度別に要介護認定を行い通知します。受けられるサービスの種類や量の上限は要介護度別に決められています。

③ケアマネジャーがケアプランをつくる

要介護者が在宅で介護を受ける場合は、サービスを利用するため、ケアプランの作成を居宅介護支援事業者の介護支援専門員（ケアマネジャー）に依頼します。ケアプランは自分で作成して市町村に届け出ることもできます。施設でサービスを受ける場合は、入所する施設のケアマネジャーが施設ケアプランを作成します。要支援者は、地域包括支援センター等が介護予防ケアプランを作成します。

④サービス事業者から介護サービスを受ける

ケアプランに従って、サービス事業者から訪問介護、デイサービス、リハビリテーションなどの介護サービスを受けます。

⑤利用者はサービスの費用の一部を負担する

サービス事業者は、費用の1割（または2割か3割）を利用者に、9割（または8割か7割）を国保連に請求します。国保連はそれを審査して事業者に支払い、その金額を市町村から受け取ります。

介護保険制度におけるサービス利用手続き

被保険者
↓
要介護認定の申請 → 保険者
↓
要介護認定（市町村が実施）
- 訪問調査
- ↓ 主治医意見書
- 1次判定　コンピュータによる判定
- ↓ 主治医意見書
- 2次判定　介護認定審査会による合議

→ 非該当 → 対象外の高齢者（地域支援事業）

↓ 認定（保険者から）

要介護者・要支援者
要介護状態等区分

ケアマネジャーにケアプラン作成を依頼
- 課題分析（アセスメント）
- ↓ 解決すべき課題の把握
- ↓ サービス担当者会議（ケアカンファレンス）
- ↓ ケアプラン（介護サービス計画）作成
- ↓ 利用者の承諾
- ↓ サービス利用票とサービス提供票の作成
- ↓ サービスの提供
- ↓ 給付管理票の作成と提出
- → モニタリング → 課題分析（アセスメント）へ戻る

自らケアプランを作成
- ↓ 自らの選択によるサービス利用

サービス事業者 → 自らの選択によるサービス利用：サービス提供
自らの選択によるサービス利用 → サービス事業者：利用者1割（または2割か3割）負担
サービス事業者 → サービスの提供：サービス提供
サービスの提供 → サービス事業者：利用者1割（または2割か3割）負担
サービス事業者 → 国保連：介護費用請求
国保連 → サービス事業者：審査・支払い
保険者 → 国保連

3-2

保険給付が受けられるのは要介護・要支援のとき

サービスを利用できるのは、心身の障害のために日常生活を送るうえで常時介護が必要、あるいはそれに近い状態です。

要介護状態とは

要介護状態とは、介護保険法によって、「身体上又は精神上の障害があるために、入浴、排せつ、食事等の日常生活における基本的な動作の全部又は一部について、厚生労働省令で定める期間（原則6か月）にわたり継続して、常時介護を要すると見込まれる状態」と定義付けられています。

要介護状態にあると認定された被保険者を「**要介護者**」といいます。

要介護認定では、要介護1から要介護5まで5段階の**要介護状態区分（要介護度）**も併せて確認し、この要介護状態区分に応じて、居宅サービスを利用したときに介護保険から給付が受けられる上限である区分支給限度基準額が決められます。

施設サービスは、この基準額とは関係なく、要介護度と部屋の種類（個室、多床室）によって決まる利用料の9割（または8割か7割）が給付額です。

要支援状態とは

要支援状態とは、①継続して常時介護を要する状態のうち、その状態の軽減・悪化防止に特に役立つ支援を必要とする状態（要支援1）、②継続して日常生活（身支度、掃除、洗濯、買い物など）を営むのに支障がある状態（要支援2）、をいいます。

要支援状態にあると認定された被保険者を「**要支援者**」といい、要支援1と要支援2に分けて認定され、区分支給限度基準額も決められます。

要介護認定で、要介護・要支援状態ではなく自立（非該当）と判定された場合でも、市町村が実施する介護予防・日常生活支援総合事業を利用して市町村が提供するサービスを利用できます（3-15参照）。

要支援者と要介護者

要支援者	①要支援状態にある65歳以上の人 ②要支援状態にある40歳以上65歳未満の人であって、要支援状態となった原因が、特定疾病によるもの
要介護者	①要介護状態にある65歳以上の人 ②要介護状態にある40歳以上65歳未満の人であって、要介護状態となった原因が、特定疾病によるもの

要介護度別の状態

	内　　容
要支援1	日常生活の基本動作はほぼ自分で行えるが、家事や買い物などに支援が必要な状態（要介護認定等基準時間：25分以上32分未満）
要支援2	要支援1の状態からわずかに能力が低下し、何らかの支援が必要な状態（要介護認定等基準時間：32分以上50分未満）
要介護1	起立や歩行などに不安定さが現れ、入浴や排泄などに一部介助または全介助が必要（要介護認定等基準時間：32～50分未満）
要介護2	自力での起立や歩行が困難。入浴や排泄などに一部介助または全介助が必要（要介護認定等基準時間：50～70分未満）
要介護3	起立や歩行は不可能。入浴や排泄、衣服の着脱などに全介助が必要（要介護認定等基準時間：70～90分未満）
要介護4	介護なしに日常生活を送ることが困難。入浴、排泄、衣服の着脱などに全介助、食事摂取に一部介助が必要（要介護認定等基準時間：90～110分未満）
要介護5	日常生活のほぼすべてにおいて全介助が必要（要介護認定等基準時間：110分以上）

3-3 市町村に要介護認定の申請をする

要介護認定を受けるには主治医意見書が必要です。作成は、市町村がかかりつけ医に依頼します。

被保険者は要介護認定の申請をする

介護保険を利用したいと思う被保険者は、要介護認定・要支援認定の申請をしなければなりません。

申請は、「**介護保険要介護認定・要支援認定申請書**」に第1号被保険者は**介護保険被保険者証**、第2号被保険者は医療保険の被保険者証を添えて、市町村の介護保険課などに提出します。

申請書を提出すると、「**介護保険資格者証**」（暫定被保険者証）が交付されます。被保険者証は認定結果の通知とともに再度交付されます。

申請の代行は、家族、居宅介護支援事業者、介護保険施設等のうち厚生労働省令で定めるもの、地域包括支援センター＊、成年後見人などができます。

申請書には、被保険者の住所・氏名・生年月日、認定の参考にするために「**主治医意見書**」を書いてもらうか**かかりつけ医**（**主治医**）の氏名・住所などを記入します。意見書は、市町村が直接主治医に作成を依頼し、主治医から市町村に送られます。

主治医がいない場合は、被保険者は市町村の指定する医師の診断を受けなければなりません。

申請してから30日以内に行われる

被保険者からの申請を受け付けた市町村は、**30日以内**に、介護保険が利用できる要介護状態・要支援状態にあるか、利用できない非該当（自立）であるかの認定を行わなければなりません。

ただし、審査、判定など調査に日時を要するなどの理由で申請日から30日以内に認定が行われない場合には、市町村は30日以内に被保険者に認定に要する期間と理由を通知したうえで、延期することができます。

介護保険（要介護認定・要支援認定）申請書　記入例

介護保険 ［要介護認定・要支援認定／要介護更新認定・要支援更新認定］ 申請書

○区長様
次のとおり申請します。

被保険者	被保険者番号	1234567890	申請年月日	令和　2年10月　1日
	フリガナ	シュウワ　タロウ	生年月日	明・(大)・昭11年　3月10日
	氏名	秀和　太郎	性別	(男)・女
	住所	〒 ○区○○町○○番地○○ 電話番号		
	前回の要介護認定の結果等 *要介護・要支援更新認定の場合のみ記入	要介護状態区分　1　2　3　4　5　経過的要介護　要支援状態区分　1　2		
		有効期間　令和　年　月　日から　令和　年　月　日		
	過去6月間の介護保険施設医療機関等入院、入所の有無	介護保険施設の名称等・所在地	期間　年　月　日～　年　月　日	
		介護保険施設の名称等・所在地	期間　年　月　日～　年　月　日	
		医療機関等の名称等・所在地 東都大学病院、千代田区	期間　29年 8月18日～29年 9月25日	
	(有)・無	医療機関等の名称等・所在地	期間　年　月　日～　年　月　日	

提出代行者	名称	該当に○（地域包括支援センター・居宅介護支援事業者・指定介護老人福祉施設・介護老人保健施設・指定介護療養型医療施設・介護医療院）　印
	住所	〒　電話番号

主治医	主治医の氏名	青山　一夫	医療機関名	東都大学病院
	所在地	〒 千代田区△△町△△番地△△ 電話番号		

第二号被保険者（40歳から64歳の医療保険加入者）のみ記入

医療保険者名		番号等	
特定疾病名			

介護サービス計画又は介護予防サービス計画を作成するために必要があるときは、要介護認定・要支援認定にかかる調査内容、介護認定審査会による判定結果・意見、及び主治医意見書を、○区から地域包括支援センター、居宅介護支援事業者、居宅サービス事業者若しくは介護保険施設の関係人、主治医意見書を記載した医師又は認定調査に従事した調査員に提示することに同意します。

本人氏名　秀和　太郎

＊**地域包括支援センター**　市町村の日常生活圏域（人口2万人に1か所）ごとに設置される。要支援者を対象とする「介護予防ケアプラン」を作成するほか、総合相談、虐待対応、ケアマネジメント支援などの各種事業を行う。主任介護支援専門員、社会福祉士、保健師などの3職種を置くことが原則。

3-4

申請前でも認定前でも介護保険は利用できる

事情によっては申請をしてすぐに、または申請前に償還払いでサービスを利用することができます。

●申請していなくても認定を受けていなくても介護保険は利用できる

介護保険の利用は、原則として、認定を受けてからとなっています。しかし、後に要介護・要支援と認定された場合は、申請前あるいは認定前に利用したサービスでも、保険給付の対象となります。

①申請時への遡及（そきゅう）

要介護認定が行われた場合、その効力は申請時にさかのぼって有効となるため、認定を申請したときからサービスを利用した場合でも、保険給付を受けることができます。申請をすると発行される「**介護保険資格者証**」をサービス事業者に提示して、**暫定ケアプラン**に従ってサービスを受けます。

②申請前のサービス利用

緊急やむをえない理由ですぐにサービスを利用しなければならないときは、認定を申請する前に利用したサービスについても、市町村が必要と認めた場合には保険給付の対象となります。これは、後述の基準該当サービスと離島等相当サービス（4-5参照）と共に「**特例居宅介護サービス費**」と呼ばれます。

ただし、①の場合も②の場合も、要介護認定で要介護または要支援と認定されない場合は、利用したサービスはすべて自己負担となります。

また、正規に認定されてからサービスを利用した場合の費用の支払いは、1割（または2割か3割）の自己負担分で済みますが、②の場合は、まず全額支払っておいて、認定を受けてから9割（または8割か7割）が返還される「**償還払い**」という方法になります。①の場合も、暫定ケアプランを作成しないと償還払いになります。

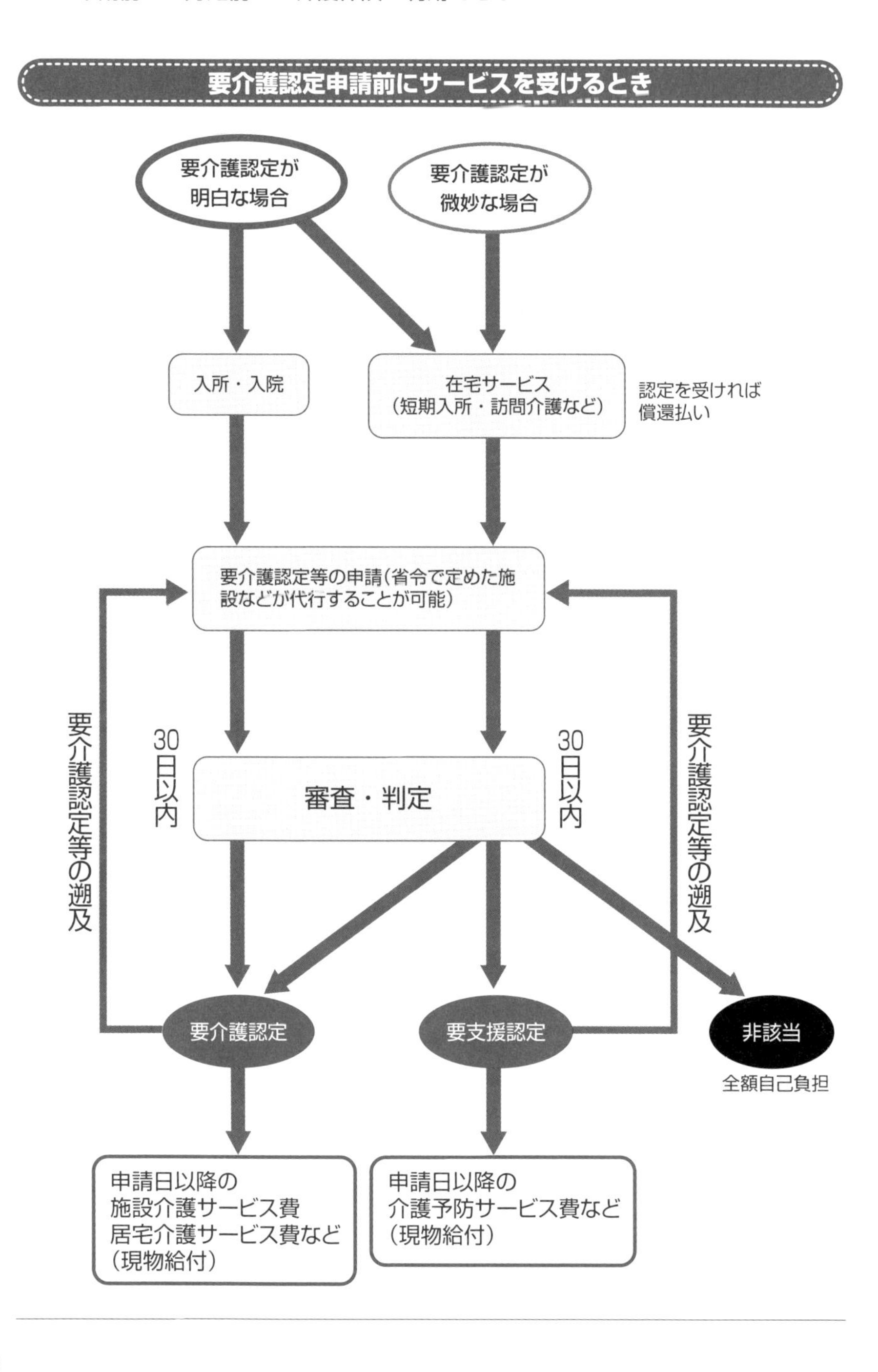
要介護認定申請前にサービスを受けるとき
要介護認定が
明白な場合
要介護認定が
微妙な場合
入所・入院
在宅サービス
（短期入所・訪問介護など）
認定を受ければ
償還払い
要介護認定等の申請（省令で定めた施
設などが代行することが可能）
30日以内
審査・判定
30日以内
要介護認定等の遡及
要介護認定等の遡及
要介護認定
要支援認定
非該当
全額自己負担
申請日以降の
施設介護サービス費
居宅介護サービス費など
（現物給付）
申請日以降の
介護予防サービス費など
（現物給付）

3-5 要介護認定を受ける

要介護認定は、1次判定、2次判定と段階を踏んで行われます。

●要介護認定の流れ

被保険者から要介護認定の申請を受けた市町村は、次のような段階を踏んで認定作業を進めます。

①訪問（認定）調査

市町村は、申請した人の日常生活の動作や問題行動の状況などを調べるために、被保険者の自宅に認定調査員を派遣して訪問（認定）調査を行います。

認定調査員は、市町村の職員または指定居宅介護支援事業者や介護保険施設の介護支援専門員であることが基本です。しかし、令和2年4月より新たに「保険、医療又は福祉に関する専門的な知識を有する者」（詳細規定あり）も加わりました。

認定調査員は、申請した被保険者に面接して、全国共通の認定調査票にもとづいた質問をし、その回答を記入します。

②1次判定

訪問調査による高齢者の心身の状況に関する調査の結果と主治医意見書の意見をコンピュータに入力します。ソフトウエアは、調査項目ごとに設けた選択肢によって高齢者を分類して、そこから**要介護認定等基準時間を推計する**システムになっています。要介護認定等基準時間は5つの分野に分かれており、それを合計して、介護サービスが必要か、どのくらい必要かを推計して、仮の要介護度を決めます。

③2次判定

2次判定は、市町村に設置されている介護認定審査会が、委員の合議によって1次判定の結果を原案に訪問調査の特記事項と主治医意見書の内容を加味して、要介護1～5、要支援1・2、非該当の別を判定します。その結果と介護認定審査会の意見があればそれを付記して市町村に通知します。

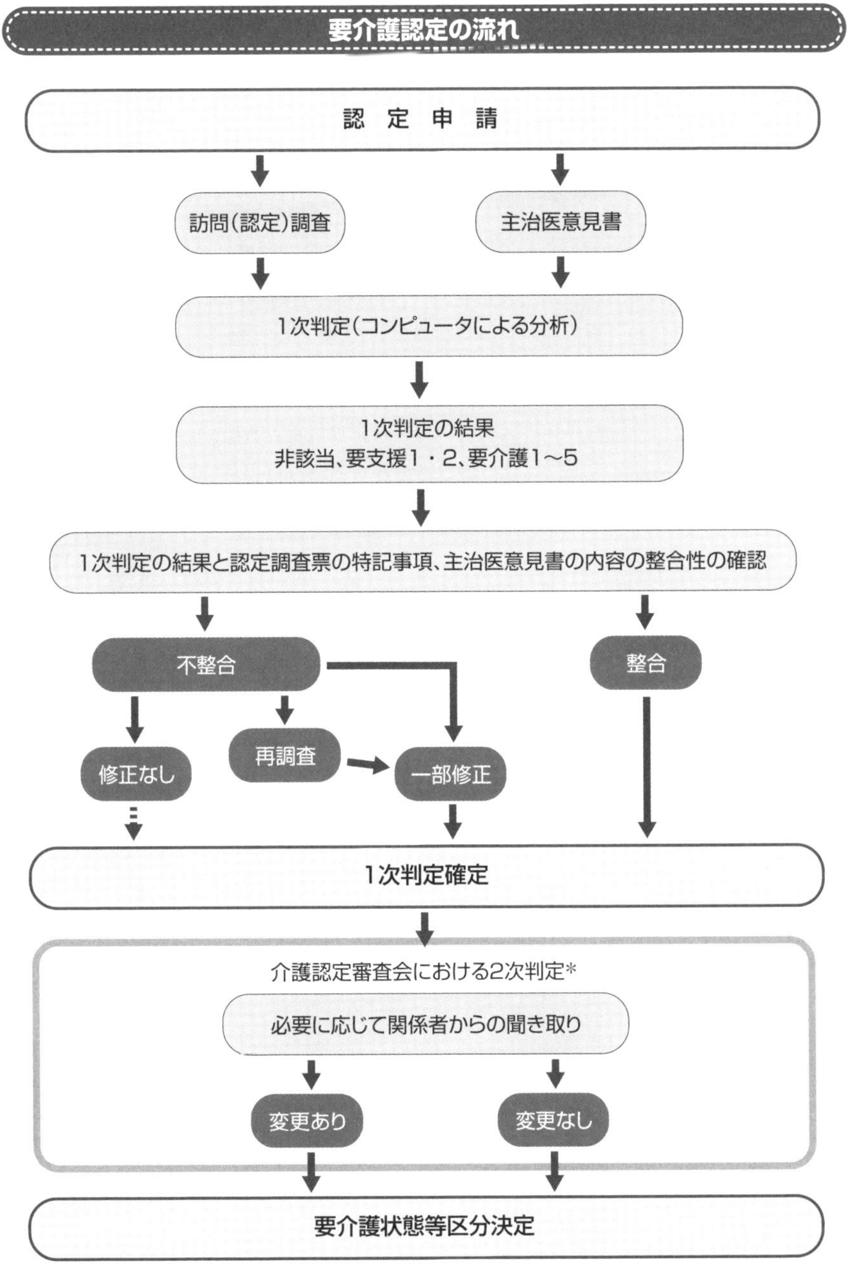

要介護認定の流れ

＊第１号被保険者で長期にわたって状態が変化していない状態安定者を対象に、更新認定の二次判定の手続きを簡素化できるようになった。

3-6 訪問調査は調査員が訪問して聞き取りによって行う

基本調査は心身の状況、特別な医療、日常生活自立度についての調査から成り立ちます

訪問調査は基本的に市町村職員が行う

訪問調査は、**市町村がその職員を被保険者の自宅に派遣して行う**ことが基本ですが、例外として**指定市町村事務受託法人**に委託することができます。指定市町村事務受託法人は、要介護認定の調査などの事務を行うため2006年度に新設された機関です。

また、被保険者が遠隔地に住んでいる場合はその市町村に調査を依頼することができます。

2度目以降に申請する**更新認定**の場合は、居宅介護支援事業者、介護保険施設等、地域包括支援センター、ケアマネジャー（介護支援専門員）のうち厚生労働省令で定めるものにも委託することができます。

訪問調査を委託された機関やケアマネジャーには、法律上の守秘義務が課せられ、刑法などの罰則の適用については、公務員に準じます。

調査票は概況調査、基本調査、特記事項がある

調査は、日常生活や身体能力および状態、問題行動の状況など、被保険者の「心身の状況に関する調査」を行うものです。調査には概況調査、基本調査、特記事項、の3部から構成される「**認定調査票**」を用います。

概況調査は、氏名、年齢、住所、現在のサービスの状況など被保険者の基本的なデータを調べる調査です。**基本調査**は、5分野の心身の状況に関する調査、12の特別な医療に関する調査、日常生活自立度に関する調査からなり、1次判定に使われます。

特記事項は、訪問調査員が認定調査票の記入時に判断に迷った場合や、追加記入すべき状況にあると判断した場合などに各項目ごとに記述式で記入し、介護認定審査会の資料として用いられます。

認定調査

Ⅰ　心身の状況に関する調査によって心身の状況を把握

①身体機能・起居動作：麻痺、拘縮、歩行、洗身、視力　など
②生活機能：移乗、嚥下、排尿、口腔清潔、外出頻度　など
③認知機能：意思の伝達、日課の理解、短期記憶、徘徊　など
④精神・行動障害：被害的、作話、昼夜逆転、介護に抵抗　など
⑤社会生活適応：薬の内服、金銭管理、日常の意思決定　など
⑥特別な医療：点滴、中心静脈栄養、透析、ストーマ　など
⑦日常生活自立度：寝たきり度、認知症度

Ⅱ　上記の①～⑦にもとづき樹形モデルで要介護時間を算定

①直接生活介助：食事／排泄／移動／清潔保持
②間接生活介助
③認知症の行動・心理症状関連行為
④機能訓練関連行為
⑤医療関連行為

Ⅲ　上記Ⅱの「⑤医療関連行為」は、次の12の特別な医療に関しての調査について、該当する時間を加算

①点滴の管理　②中心静脈栄養　③透析　④ストーマの処置　⑤酸素療法　⑥レスピレーター　⑦気管切開の処置　⑧疼痛の看護　⑨経管栄養　⑩モニター測定　⑪褥瘡の処置　⑫カテーテル

Ⅳ　生活機能を評価する次の3項目の調査によって廃用の程度（生活の不活発さの程度）を調査

①日中の生活　②外出頻度　③家族、居住環境、社会参加

Ⅴ　要介護認定等基準時間を合計

Ⅵ　主治医意見書によって日常生活自立度を加味

①障害高齢者の日常生活自立度
②認知症高齢者の日常生活自立度

3-7 訪問調査では高齢者の日常の状態を見てもらう

正しい要介護認定をしてもらうために、高齢者の日常生活のありのままを伝えましょう。

調査は聞き取りによって行われる

訪問調査は、原則として**1人の訪問調査員が1回の訪問**で行います。被保険者のところ（病院や施設でも可）に訪れた調査員が、まず、住所、氏名、現在受けているサービスについて聞きます。次に、認定調査票の項目に従って、「寝返りはできますか」「起き上がれますか」「食事はひとりでとれますか」などと質問し、それに対して、高齢者は「ひとりででできる」「介助があればできる」「できない」などの選択肢から選んで答える方式で行われます。高齢者が答えられない場合は、家族などが代わって答えてもかまいません。日常生活の動作に麻痺や拘縮がないかを確認するために「バンザイをしてみてください」「起き上がってみてください」「歩いてみてください」などと、実際に行動するよう求められます。

家族などが同席してふだんの様子を伝える

聞き取り調査は、調査当日の状況と日常の状況を総合的に判断しなければなりません。そこで、日常介護をしている家族や介護者が、高齢者のふだんの様子をできるだけ正確に伝えるために必ず同席しましょう。特に認知症がある高齢者などでは、質問を理解できなかったり自分の意思を適切に伝えられないといったことも発生します。日によって認知症の症状が大きく違う場合などには、家族などが代わって情報を提供するようにしましょう。

必要があれば、ふだんの様子をメモに書いておき、**特記事項**として記載してもらうようにしましょう。また、調査員との応答などをメモに取っておくことも必要で、調査員が記入した**認定調査票**のコピーをもらっておくこともよいでしょう。

訪問調査を受けるときの注意

　高齢者は、初めての人の前では緊張してよく話せなかったり、逆にふだんよりも状態をよく見せようとしがちなので、次の点に注意して訪問調査に臨みます。

・リラックスして面接を受けられるようにする。

・質問に対しては正直にありのままに答えるようにする。

・よそいきの服を着るなど、ことさらに飾ろうとしない。

・介護日記を付けておき、調査員に見てもらうようにする。

・家族はあらかじめ質問項目について検討して、高齢者の回答に相違があればそれを調査員に伝える。

・面接当日の様子が日常とはあまりにも違う場合、調査員に話し、再調査を要請する。

・認知症の状態などについて家族が質問を受けた場合は、本人に聞こえないよう回答する。

3-8

1次判定は要介護認定等基準時間の合計で行われる

1次判定は、訪問調査の認定調査票の結果と主治医意見書で行われます。

基準となる時間で要介護度は決まる

要介護認定の審査判定は、「**介護の手間に係る審査判定**」と「**状態の維持・改善可能性に係る審査判定**」の2つに分けることができます。

1次判定では、そのうちの「介護の手間に係る審査判定」を行います。その審査判定は、訪問調査で記入された認定調査票の結果をコンピュータ処理して「**要介護認定等基準時間**」を推計して行われます。

要介護認定等基準時間とは、簡単に言えば「介護にかかる時間」のことで、基本調査にもとづき、①直接生活介助、②間接生活介助、③認知症の行動・心理症状関連行為、④機能訓練関連行為、⑤医療関連行為、の5つの分野の介護行為ごとに必要な1日当たりの時間を推計して合計したものです。

推計には、認定調査票の1－1麻痺、1－2拘縮、1－3寝返りなどの項目ごとに選択肢を設け、調査結果に従ってそれぞれの高齢者を分類して該当する要介護認定等基準時間を計算する「**樹形モデル**」というシステムを使います。

要介護度を推計する

要介護認定等基準時間によって**要介護状態区分（要介護度）**などを推計します。要介護認定等基準時間が25分未満ならば非該当、25分以上32分未満ならば要支援1、32分以上50分未満のうち、常時介護を要する状態の軽減や悪化の防止に資する支援を要すると見込まれる場合には、要支援2となり、それ以外の場合は要介護1に振り分けられます。

ただし、要介護認定等基準時間はあくまでも介護の必要性を比較するための「ものさし」であり、実際に家庭で行われる介護時間とは異なります。

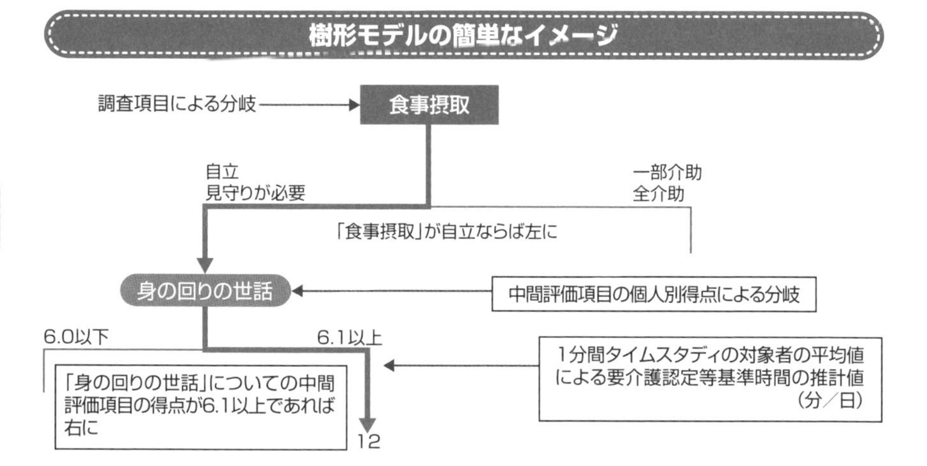

5つの分野と要介護認定等基準時間

直接生活介助	体に直接触れて行う入浴、排泄、食事などの介護など
間接生活介助	衣服などの洗濯、日用品の整理などの日常生活上の世話など
認知症の行動・心理症状関連行為	徘徊、不潔行動などの行為に対する探索、後始末などの対応
機能訓練関連行為	嚥下訓練の実施、歩行訓練の補助などの身体機能の訓練およびその補助
医療関連行為	呼吸管理、褥瘡処置の実施などの診療の補助など

要支援1	5分野を合計した要介護認定等基準時間が25分以上32分未満
要支援2	常時介護を要する状態の軽減・悪化の防止に資する支援を要すると見込まれ、5分野を合計した要介護認定等基準時間が32分以上50分未満
要介護1	5分野を合計した要介護認定等基準時間が32分以上50分未満（要支援2を除く）
要介護2	5分野を合計した要介護認定等基準時間が50分以上70分未満
要介護3	5分野を合計した要介護認定等基準時間が70分以上90分未満
要介護4	5分野を合計した要介護認定等基準時間が90分以上110分未満
要介護5	5分野を合計した要介護認定等基準時間が110分以上

3-9

2次判定は介護認定審査会の合議によって行われる

介護認定審査会は、委員の合議によって最終判定（2次判定）を行い、市町村に通知します。

2次判定は介護認定審査会が行う

1次判定の結果はあくまで仮の判定で、被保険者に通知されることはありません。2次判定の結果が最終的な判定として被保険者に通知されます。

市町村は、**1次判定の結果**と**主治医意見書**などを**介護認定審査会**に通知し、以下の点について審査判定を求めます。

①要介護状態、要支援状態に該当するか。
②該当する要介護状態等区分（要介護度）。
③第2号被保険者の場合、要介護状態等が特定疾病によるものかどうか。

介護認定審査会の審査判定は、全国一律の認定水準に従って実施されます。審査判定に際して、必要があるときは、被保険者や家族、主治医など関係者の意見を聞くことができます。

審査判定の結果は市町村に通知される

介護認定審査会が審査判定した結果は、市町村に通知されます。その際に必要があれば、次の**介護認定審査会意見**を付記することができます。

①**要介護状態の軽減、悪化の防止のために必要な療養に関する事項**

例えば、リハビリテーションが必要であるなどの意見が付記された場合は、市町村はサービスの種類を指定することができます。つまりそれ以外のサービスについては保険を利用できないことになります。

②**サービスの適切、有効な利用などに関して被保険者が留意すべき事項**

サービス提供を行う事業者、施設についてもこれらの意見に配慮するよう求められます。

介護認定審査会は市町村の付属機関

介護認定審査会は、市町村の付属機関として設置され、委員は保健、医療、福祉に関する学識経験者で、各分野のバランスに配慮した構成となっている合議体です。

市町村によっては審査や判定を行うことが困難な場合は、複数の市町村で介護認定審査会を共同設置すること、あるいは審査判定を他の市町村に委託することが認められています。その場合、共同で行われるのは審査判定だけで、訪問調査や認定は各市町村が行います。

また、広域連合や一部事務組合を結成して共同実施すること、都道府県に委託することもあります。

介護認定審査会の委員は市町村長が任命する非常勤の特別職の地方公務員であり、任期は、原則2年間となっており、再任も可能です。

介護認定審査会の構成と議決方法

①委員の互選により、長を1人置く
②委員の定数は5人を標準として、市町村が条例で定める数とする
③委員の過半数が出席しなければ、審議の開催や議決はできない
④議事は出席した委員の過半数をもって決し、可否同数の場合は長が決する

委員は、都道府県が実施する介護認定審査会委員研修を受講して、介護認定審査会の役割などを確認する。委員には守秘義務が課せられる。
また、委員の定数は、政令で定める基準にもとづいて市町村が定める。したがって、要介護者等の数の多い市町村ではそれに応じて多くの委員が任命される。

共同設置、委託	審査・判定は共同で行う。認定調査・認定は各市町村が行う
広域連合、一部事務組合	すべての事務を共同で行う

3-10 市町村は認定結果を通知する

市町村は、認定結果を被保険者に通知し、被保険者証を同封します。

市町村は認定結果を被保険者に通知する

市町村は、介護認定審査会の審査判定にもとづいて認定を行い、その結果を被保険者に通知します。要介護1～5、要支援1・2、非該当（自立）に分けた結果とその理由、有効期間が記された「**介護保険要介護認定・要支援認定等結果通知書**」が送られてきます。またその際に、要介護、要支援の別（要介護度も）と**介護認定審査会意見**が付記されている場合にはその意見も記載された被保険者証が同封されます。

認定の有効期間や変更

①認定有効期間

要介護認定・要支援認定は1度受ければずっと有効というわけではありません。新規に認定を受けた場合は有効期間6か月と決められていますが、市町村の判断で期間を変更することができます。

②更新認定

要介護者等は有効期間が終わるまで（60～30日前）に、更新認定の申請をしなければなりません。その手続きは初回認定とほぼ同じです。更新認定の有効期間は原則12か月ですが、短縮、延長ができます。

③認定区分変更

有効期間中に要介護状態等区分の変更がある場合には、変更の認定を申請することができます。

④住所を移転したときの認定

他の市町村に住所を移転した場合には、改めてその市町村で認定を受ける必要があります。しかし、転入先の市町村は自分のところでは審査、判定を行わずに、移転前の市町村が発行する認定を証明する書類にもとづいて認定を行うことができます。

要介護認定等の有効期間

新規認定		原則：6か月	3～12か月の範囲で、短縮・延長が可能
区分変更		原則：6か月	3～12か月の範囲で、短縮・延長が可能
更新認定	要介護・要支援状態区分が更新前後で異なる場合	原則：12か月	3～36か月の範囲で、短縮・延長が可能
	要介護・要支援状態区分が更新前後で同じ場合	原則：12か月	3～48か月の範囲で、短縮・延長が可能*

認定有効期間の例

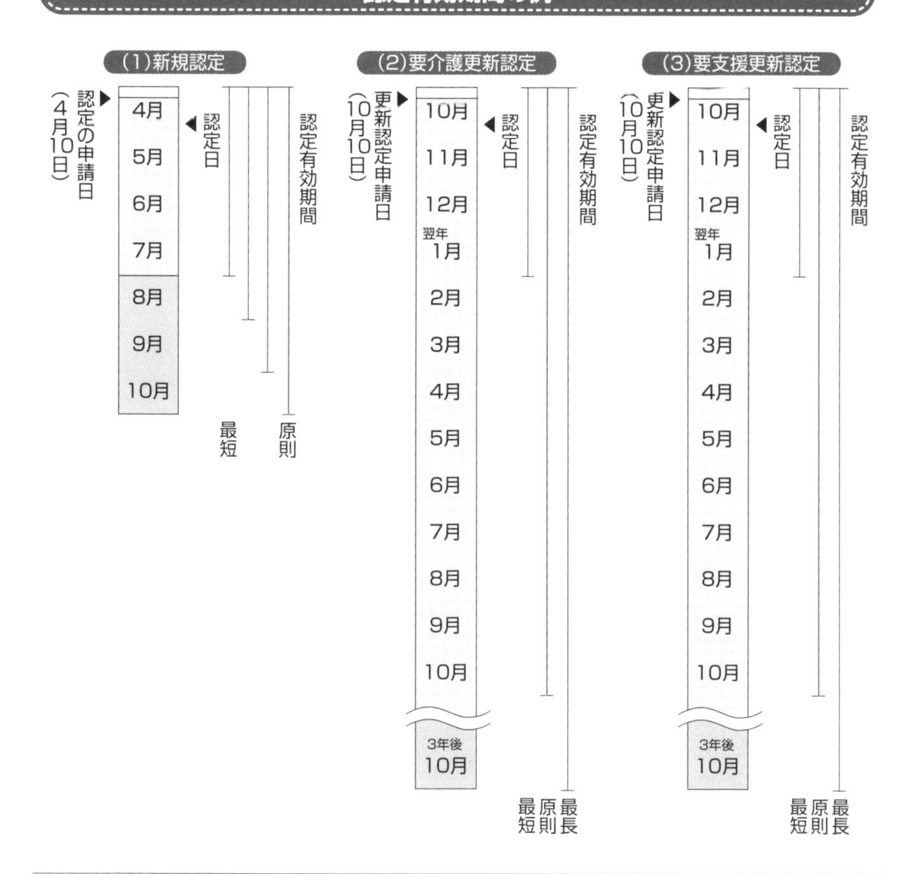

*状態不安定による要介護1の場合は、6か月以下の期間に設定することが適当とされている。

3-11 原因が労災や交通事故の場合は他の制度を利用する

要介護になった原因によって利用する保険が変わります。

労災事故や交通事故の場合はそれぞれの保険から給付される

業務上の事故や病気あるいは交通事故によって介護が必要な状態になった場合には、介護保険の被保険者であっても、介護保険による給付ではなく、業務上の事故や病気による場合は**労働者災害補償保険**や**公務災害補償制度**、交通事故の場合は**自動車賠償責任保険**によって給付が受けられます。このことを「**他法優先**」といいます。

それは、介護保険が加齢が原因となって起こる要介護等状態に対する支援を目的としている制度だからです。また、介護保険では、サービスの利用料の原則1割は自己負担しなければならず、支給限度額なども決められていますが、優先される保険や制度には自己負担や制限はありませんので、結果的に手厚い給付を受けられる場合もあります。労災保険では生活費として年金も支給されます。

障害者総合支援法との関係性

40歳以上で障害のある人は、要介護等と認定されれば、介護保険の給付を受けられます。ただし、障害者のためのサービスと介護保険のサービスの内容が共通する場合は介護保険、介護保険にないサービスは障害者のためのサービスを利用します。

障害者に対する福祉サービスは、2013年度より障害者総合支援法にもとづく制度によって、身体障害、知的障害、精神障害（発達障害を含む）の別なく、原則1割の自己負担で必要なサービスを利用できるようになりました。サービスは、自立支援給付（介護給付、訓練等給付、自立支援医療、補装具、相談支援）と地域生活支援事業からなっています。

労働者災害補償保険の給付内容＊1

病気やケガをしたとき	療養（補償）給付	病気やケガをしたときに労災病院や労災指定病院で治るまで必要な治療が受けられる。指定以外の病院などで治療を受けたときは療養の費用を支給される
	休業（補償）給付	療養のため４日以上会社を休み、賃金が支給されないときに休業４日目から給付基礎日額の60%が支給される
	傷病（補償）年金	病気やケガが１年６か月を経過しても治らない場合、一定の傷病等級に該当すれば、休業（補償）給付に代わって支給される。１級～３級に傷病特別支給金、障害特別年金がある
障害者等になったとき	障害（補償）給付	病気やケガが治った後に障害が残ったとき、障害の程度（１級～７級）に応じて終身または障害状態がなくなるまで年金が給付される。障害の程度が８級～14級の場合は一時金が支給される
	介護（補償）給付	障害（補償）年金、傷病（補償）年金の１級、２級の者であって要介護状態になったとき、介護の区分により支給される
死亡したとき	遺族（補償）給付	配偶者、子、父母などは、遺族（補償）年金が受給できる
		遺族（補償）一時金は、年金の受給資格のある遺族がいないときに支給される
		一律300万円の遺族特別支給金　などがある
	葬祭料・葬祭給付	死亡した労働者の遺族または葬祭をした人に支給される

障害者総合支援法によるサービスの体系＊2

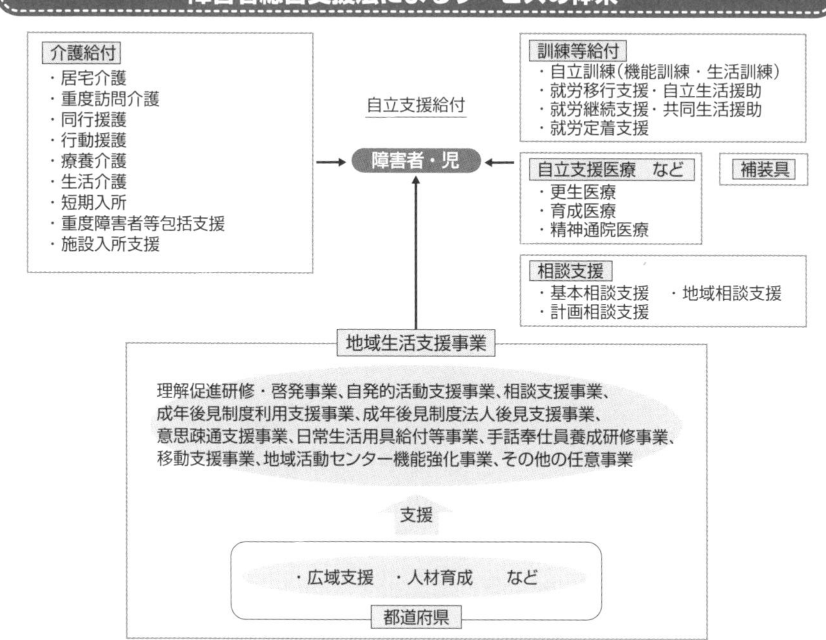

注：自立支援医療のうち育成医療と、精神通院医療の実施主体は都道府県等

＊１　給付名称中、業務災害については、「補償」が付き、通勤災害については「補償」が付かない。
＊２　厚生労働省資料より。

3-12

医療保険の給付と同じものは介護保険が優先する

老人保健施設・介護医療院におけるサービス、訪問看護などは介護保険から給付されます。

医療保険の給付から介護保険の給付に変わったサービスもある

介護保険制度実施前には、医療保険制度（老人保健制度*も含む）から給付が行われてきたもののうち、介護保険からの給付に変わったものがあります。現在では訪問看護や訪問リハビリなど、介護保険と医療保険で給付が重なるものについては、原則として**介護保険の給付が優先**して提供されています。

介護保険と医療保険の給付の区分

次のサービスは、介護保険から給付されます。

①介護療養型医療施設

介護保険制度の開始前は、老人専用病棟として認定されていた療養病床群のうち、介護療養型医療施設の指定を受けたものは介護保険の給付を受けるようになりました。ただし、急性期治療が必要になった場合は、急性期病棟に移って医療保険からの給付を受けます。なお、介護療養型医療施設は2024年3月に廃止されました。その転換先として、2018年に「**介護医療院**」が創設されました。

②介護老人保健施設

老人保健制度の下で老人保健から給付されていた老人保健施設も介護老人保健施設に変わり、介護保険から給付されています。ただし、入所者が施設外の医療機関で受けた医療は医療保険や後期高齢者医療制度からの給付となります。

③訪問看護などの在宅医療サービス

訪問看護、訪問リハビリ、居宅療養管理指導、短期入所療養介護などは介護保険から給付されます。症状が急激に悪化した場合は、医師の特別指示書によって14日間は医療保険の訪問看護が受けられます。

＊**老人保健制度**　2008年度より、新たに75歳以上の高齢者を対象とする後期高齢者医療制度が始まり老人保健制度は廃止された。後期高齢者は保険料を負担して、原則1割の自己負担で医療を受けることができる。

介護保険と医療保険の給付の区分

	介護保険	医療保険
施設サービス	▼介護療養型医療施設 ・療養病床 ・老人性認知症疾患療養病床	○療養病床等のうち ・医療保険適用部分の入院患者の治療 ・神経難病、人工透析などを必要とする患者
	介護保険適用部分（原則病棟、例外的に病室）の入院患者に限る 急性期治療が必要な場合には、急性期病棟に移って、医療保険から給付	○入院患者が急性増悪した場合で、転院ができない場合などに介護保険適用部分で行われた医療
	介護保険適用の療養病床等の入院患者に対する指導管理、リハビリテーションなど	○介護保険適用の療養病床等の入院患者に対する透析や人工呼吸器の装着　など
	▼介護老人保健施設・介護医療院 ・入所者の病状が著しく変化した際に老人保健施設で行われる緊急時施設療養費	○対診（通院）にかかる医療行為 介護老人保健施設の入所者に対して他医療機関が行った透析、手術　など
	▼介護老人福祉施設・介護医療院 ・配置医師が行う健康管理や療養指導など	○他医療機関からの往診や入院費　など
在宅サービス	▼居宅療養管理指導 医師の居宅療養管理指導 ・居宅介護支援事業者などへの情報提供 ・介護サービス利用上の留意事項、介護方法の相談指導	○在宅時医学総合診療料 ・計画的な医学管理の下での定期的な訪問診療 ○訪問診療料 ○具体的疾患に関する指導管理料　など
	歯科医師の居宅療養管理指導 ・介護サービス利用上の留意事項、口腔衛生などの相談指導 ・居宅介護支援事業者などへの情報提供	○歯科訪問診療料 ○具体的疾患に関する指導料　など
	要介護者等に対する 訪問薬剤管理指導／訪問栄養食事指導／訪問歯科衛生指導	○要介護者等以外の者に対する 訪問薬剤管理指導／訪問栄養食事指導／訪問歯科衛生指導
	▼訪問看護 ・要介護者等に対する訪問看護	○要介護者等以外の者に対する訪問看護 ○要介護者等に対する訪問看護のうち ・急性増悪時の訪問看護 ・神経難病、がん末期などに対する訪問看護 ○精神科訪問看護
	▼通所リハビリテーション ・要介護者等に対する通所リハビリテーション	○重度認知症デイケア
	▼訪問リハビリテーション ・要介護者等に対するOT、PTなどの訪問リハビリテーション	○要介護者等以外の者に対する訪問リハビリテーション
	▼短期入所療養介護 ＊施設サービスと同様	＊施設サービスと同様

3-13 公費負担医療、措置制度、生活保護の場合

公費負担医療についても、介護の部分は介護保険が優先して適用されます。

公費負担医療も介護保険が優先される

障害者総合支援法や感染症予防法などによって**公費負担医療**となる患者の医療系の介護サービスについても、**介護保険が優先**します。したがって、費用の9割（または8割か7割）は介護保険から、利用者負担分の1割（または2割か3割）が公費と自己負担によってまかなわれます。例えば、感染症予防法による結核にかかわる適正医療は、通常は公費が95％、自己負担が5％となっていますので、要介護者等の場合は、90％が介護保険から、5％が公費から給付され、残りの5％が自己負担となります。

措置制度によって介護保険が利用できる場合

高齢者が家族から虐待を受けている場合や、一人暮らしで認知症のため介護保険利用の手続きができない場合は、市町村が**措置**によって介護保険を利用できるようにします。その場合は、通常の介護保険サービスを提供し、費用の9割（または8割か7割）は介護保険から、1割（または2割か3割）は公費で負担（本人に負担能力がある場合は能力に応じて自己負担）します。やむをえない理由がなくなったときや成年後見制度（3-14参照）の対象となったときは、通常の契約による介護保険サービスに移行します。

生活保護を受けている場合

65歳以上で**生活保護**を受けている人は第1号被保険者となり、介護サービスは介護保険の給付を受けます。利用者負担分は生活保護の介護扶助でまかなわれます。40歳以上65歳未満の人は被保険者とはならず、介護サービスは生活保護の介護扶助から給付されます。

＊65歳以上で生活保護を受けている人の介護保険料は生活扶助でまかなわれます。

主な医療給付制度、公費負担医療

根拠法等	医療給付名・対象疾患	負担割合
戦傷病者特別援護法	療養の給付	全額公費負担
	更生医療	全額公費負担
原子爆弾被爆者に対する援護に関する法律	認定疾病医療	全額公費負担
	一般疾病医療	全額公費負担
精神保健及び精神障害者福祉に関する法律	措置入院	医療保険の自己負担分（所得に応じ自己負担あり）
感染症の予防及び感染症の患者に対する医療に関する法律	新感染症、1類・2類の感染症	医療保険の自己負担分（所得による費用徴収あり）
	結核に係る適正医療	5%を自己負担
障害者総合支援法	自立支援医療 更生医療 育成医療 精神通院医療 療養介護医療	1割を自己負担（所得に応じ負担上限額あり）
児童福祉法	療育の給付（結核児童）	全額公費負担（所得等による上限額あり）
母子保健法	養育医療（未熟児）	全額公費負担（所得による費用徴収あり）
難病の患者に対する医療等に関する法律	スモン、ベーチェット病などの指定難病	所得に応じ自己負担あり
児童福祉法	フェニールケトン尿症などの小児慢性特定疾病	2割を自己負担（所得に応じ自己負担上限額あり）
公害健康被害の補償等に関する法律	公害医療	全額公費負担

3-14 介護保険の手続きができない人のための制度

認知症などのために判断能力が不十分な人は日常生活自立支援事業や成年後見制度を利用できます。

福祉サービス利用援助事業

介護保険は、利用者が自分でサービスを選択して事業者と契約することになっています。知的障害者や精神障害者、認知症高齢者などで第三者の支援があれば自分で判断して契約行為ができる人がいます。このような場合に、手助けを行うのが「**福祉サービス利用援助事業**」（**日常生活自立支援事業**）です。

この制度は都道府県・指定都市の**社会福祉協議会**が実施するもので、窓口業務は市町村社会福祉協議会が行います。相談を受けると、親族、民生委員、ホームヘルパー、ケアマネジャーなどの協力を得て、相談者の生活状況や希望する援助などを把握したうえで専門員が支援計画をつくり、**生活支援員**が支援計画にもとづいて利用手続きなどの手助けを行います。

成年後見制度

判断能力が衰えて1人で判断することが難しい状態になった人は、自分にとって不利益な契約を結んでしまったり、詐欺にあったりする心配があります。そうした被害から法的に保護し、**本人の意思決定を支援**する制度が「**成年後見制度**」です。

成年後見制度では、裁判所が成年後見人などを選任し、本人に代わって本人の意思を尊重しながら、介護サービスの契約や施設への入退所などの**身上保護**、金銭や預貯金などの**財産管理**を行います。本人の判断能力の程度によって「成年後見」「保佐」「補助」3つのタイプがあり、それぞれ本人に代わって行うことができる内容などに違いがあります。

また、判断能力が衰える前に自分で後見人を指定しておく「**任意後見制度**」もあります。

福祉サービス利用援助事業の援助項目

・要介護認定等に関する申請手続きの援助
・本人の状況を知る者として、要介護認定等に関する調査に立ち会い、本人の状況を正しく調査員に伝えること
・居宅介護支援事業者の選択の援助および居宅介護支援事業者との契約締結、解約に関する手続き援助
・介護支援専門員の居宅サービス計画などの作成に関する一連の手続きやアセスメントに立ち会い本人の状況を正しく介護支援専門員に伝えること
・介護保険サービス事業者との契約締結、契約変更、解約に関する手続き援助
・介護保険サービス利用料の支払いの援助
・介護保険サービス内容のチェックの援助
・介護保険サービスの苦情解決制度の利用手続き援助　など

成年後見制度の3つのタイプ

		補助	保佐	後見
要件	対象者（判断能力）	精神上の障害（認知症·知的障害·精神障害など）により判断能力が不十分な人	精神上の障害により判断能力が著しく不十分な人	精神上の障害により判断能力を欠けているのが通常の状態の人
同意権·取消権	付与の対象	申立ての範囲内で、家庭裁判所が定める「特定の法律行為」	民法第12条第1項各号所定の行為	日常生活に関する行為以外の行為
	付与の手続き	補助開始の審判+同意権付与の審判+本人の同意	保佐開始の審判	後見開始の審判
	取消権者	本人・補助人	本人・保佐人	本人・成年後見人
代理権	付与の対象	申立ての範囲内で、家庭裁判所が定める「特定の法律行為」	同　左	財産に関するすべての法律行為
	付与の手続き	補助開始の審判+代理権付与の審判+本人の同意	保佐開始の審判+代理権付与の審判+本人の同意	後見開始の審判
	本人の同意	必　要	必　要	不　要
責務	身上配慮義務	本人の心身の状態および生活の状況に配慮する義務	同　左	同　左

3-15 自立と判定された人も介護予防の支援を受けられる

要介護認定で自立とされた人は介護予防・日常生活支援総合事業を利用します。

介護予防・日常生活支援総合事業の内容

要介護認定で自立（非該当）と判定されると、介護保険のサービスを利用できません。しかし、市町村が実施する地域支援事業の**介護予防・日常生活支援総合事業**（以下、**総合事業**）によるサービスを受けることができます。総合事業は、高齢者本人への支援、高齢者の社会参加、地域の支え合い体制づくりなどを目指しており、**一般介護予防事業**と**介護予防・生活支援サービス事業**に分けられます。

一般介護予防事業は、65歳以上のすべての高齢者やその支援を行う人を対象とした事業であり、介護予防の普及・啓発、住民主体の介護予防活動の育成・支援、理学療法士等のリハビリテーション専門職の関与の促進などが行われます。

介護予防・生活支援サービス事業の対象者は、要支援者、**基本チェックリスト**によりサービス事業該当者とされた人です。事業内容には、訪問型サービス、通所型サービス、栄養改善を目的とした配食やボランティアによる見守り、介護予防ケアマネジメントの提供などが含まれています。

総合事業を利用するには

総合事業の利用を希望する場合、まず市町村の相談窓口に行きます。次に地域包括支援センターで基本チェックリストを使用して、本人の状況確認を行います。この基本チェックリストの結果と本人の希望などを踏まえて、一般介護予防対象者、介護予防・生活支援サービス事業対象者、要介護認定の申請対象者に分けられます。なお、介護予防・生活支援サービス事業対象者は、介護予防ケアマネジメントに基づいたサービスを利用することになります。

基本チェックリスト

No.	質問項目	回答	
1	バスや電車で1人で外出していますか	0.はい	1.いいえ
2	日用品の買い物をしていますか	0.はい	1.いいえ
3	預貯金の出し入れをしていますか	0.はい	1.いいえ
4	友人の家を訪ねていますか	0.はい	1.いいえ
5	家族や友人の相談にのっていますか	0.はい	1.いいえ
6	階段を手すりや壁をつたわらずに昇っていますか	0.はい	1.いいえ
7	椅子に座った状態から何もつかまらずに立ち上がっていますか	0.はい	1.いいえ
8	15分位続けて歩いていますか	0.はい	1.いいえ
9	この1年間に転んだことがありますか	1.はい	0.いいえ
10	転倒に対する不安は大きいですか	1.はい	0.いいえ
11	6ヵ月間で2～3kg以上の体重減少がありましたか	1.はい	0.いいえ
12	身長　　cm　体重　　kg（BMI　　）※		
13	半年前に比べて固いものが食べにくくなりましたか	1.はい	0.いいえ
14	お茶や汁物などでむせることがありますか	1.はい	0.いいえ
15	口の渇きが気になりますか	1.はい	0.いいえ
16	週に1回以上は外出していますか	0.はい	1.いいえ
17	昨年と比べて外出の回数が減っていますか	1.はい	0.いいえ
18	周りの人から「いつも同じ事を聞く」などの物忘れがあると言われますか	1.はい	0.いいえ
19	自分で電話番号を調べて、電話をかけることをしていますか	0.はい	1.いいえ
20	今日が何月何日かわからない時がありますか	1.はい	0.いいえ
21	（ここ2週間）毎日の生活に充実感がない	1.はい	0.いいえ
22	（ここ2週間）これまで楽しんでやれていたことが楽しめなくなった	1.はい	0.いいえ
23	（ここ2週間）以前は楽にできていたことが今ではおっくうに感じられる	1.はい	0.いいえ
24	（ここ2週間）自分が役に立つ人間だと思えない	1.はい	0.いいえ
25	（ここ2週間）わけもなく疲れたような感じがする	1.はい	0.いいえ

※：BMI（＝体重（kg）÷身長（m）÷身長（m））が18.5未満の場合に該当とする。

通所型サービスの典型例

多様なサービス			
サービス種別	通所型サービスA（緩和した基準によるサービス）	通所型サービスB（住民主体によるサービス）	通所型サービスC（短期集中予防サービス）
サービス内容	ミニデイサービス・レクリエーションなど	体操、運動等の活動など、自主的な通いの場	生活機能を改善するための運動器の機能向上や栄養改善などのプログラム

3-16 市町村が実施する地域支援事業とは

地域の実情に合わせた対策で、地域全体の高齢者を支えるのが、地域支援事業です。

いつまでも住み慣れた町で日常生活を続けられるように

介護保険制度には、訪問介護、訪問看護など全国共通の介護保険サービスのほかに、市町村が主体となって、地域の実情に合わせて実施する地域支援事業があります。

地域支援事業は、高齢者が要介護・要支援状態になることを予防するとともに、介護が必要になっても悪化を防ぎながら、住み慣れた地域で日常生活を送ることができるようにすることを目的に、さまざまな対策を実施するものです。

地域支援事業には、前項（3-15）で解説した介護予防・日常生活支援総合事業のほかに、どの市町村も行う必要のある包括的支援事業と、任意に行うことができる任意事業があります。

包括的支援事業では認知症対策などで地域の高齢者を支援

地域包括支援センターは市町村からの委託を受けて次のような包括的支援事業を実施しています。

①要支援・自立の高齢者の介護予防ケアプラン作成
②高齢者のさまざまな相談に応じる
③高齢者虐待の通報への対応
④早期に認知症を見つけて医療・介護につなげる
⑤認知症地域支援推進員を配置して地域の認知症対応力を向上させる
⑥地域の高齢者の生活を支える支援体制を整える

2021年からは、**チームオレンジ**＊を設置して認知症対策を進め、就労的活動支援コーディネーターを配置して元気な高齢者の社会参加を推進することになりました。

＊**チームオレンジ**　認知症サポーターを中心とした支援者と本人や家族をつなぐ仕組み。

地域支援事業

事業の種類	内容	事業の種類	内容
介護予防・日常生活支援総合事業	●介護予防・生活支援サービス事業 ・訪問型サービス ・通所型サービス ・生活支援サービス（配食、見守りなど） ・介護予防ケアマネジメント ●一般介護予防事業 ・介護予防把握事業 ・介護予防普及啓発事業 ・地域介護予防活動支援事業 ・一般介護予防事業評価事業 ・地域リハビリテーション活動支援事業	包括的支援事業	●地域包括支援センターの運営（介護予防ケアマネジメント、総合相談支援業務、権利擁護業務、包括的継続的ケアマネジメント支援、地域ケア会議の実施） ●在宅医療介護連携の推進 ●認知症施策の推進（認知症初期集中支援チーム、認知症地域支援推進員、チームオレンジの設置など） ●生活支援コーディネーター（地域支えあい推進員）の配置、協議体の設置、就労的活動支援コーディネーターの配置など
		任意事業	●介護給付費適正化事業 ●家族介護支援事業 ●その他の事業

＊2026年までに介護情報等を共有・活用することを促進する事業が地域支援事業として実施される予定。

生活支援サービスの充実と高齢者の社会参加

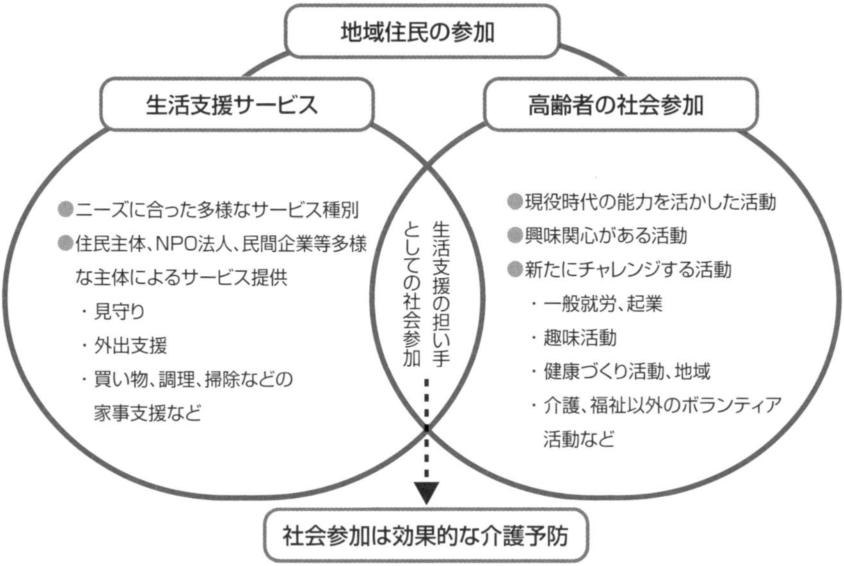

地域住民の参加

生活支援サービス

●ニーズに合った多様なサービス種別
●住民主体、NPO法人、民間企業等多様な主体によるサービス提供
・見守り
・外出支援
・買い物、調理、掃除などの家事支援など

高齢者の社会参加

●現役時代の能力を活かした活動
●興味関心がある活動
●新たにチャレンジする活動
・一般就労、起業
・趣味活動
・健康づくり活動、地域
・介護、福祉以外のボランティア活動など

生活支援の担い手としての社会参加

社会参加は効果的な介護予防

令和の介護スタイルは「ながら介護」

介護保険制度が誕生する以前は「介護は同居家族（妻、嫁）がやるもの」という認識が当たり前でした。それに風穴を開けたのが介護保険制度です。世帯構造の変化や要介護者増加の影響もあり、かつての妻・嫁の役割を男性（夫・長男）が担うことも当たり前になりました。

働きながら介護をする人も増えた結果、仕事と介護の両立に悩み、仕事を辞めて介護に専念する「介護離職」も急増しました。しかし、介護離職は経済的な困窮を招くだけでなく、介護ストレスが積み重なることにより「介護うつ」症状になってしまうリスクを伴います。

一方で、家族介護の担い手も多様化しています。

就業している大人に代わり、子どもや孫が父母や祖父母の介護を担う「ヤングケアラー」や、晩婚化と高齢出産化の影響から「子育て＋介護」を同時期に担う「ダブルケアラー」が社会問題として注目されています。また、両親の介護だけでなく、障がいをもつきょうだいなどのケアを担う「トリプルケアラー」の存在も無視できません。

大切なのは、介護で自分の人生を犠牲にしないことです。

行政では、そのためのさまざまな支援に取り組んでいます。その中のコンセプトのひとつが「ながら介護」です。「やるか・やらないか」の二択ではなく、ともに「～しながら」の介護のスタイルが令和型といえます。

ヤングケアラーなら学業やクラブ活動・学級活動、ビジネスケアラーなら仕事、ダブルケアラーなら子育てとの両立などをしながら介護を担うことになります。

そのためには介護サービスが、よりケアラーの現状を反映し、個々のニーズに近い、使い勝手の良いものになることが求められています。行政サービスの充実（横出しサービス）だけでなく、労働環境における介護者の優遇措置（例：介護休業・休暇日数の改善と取得条件の緩和）、税制上の優遇、さらに医療費・介護費などへの補助および軽減などの支援も必要と考えられます。　（高室 成幸）

第4章

サービスの利用と負担の仕組み

要介護認定を受けると介護保険のサービスを利用することができます。受けられるサービスの費用の上限は、介護が必要な度合いである要介護度によって異なりますが、その基準限度額内であればサービスを利用した人の負担は1割（または2割・3割）で、残りの9割（または8割・7割）は介護保険から給付されます。保険給付のサービス利用分は、提供した事業者に対して市町村の委託を受けた国保連から支払われます。

4-1 認定を受けてからサービスの利用、費用支払いまでの流れ

要介護・要支援と認定されるとケアプランが作成されて、ケアプランにそって介護保険のサービスを利用することになります。

ケアプランを立てる

自宅で介護サービスを受けるには、**ケアプラン**が作成されなければなりません。

要介護者のケアプランは、正式の名称を**居宅サービス計画**といい、通常は**居宅介護支援事業者のケアマネジャー**（介護支援専門員）に依頼して立ててもらいますが、自分で立てることも可能です。依頼を受けたケアマネジャーは自宅を訪問して利用者の話を聞いてケアプランを立て、サービスを受けるための支援を行います。ケアマネジャーの仕事には、課題分析、サービス担当者会議、モニタリング、給付管理などがあり、「居宅介護支援」と呼びます。

要支援者の場合は、**介護予防ケアプラン**といい、**介護予防支援事業者**（地域包括支援センター）または委託を受けた居宅介護支援事業者の介護支援専門員が立てます。

サービス事業者の種類

要介護者にサービスを提供する事業者は、居宅サービス事業者、地域密着型サービス事業者と呼ばれ、要支援者対象の事業者は、それぞれ頭に介護予防を付けて呼ばれます。事業者は、ケアプランにそった訪問介護計画、通所介護計画などを立てて、訪問介護や通所介護などのサービスを提供します。

サービスの費用はその種類や時間などによって異なります。サービス提供事業者は、基準にもとづいて費用を計算し、その1割（または2割か3割）を利用者に、9割（または8割か7割）を国保連に請求します。国保連はそれを審査して事業者に支払い、その金額を保険者の市町村から受け取ります。

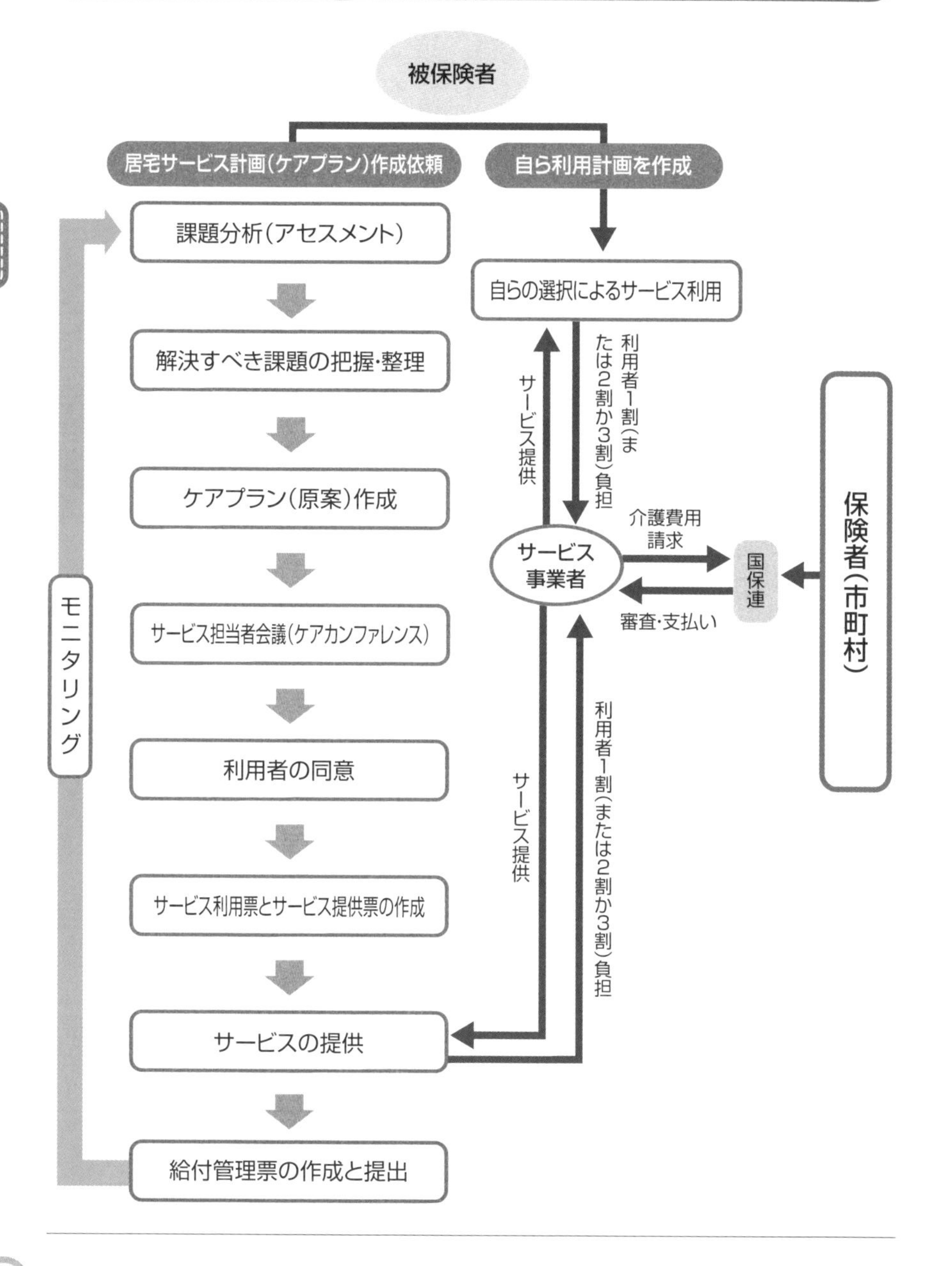
要介護認定を受けてからサービス利用、支払いまで
被保険者
居宅サービス計画(ケアプラン)作成依頼
自ら利用計画を作成
課題分析(アセスメント)
解決すべき課題の把握・整理
ケアプラン(原案)作成
サービス担当者会議(ケアカンファレンス)
利用者の同意
サービス利用票とサービス提供票の作成
サービスの提供
給付管理票の作成と提出
モニタリング
自らの選択によるサービス利用
サービス提供
利用者1割(または2割か3割)負担
サービス事業者
介護費用請求
審査・支払い
国保連
保険者(市町村)
サービス提供
利用者1割(または2割か3割)負担

4-2 保険給付は3種類に分類されている

介護保険の保険給付は、介護給付と予防給付、市町村特別給付に分類されます。

全国共通の介護給付と予防給付、市町村が独自に行う市町村特別給付

介護保険の保険給付は、全国共通の要介護者のための「**介護給付**」と要支援者のための「**予防給付**」、市町村が第1号被保険者の保険料を財源として独自に行う「**市町村特別給付**」に分類されます。

また、利用者がどこで受けるかによって分類すると、自宅に住んでいて受ける「**居宅サービス**」「**地域密着型サービス**」と、介護保険施設に入所して受ける「**施設サービス**」に分類されます。（内容は次ページの表参照）

①**介護給付**

・居宅介護サービス費
・地域密着型介護サービス費
・居宅介護福祉用具購入費
・居宅介護住宅改修費
・居宅介護サービス計画費
・施設介護サービス費
・高額介護サービス費　など

②**予防給付**

・介護予防サービス費
・地域密着型介護予防サービス費
・介護予防福祉用具購入費
・介護予防住宅改修費
・介護予防サービス計画費
・高額介護予防サービス費　など

要支援者は施設サービスを受けることができないので、施設サービス費はありません。

③**市町村特別給付**

市町村が独自に実施する給付で、寝具乾燥サービス、配食サービス、移送サービスなどがあります。

介護保険の保険給付

<table>
<tr><th></th><th>介護給付</th><th>予防給付</th><th>市町村特別給付</th></tr>
<tr><td>対象者</td><td>要介護者</td><td>要支援者</td><td>要介護者
要支援者</td></tr>
<tr><td rowspan="5">給付内容</td><td colspan="2">全国共通
（居宅給付については市町村独自の給付水準が設定できる）</td><td>市町村独自</td></tr>
<tr><td colspan="2">主な居宅に関する給付</td><td rowspan="4">（例）
・寝具乾燥サービス
・移送サービス
・配食サービス</td></tr>
<tr><td>①居宅介護サービス費
訪問介護／訪問入浴介護／訪問看護／訪問リハビリテーション／居宅療養管理指導／通所介護（デイサービス）／通所リハビリテーション（デイケア）／短期入所生活介護（ショートステイ）／短期入所療養介護／特定施設入居者生活介護／福祉用具貸与
②地域密着型介護サービス費
定期巡回･随時対応型訪問介護看護／夜間対応型訪問介護／地域密着型通所介護／認知症対応型通所介護／小規模多機能型居宅介護／認知症対応型共同生活介護／地域密着型特定施設入居者生活介護／地域密着型介護老人福祉施設入所者生活介護／看護小規模多機能型居宅介護
③居宅介護福祉用具購入費
④居宅介護住宅改修費
⑤居宅介護サービス計画費
⑥高額介護サービス費
⑦高額医療合算介護サービス費
⑧特定入所者介護サービス費</td><td>①介護予防サービス費
介護予防訪問入浴介護／介護予防訪問看護／介護予防訪問リハビリテーション／介護予防居宅療養管理指導／介護予防通所リハビリテーション／介護予防短期入所生活介護／介護予防短期入所療養介護／介護予防特定施設入居者生活介護／介護予防福祉用具貸与
②地域密着型介護予防サービス費
介護予防認知症対応型通所介護／介護予防小規模多機能型居宅介護／介護予防認知症対応型共同生活介護
③介護予防福祉用具購入費
④介護予防住宅改修費
⑤介護予防サービス計画費
⑥高額介護予防サービス費
⑦高額医療合算介護予防サービス費
⑧特定入所者介護予防サービス費</td></tr>
<tr><td>施設に関する給付</td><td rowspan="2">・要支援者は施設サービスの対象外</td></tr>
<tr><td>●施設介護サービス費
介護老人福祉施設／介護老人保健施設／介護療養型医療施設（随時、介護医療院に移行）／介護医療院</td></tr>
<tr><td>財源</td><td colspan="2">第1号被保険者の保険料、第2号被保険者の保険料（介護給付費交付金）、公費（国、都道府県、市町村）</td><td>第1号被保険者の保険料</td></tr>
</table>

4-3 要介護度によって保険給付の上限が決まる

保険給付の上限を支給限度基準額といい、4種類があります。

●居宅サービスには支給限度基準額がある

利用者がそれぞれ勝手気ままにサービスを利用すると、保険料の負担と給付が不公平となり、また、一部の人に給付が偏ってしまうことになります。そこで、居宅サービスなどの支給額に上限を設け、それを**支給限度基準額**と呼びます。支給限度基準額には、次の4種類があります。

①区分支給限度基準額

要介護度別に決められている限度額を区分支給限度基準額と呼びます。この範囲内であれば、利用者は自由に居宅サービスと地域密着型サービスを組み合わせて利用できます。限度額は月を単位として定められていて、月の途中に認定された場合は1か月分、月の途中に要介護度が変わった場合には重いほうの要介護度に応じた限度額となります。

②種類支給限度基準額

利用者は区分支給限度基準額の範囲内で自由にサービスの利用ができますが、市町村によっては提供できるサービスの種類や量に限りがあるので、ある利用者が特定の種類のサービスを上限まで利用すると、他の利用者がそのサービスを利用できない場合があります。そこで市町村は、条例を設けて個別の種類のサービスの限度を決める種類支給限度基準額を定めることができます。

③福祉用具購入費支給限度基準額

毎年4月1日から12か月間について、福祉用具購入費支給限度基準額（10万円）の9割（または8割か7割）に相当する額が給付されます。

④住宅改修費支給限度基準額

住宅改修費支給限度基準額（20万円）の9割（または8割か7割）に相当する額が給付されます。

支給限度基準額

(1) 居宅介護サービス費・介護予防サービス費

要介護度	区分支給限度基準額	区分に含むサービス種類
要支援1	5,032単位	訪問介護、訪問入浴介護、訪問看護、訪問リハビリテーション、通所介護、通所リハビリテーション、福祉用具貸与注2、短期入所生活介護、短期入所療養介護、特定施設入居者生活介護（短期利用に限る）、定期巡回・随時対応型訪問介護看護、夜間対応型訪問介護、地域密着型通所介護、認知症対応型通所介護、小規模多機能型居宅介護、認知症対応型共同生活介護（短期利用に限る）、地域密着型特定施設入居者生活介護（短期利用に限る）、看護小規模多機能型居宅介護
要支援2	10,531単位	
要介護1	16,765単位	
要介護2	19,705単位	
要介護3	27,048単位	
要介護4	30,938単位	
要介護5	36,217単位	
区分に含まれないサービス		居宅療養管理指導、特定施設入居者生活介護（短期利用を除く）、認知症対応型共同生活介護（短期利用を除く）、地域密着型特定施設入居者生活介護（短期利用を除く）、地域密着型介護老人福祉施設入所者生活介護

(2) 外部サービス利用型（予防）特定施設入居者生活介護費の限度単位数

要介護度	限度単位数
要支援1	5,032単位
要支援2	10,531単位

要介護度	限度単位数
要介護1	16,355単位
要介護2	18,362単位
要介護3	20,490単位
要介護4	22,435単位
要介護5	24,533単位

福祉用具購入費支給限度基準額	10万円
住宅改修費支給限度基準額	20万円

注1：単位数は、介護給付費算定の基本となる単位で、サービスの種類や提供した時間、提供者の資格や人数などによって異なる。基本は1単位10円。それに地域単価を掛けて、介護給付費が算定される。
注2：福祉用具貸与の費用は、行政が決めるのではなく事業者の自由設定となっている。ただし、国は、商品ごとに全国平均の貸与価格を公表するとともに、貸与価格に上限を設定している。

4-4 利用者が1割から3割を支払う現物給付の方式をとる

給付は、実際は現物給付によって行われます。施設入所の食費・居住費などは支給対象外で利用者が全額負担します。

制度上は償還払いだが、実際は現物給付

介護保険サービスを利用したときの費用の負担は、**利用者1割**（または2割か3割）、**市町村（保険者）**9割（または8割か7割）です（ケアプランを作成する費用は全額市町村負担）。

制度上、支払いは、利用者がサービスを提供した事業者や施設に費用の全額を支払い、あとで市町村から9割（または8割か7割）を受け取る「**償還払い**」方式をとることになっています。しかし実際は利用者の便宜を考えて、市町村が利用者に代わって事業者や施設に利用料の9割（または8割か7割）を支払う「**現物給付**」の方式となっています。そのため利用者は、サービスを利用した際、**自己負担**分の支払いで済み、残りはサービス事業者や施設が国保連を通して市町村に請求して支払いを受けます。

施設の居住費と食費は利用者の負担

介護保険施設に入所している人の介護給付費は、施設の種類、要介護度などに応じた1日当たりの定額の9割（または8割か7割）が支給されます。そして、次の費用が利用者の自己負担となります。

①施設介護サービス費の1割（または2割か3割）

②居住費と食費

居住費と食費は全額が利用者の負担です。ただし、所得によって負担の上限額が決まっています。

③日常生活費

全額利用者負担（ただし、おむつ代は支給対象となる場合がある）。

④その他

交通費や送迎費、入所者が選んだ特別な居室や特別な食事の費用は利用者の自己負担です。

4-4 利用者が１割から３割を支払う現物給付の方式をとる

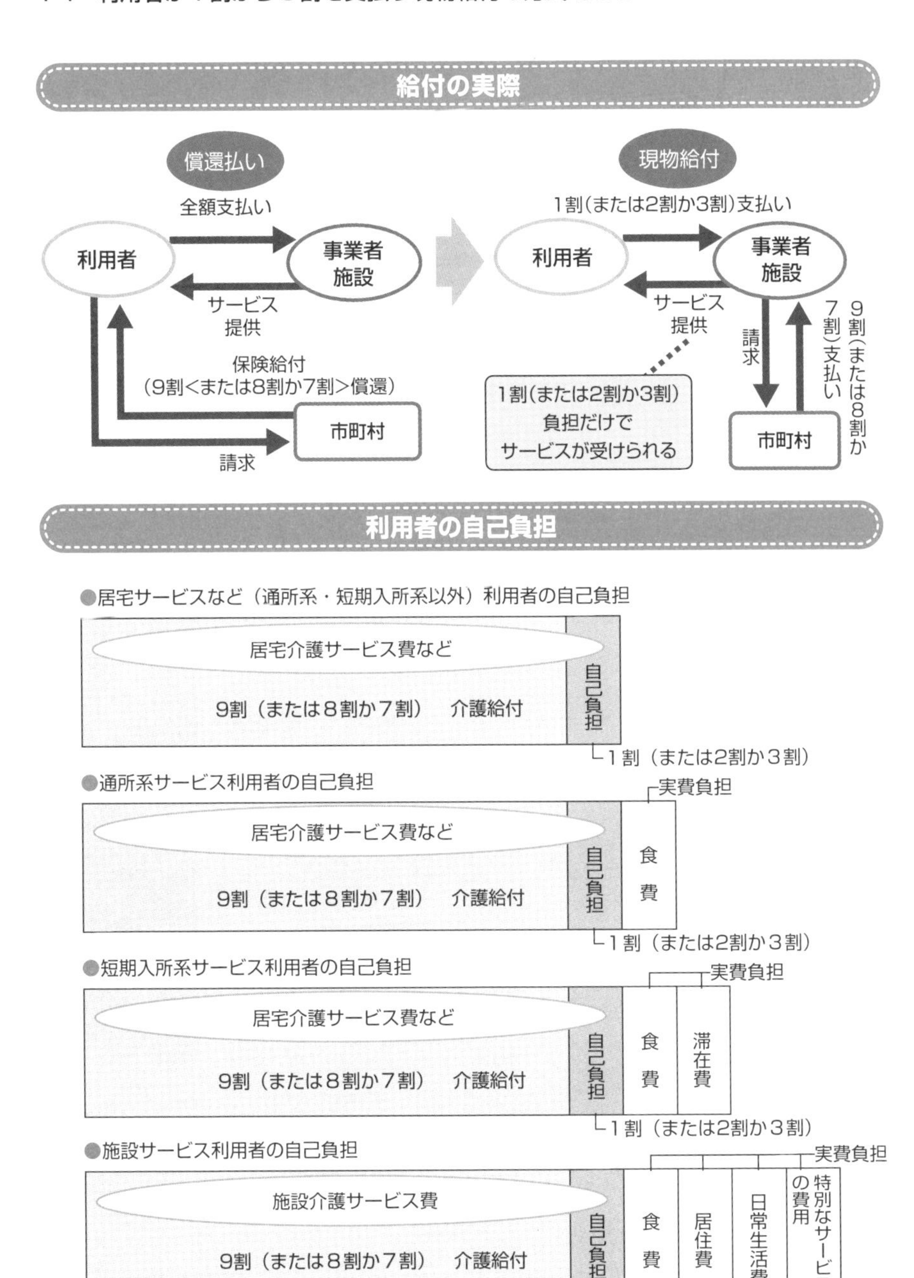

4-5 サービスの種類によっては償還払い方式となる

認定申請前に受けたサービスや、ケアプラン作成者を市町村に届け出ていない場合などは、償還払いとなります。

特別な場合は償還払いとなる

保険給付は、通常、現物給付の方式で行われますが、次のような場合は、まず全額を支払った後に9割（または8割か7割）を返却してもらう償還払いの方式となります。

①特例居宅介護サービス費・介護予防サービス費

特例サービス費とは、次のような場合に行われる保険給付のことです。

・認定申請前に受けたサービス

要介護認定後にサービスを利用するのが原則ですが、緊急その他やむをえない理由がある場合は、申請前でも居宅サービスなどを受けることができます。

・基準該当サービス

事業者がサービスを提供するには、指定サービス事業者にならなければなりません。しかし、基準を一部満たしていなくても、市町村が基準該当サービス事業者と認定すれば、サービスの提供が可能となり、給付の対象となります。地域密着型サービスと施設サービスには認められていません。

・離島等相当サービス

離島や過疎地などでは十分なサービスを提供することが困難であることから、基準を満たしていなくても市町村が適当であると認めた場合は保険給付の対象とすることができます。施設サービスには認められていません。

②その他

・ケアプラン作成者を市町村に届け出ていない場合
・ケアプランにないサービスを利用した場合
・保険料の滞納で償還払いの措置を受けている場合

また、福祉用具購入費、住宅改修費、高額介護サービス費、高額医療合算介護サービス費は償還払いです。

償還払いとなるサービス費

●特例居宅介護サービス費・特例介護予防サービス費

認定申請前に受けたサービス

緊急その他やむをえない理由があり、要介護認定申請前に居宅サービスを受けた場合

基準該当サービス

指定を受ける基準を一部満たしていない事業者が市町村によって基準該当サービス事業者と認定された場合に、その事業者から居宅サービスを受けた場合
※地域密着型サービスと施設サービスには認められていない。

離島等相当サービス

市町村が離島等相当サービスと認めた場合に、その事業者から居宅サービスを受けた場合
※施設サービスには認められていない。

●その他

・ケアプラン作成者を市町村に届け出ていない場合
・ケアプランにないサービスを利用した場合
・保険料の滞納で償還払いの措置を受けている場合
・福祉用具購入費
・住宅改修費
・高額介護サービス費・高額介護予防サービス費
・高額医療合算介護サービス費・高額医療合算介護予防サービス費

4-6 介護報酬は算定基準にもとづいて計算される

保険給付の対象となる各種サービスの介護報酬は、厚生労働大臣が決める算定基準と地域差を考慮して計算されます。

介護報酬の額は厚生労働大臣が決める

保険給付の対象となる各種サービスの費用の額は、厚生労働大臣が決める「**算定基準**」によって計算され、これを**介護給付費（介護報酬）**と呼びます。

介護報酬の基本報酬の額は、厚生労働大臣が、事業所や施設がある地域の特性などを考慮して、サービス提供に必要な平均的な費用の額を基準に定めます。サービスの種類、内容、利用者の要介護状態区分（要介護度）などによっても額は異なります。

また、福祉用具購入費、住宅改修費は、実際に福祉用具の購入、あるいは住宅改修に要した費用額をもとに、限度額の範囲内で支給額を計算します。

介護報酬を算定するのは算定基準による

介護報酬の算定基準は、居宅サービスなどの種類、居宅介護支援、介護予防支援、施設サービスの種類ごとに定められています。基本的にはサービスの種類や内容に応じて単位数*が決まっています（例えば訪問介護で身体介護が中心、30分以上1時間未満の場合は387単位）。

その他、訪問するホームヘルパーの人数（2人の場合は所定単位数の2倍）、訪問の時間帯（深夜の場合は所定単位数の5割増）などの条件によって、加算や減算がされます。

そうして出された単位数に単価をかけて報酬額を計算します。単価は地域における人件費や物価、賃料の違いを考慮して決められた8つの地域区分（級地*）によって異なる額が設定されており、都市部は高く設定されています。ただし、居宅療養管理指導、福祉用具貸与については地域差はありません。

＊各種の単位数は「介護給付費単位数表」に詳しく記載されています。

地域単価表（介護給付）

サービスの種類	1級地	2級地	3級地	4級地	5級地	6級地	7級地	その他
訪問介護、訪問入浴介護、訪問看護、定期巡回・随時対応型訪問介護看護、夜間対応型訪問介護、居宅介護支援	11.40	11.12	11.05	10.84	10.70	10.42	10.21	10.00
訪問リハビリテーション、通所リハビリテーション、短期入所生活介護、認知症対応型通所介護、小規模多機能型居宅介護、看護小規模多機能居宅介護	11.10	10.88	10.83	10.66	10.55	10.33	10.17	10.00
通所介護、短期入所療養介護、特定施設入居者生活介護、認知症対応型共同生活介護、介護老人福祉施設、介護老人保健施設、介護医療院、地域密着型通所介護、地域密着型特定施設入居者生活介護、地域密着型介護老人福祉施設入所者生活介護	10.90	10.72	10.68	10.54	10.45	10.27	10.14	10.00
居宅療養管理指導、福祉用具貸与	10.00	10.00	10.00	10.00	10.00	10.00	10.00	10.00

介護給付費の計算例

訪問介護の身体介護中心を1回30分以上1時間未満、1か月に12回（1週間に3回）、4級地で利用した場合

身体介護中心、30分以上1時間未満の単位数　回数

387　×　12　=4,644

4級地の地域単価　給付割合　介護給付費

4,644　×　10.84　×　0.9　=45,306（円）（小数点以下切り捨て）

この場合の自己負担は5,034円
（=4,644×10.84×0.1小数点以下切り捨て）

＊級地とは、介護報酬の地域格差をなくすために事業所が所在する地域等を考慮し、平均的な費用額を勘案した区分で、全国の市区町村を８つの区分（１級地～７級地、その他）に分けたもの。

4-7 事業所の加算の取得状況によって利用料が変わる

利用する事業所が介護職員処遇改善加算などの加算を取得しているかどうかによっても利用料が変わります。

●事業所ごとに利用料が異なる

介護報酬には、基本報酬の他、サービス内容などを評価してさまざまな加算が設けられています。例えば、栄養改善加算、口腔機能向上加算、ＡＤＬ維持等加算、ターミナルケア加算など、一定の条件（算定要件）が認められれば加算がつきます。介護サービスの種類が同じであっても、事業所が取得した加算の内容によって利用料が異なってきます。

事業所の運営状態を評価する加算もあります。その代表例が、**介護職員等特定処遇改善加算**です。この加算を取得するには、任用要件や賃金体系の整備、研修の確保などの要件を満たす必要があります。他に、看護職員配置加算、特別地域加算などがあります。

●減算の状況によっても利用料が異なる

利用料は、加算だけでなく、減算の適用状況によっても異なります。減算には、**人員配置が基準未満である場合の減算**や**身体拘束廃止未実施減算**などがあります。基準を満たしたサービス提供ができないことと引き換えに、事業者への介護報酬（利用料を含む）も引き下げられるのです。

●加算の取得状況はあらかじめ確認しよう

介護サービス事業所ごとに取得している加算の状況が異なるので、サービス利用を検討する場合は、あらかじめケアプランを作成する担当の**介護支援専門員**（ケアマネジャー）に情報提供を求め、利用したい事業者に確認することが望ましいといえます。

加算の取得状況による月額利用料の違いの例（小規模多機能型居宅介護の場合）

※地域単価は10.00とします。

【ケース1】要介護1、1割負担、加算なし

サービス利用料：104,580円(うち自己負担分： 10,458円)

【ケース2】要介護1、1割負担、介護職員等処遇改善加算(Ⅱ)

サービス利用料：104,580円＋介護職員等処遇改善加算(Ⅱ)：15,268円＝119,848円(うち自己負担分：11,984円)

※介護職員等処遇改善加算(Ⅱ)の計算方法：104,580円×146/1000＝15,268円(小数点以下切り捨て)

【ケース3】要介護1、1割負担、介護職員等処遇改善加算(Ⅰ)、看護職員配置加算(Ⅰ)

サービス利用料：104,580円＋看護職員配置加算(Ⅰ)：9,000円＋介護職員等処遇改善加算(Ⅰ)：16,923円＝130,503(うち自己負担分：130,050円)

※介護職員等処遇改善加算(Ⅰ)の計算方法：(104,580円＋9,000円)×149/1000＝16,923円(小数点以下切り捨て)

介護職員等処遇改善加算(小規模多機能型居宅介護の場合)の計算方法

介護職員等処遇改善加算は、資格取得や研修の支援、賃金体系や昇給の仕組みなどのキャリアパス要件や、賃金改善以外の処遇改善の取り組みについての職場環境等要件を満たすことが必要。要件を満たした程度によって、以下のような4区分に分かれている。

①介護職員等処遇改善加算（Ⅰ）
……＋所定単位×149/1000(1月につき)

②介護職員等処遇改善加算（Ⅱ）
……＋所定単位×146/1000(1月につき)

③介護職員等処遇改善加算（Ⅲ）
……＋所定単位×134/1000(1月につき)

④介護職員等処遇改善加算（Ⅳ）
……＋所定単位×106/1000(1月につき)

4-8 払えないときは高額介護サービス費などの制度がある

自己負担が高額となった場合は、所得などに応じて高額介護サービス費として給付されます。

高額になったときは高額介護サービス費の制度がある

介護保険では、利用者の負担はサービス費用の1割（または2割か3割）だけですが、それでも、1世帯に2人の要介護度の重い利用者がいると高額になり、収入の少ない世帯では支払えないことがあります。そこで、1割（または2割か3割）の負担が著しく高額となった場合に、その負担を軽減する「**高額介護サービス費**」（要支援者の場合は「**高額介護予防サービス費**」）という保険給付があります。

世帯単位で1割（または2割か3割）負担の合計が、世帯の納税額や生活費の収入源などによる負担上限額を超えた場合に、超えた分が払い戻されます。支給対象となる月ごとに1日現在の世帯主や世帯員の課税などの状況により額が決められます。

高額介護サービス費の申請は市町村に

支給を受けるには、「**高額介護サービス費支給申請書**」に、利用者負担額がわかる領収書を添付して市町村に申請します。申請は利用者ごとにすることになっていますから、同一世帯に申請したい人が複数いれば、それぞれに申請します。

高額介護合算療養費や低所得の人のための措置もある

同様に、1年間にかかった医療保険と介護保険の自己負担合計額が著しく高額になった場合に、自己負担限度額を超えた分が支給される「**高額医療・高額介護合算制度**」もあります。

そのほかにも、次ページの表に示すような**負担軽減措置**があります。

高額介護（介護予防）サービス費の負担上限額

所得区分		負担上限額（月額）
本人または世帯全員が住民税を課税されている者	年収 1,160 万円以上	世帯で 140,100 円
	年収 770 ～ 1,160 万円未満	世帯で 93,000 円
	年収 770 万円未満	世帯で 44,400 円
世帯の全員が住民税を課税されていない者		世帯で 24,600 円
	公的年金と他の収入の合計が 80 万円以下等の者 老齢福祉年金受給者	世帯で 24,600 円 個人で 15,000 円
生活保護受給者等		個人で 15,000 円

低所得者の利用者負担軽減対策

名　称	内　容
利用者負担の結果、生活保護が必要になる者の負担軽減	食費・居住費などを本来適用すべき基準より低く適用すれば、保護を必要としない人に対してより低い基準を適用する
食費・居住費の特例減額措置	利用者負担第４段階であるが、高齢者夫婦世帯などで一方が施設に入所して食費・居住費を負担した結果、残された者の生計維持が困難となる場合に第３段階とみなす
要介護旧措置入所者の特例措置	法施行前からの措置による特別養護老人ホーム入所者について、当分の間は定率負担の軽減や特定入所者介護サービス費についても負担限度額が軽減される
社会福祉法人等による利用者負担の軽減	市町村民税世帯非課税、低所得、預貯金額が一定以下などの要件を満たした者の訪問介護、通所介護、短期入所生活介護、介護老人福祉施設などの定率負担と居住費・食費の自己負担の原則4分の１を軽減
生活福祉資金貸付	社会福祉協議会が介護保険によるサービスを受けるのに必要な経費やサービス受給期間中の生計を維持するための資金を貸し付ける

4-9

施設入所のときの食費と居住費が補助される

低所得の施設入所者の居住費と食費については所得に応じた負担限度額が設けられています。

低所得の施設入所者のための補足給付がある

介護保険施設と地域密着型介護老人福祉施設入所者生活介護を行う施設に入所している場合の**居住費**（室料と光熱水費）**と食費、短期入所系サービス**を利用するときの**滞在費と食費**は、全額が利用者の負担となっています。居住費（滞在費）・食費の基準費用額は国が定めますが、実際の費用は利用者と施設の契約によって決まります。

しかし、生活保護受給者や市町村民税非課税者などの所得の低い利用者には、所得に応じた段階（利用者負担段階）ごとにこれらの費用の負担限度額を設け、それを超える分については**特定入所者介護サービス費**を補足的に給付する制度があります。

特定入所者介護サービス費を受けるには

特定入所者介護サービス費の給付対象となる人は**特定入所者**といい、次ページの表のような人です。

特定入所者介護サービス費は現物給付で給付されるので、**利用者は負担限度額までの居住費と食費を施設に払い込みます。**しかし、居住費と食費のいずれかについて負担限度額を上回る負担をした場合は、全体が給付の対象となりません。また、利用者負担額が限度額より低い場合は基準費用額から負担限度額を控除した額となります。

給付を受けたい人は、市町村に「**介護保険負担限度額認定証**」の交付を申請し、サービスを受けるときには施設などに「認定証」を提示します。サービスを提供した施設は、負担限度額を超えた分を特定入所者介護サービス費として国保連に請求します。

食費・居住費（滞在費）の利用者負担段階*

利用者負担	次のいずれかに該当する場合	
第1段階	①市町村民税非課税世帯である老齢福祉年金受給者 ②生活保護受給者など	
第2段階	市町村民税非課税世帯	「本人の公的年金収入額（非課税年金を含む）＋その他の合計所得額」が年額80万円以下
第3段階	市町村民税非課税世帯	①「本人の公的年金収入額（非課税年金を含む）＋その他の合計所得額」が年額80万円超〜120万円以下
		②「本人の公的年金収入額（非課税年金を含む）＋その他の合計所得額」が年額120万円超
第4段階	第1・第2・第3段階のいずれにも該当しない人（市町村民税課税世帯）	

特定入所者介護サービス費（月額のめやす）

●特定入所者介護サービス費—居住費 低所得者の負担限度額（単位:万円）

居室	基準費用額	第1段階	第2段階	第3段階
ユニット型個室	6.2	2.6	2.6	4.1
ユニット型準個室	5.2	1.7	1.7	4.1
多床室（特養）	2.7	0.0	1.3	1.3

※2024年8月より適用

●特定入所者介護サービス費—食費 低所得者の負担限度額（単位:万円）

基準費用額	第1段階	第2段階	第3段階
4.3	0.9	1.2	①2.0 ②4.1

基準費用額と負担限度額（利用者負担第2段階のユニット型個室、月額の例）

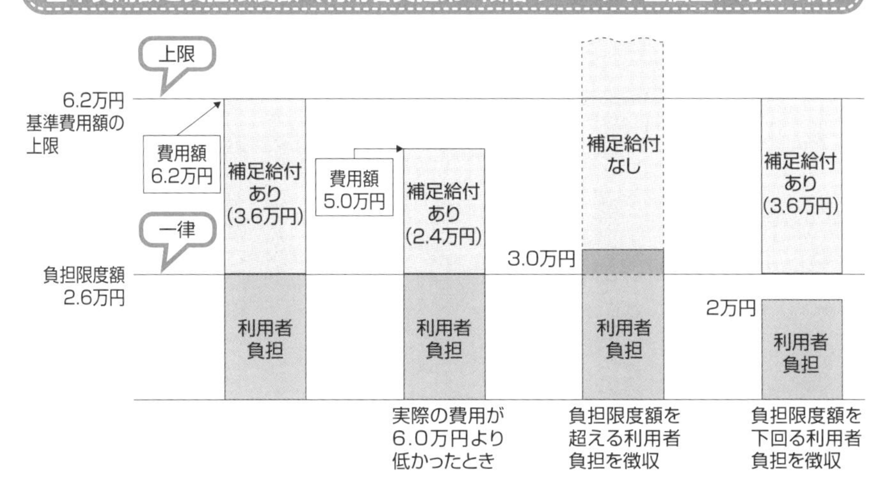

＊第４段階の人、第１〜３段階の人のうち現金、預貯金が、単身者1,000万円、夫婦世帯2,000万円を超える場合は、特定入所者介護サービス費の対象外です。

4-10 国保連は介護報酬の審査と支払い、苦情処理をする

介護保険における国保連の仕事は、介護報酬の審査と支払い、サービスについての苦情処理です。

介護報酬の審査と支払いをする

国民健康保険団体連合会（本書では**国保連**といいます）は、国民健康保険の診療報酬の審査支払いなどを行う団体ですが、介護保険制度が始まった2000年度から**介護報酬の審査支払い**と介護保険サービスの**苦情処理**も行うようになりました。

サービスを提供したサービス事業者や施設は、市町村から審査と支払いについて委託された国保連に対して保険給付の請求をします。これは事業者と市町村双方の介護費用の支払い事務を簡素化・効率化するということから導入された仕組みです。

請求を受けた国保連は、介護報酬の基準などにそって、提出された請求書の審査を行います。

具体的には、居宅介護支援事業者などから提出された個々の利用者へのサービス提供の実態を記した**給付管理票**について受給者台帳と照合して利用者の資格を点検します。さらに請求書の内容と給付管理票に記されたサービス内容を突き合わせ、ケアプランの範囲内にあるかについて審査します。国保連は、この審査結果にもとづいて事業者や施設に費用を支払い、その額を市町村に請求します。

介護保険に関する苦情処理も行う

国保連は、この他に介護サービスを利用した利用者からのサービスに関する**苦情や相談などの処理**も行います（10-6参照）。

国保連で扱う苦情の基準は、市町村の地域を超えるものや市町村では処理が難しいものなどです。介護保険の事業者の指定基準違反などで、強制権限をもつ立入り検査や指定取消しなどは都道府県知事や市町村長が行うことになっています。

国保連の役割

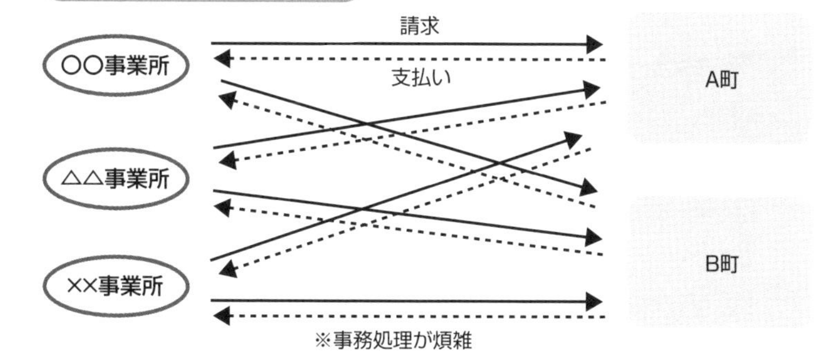

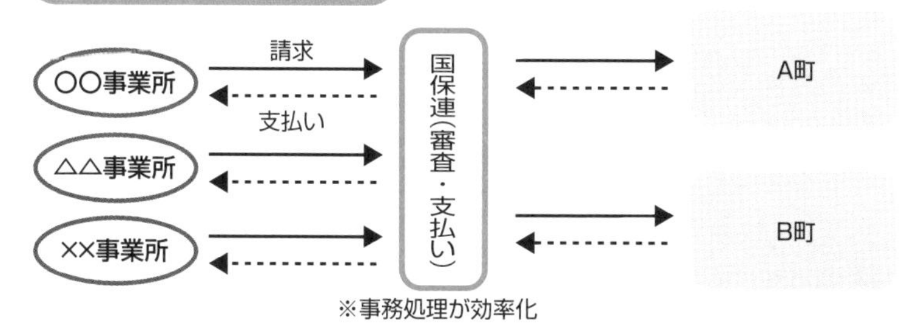

利用料と介護報酬の支払い

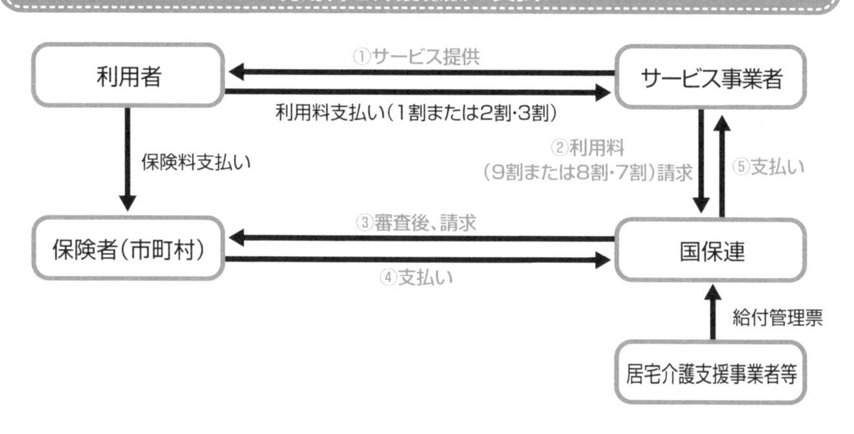

4-11 介護保険審査会不服申立てに対応する

介護保険に関する行政処分に対する利用者などからの不服は、介護保険審査会が公平に処理します。

介護保険審査会の役割

通常は、市町村が行った**行政処分に対する不服申立て**は市町村が審査処理します。しかし、介護保険については中立の立場で公平に処理するために、例外的に「**介護保険審査会**」が行います。

介護保険審査会は、都道府県に各1つずつ設置されている第三者機関です。審査・裁決の対象となるのは次の処分です。

①**保険給付に関する処分**……被保険者証の交付の請求に関する処分、要介護認定・要支援認定に関する処分、給付制限に関する処分など

②**保険料その他の徴収金に関する処分**……保険料の賦課徴収に関する処分、不正利得に関する徴収金等に関する賦課徴収、保険料等の徴収金に関する滞納処分など

介護保険審査会の組織体系

介護保険審査会の委員は都道府県知事が任命し、庶務は都道府県の介護保険担当部課が行います。

委員の構成は、被保険者を代表する委員3人、市町村を代表する委員3人、公益を代表する委員3人以上からなり、任期は3年です。委員の身分は特別職の地方公務員で、守秘義務が課されています。

審査するよう求められた処分の種類によって、それを扱う合議体の組織は、次のようになります。

①**要介護認定を除く処分についての審査請求**……会長を含む公益代表委員、被保険者代表委員、市町村代表委員、各3人で構成される合議体

②**要介護認定についての審査請求**……公益代表委員からなる合議体（委員の定数は都道府県の条例で定められる）

要介護認定についての審査請求処理（例）

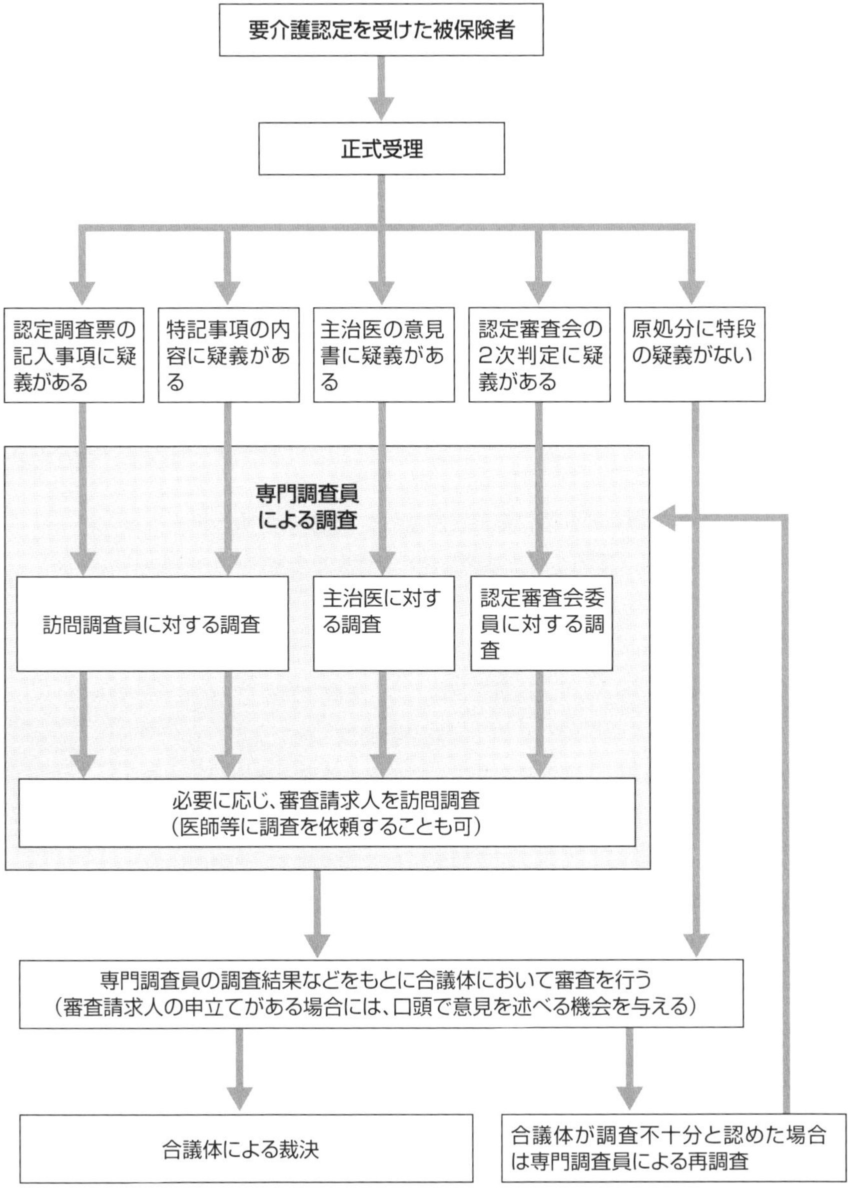

介護離職は防げるのか？

家族の介護・看護が原因で仕事を辞めてしまう「介護離職」が社会問題となっています。厚生労働省「雇用動向調査」によれば、2022年では、年間およそ7万人もの人が介護・看護を理由に離職しています。少子化による労働人口の減少が問題視されるなか、経験豊富な人材を失うことは雇用側にとっても大きな損失です。

国も介護離職を防ぐためにさまざまな手段を講じています。2017年には「育児・介護休業法」が改正され、それまで通算93日まで1回限りの取得しかできなかった介護休業が「対象家族1人につき通算93日まで、3回を上限として分割して取れる」とされました。他にも、年5日取得できる介護休暇が時間単位（改正前は半日単位）で取得可能になるなど、柔軟に休業が取得できるようになる内容が含まれています。

しかし、対象労働者の介護休業取得率は低く、仕事と介護の両立支援体制は万全とはいえません。「体力がもたない」「休んでばかりで職場に迷惑をかける」などの理由から離職してしまう人も多くいます。

確かに仕事を辞めることで介護に専念する時間は増えますが、介護離職にはさまざまなリスクを伴います。仕事を辞めると、生活を支える「安定した収入源」がなくなります。預貯金を切り崩す生活に不安を覚えない人はいないでしょう。会社員や公務員の場合、仕事を辞めることは将来受け取る年金の額を減らすことにもつながります。介護者自身の老後を守ることも考えなくてはいけません。

また、仕事を辞めると人間関係が極端に狭くなります。外出の機会が限られてしまうため、気分転換をしたりストレスを発散させる機会も減ってしまいます。介護者が社会から孤立し、精神的に追いつめられてしまう危険をはらみます。

介護者自身の人生を守るためにも働き続けることが大切です。しかし、両立のための制度が万全とはいえないのが現状です。ときには転職や勤務形態の変更など、介護者側の柔軟な発想の転換も必要となるでしょう。

（高室 成幸）

第5章

サービスの利用とケアマネジメント

介護保険の画期的な仕組みにケアマネジメントがあります。ケアマネジメントとは、サービスを利用する人の自立支援をめざし、自分が受けるサービスとそれを提供する事業者を自分の意思で選ぶことができるように支援することです。それをするのがケアマネジャー（介護支援専門員）です。利用者の身心の状態と生活状況をアセスメントし、ニーズに基づくサービスを組み合わせたケアプランを立てて、サービス事業者にケア情報の提供や調整を行います。

5-1 ケアマネジメントは介護保険の大きな特徴

介護保険では利用者本位の理念に立って、利用者の選択によるサービスの提供を目指しています。

ケアマネジメントは自立を支援する

介護保険制度の基本理念は、要介護となった利用者が自分の意思にもとづいて、自立した質の高い生活を送ることができるように支援することです。

その理念の実現のために、サービスを提供する側が利用者の立場に立ってそのニーズを的確に把握したうえで、**ケアプラン**を作成しそれを実行する**介護支援サービス**（**ケアマネジメント**）が必要と考えられました。そこで、日本では、介護保険で初めて介護支援サービスがシステムとして採用されることになりました。

要介護者に介護支援サービスを提供する機関が**居宅介護支援事業者**で、ケアマネジメントを行うのが**ケアマネジャー**（**介護支援専門員［以下省略］**）です。要支援者に対する介護支援サービスを提供する機関は**介護予防支援事業者**（**地域包括支援センター**）で、提供する人は**保健師**や主任介護支援専門員などです。

以下の節では要介護者対象のケアマネジメントについて説明し、要支援者対象の介護予防ケアマネジメントは5-8で説明します。

介護保険はケアプランがないと利用できない

介護サービスは、保健、医療、福祉の広い範囲にわたるさまざまなサービス提供者によって総合的、一体的、効率的に提供されなければなりません。

介護保険では、市町村に作成者を届け出てからケアプランを作成し、それにそってサービスを受けなければ、給付は受けられません。ケアプランの作成は、通常はケアマネジャーに依頼しますが、本人や家族がつくった**セルフケアプラン**を市町村に届け出てもよいことになっています。

認定を受けてからサービスが提供されるまで

要介護認定

①市町村から居宅介護支援事業者の情報収集　ケアマネジャーは利用者が選ぶ

居宅介護支援事業者によるケアマネジメント

②ケアマネジメントについての契約締結

③ケアプランの作成

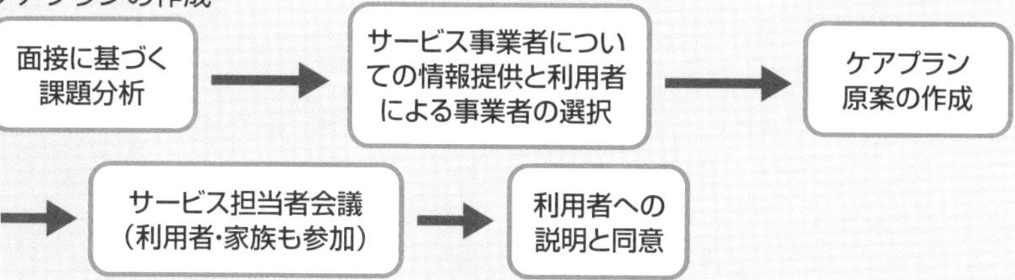

サービス事業者によるサービスの提供

④サービスの提供についての契約締結

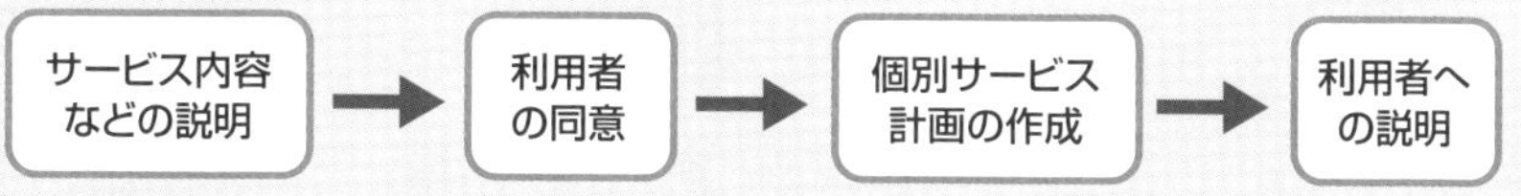

⑤サービス実施

⑥サービス実施後

・被保険者証に添付されている記録書へのサービス記録の記載
・利用料　・その他費用の受け取りと領収証　・サービス提供記録票の交付

5-2

ケアマネジャーは介護保険の“要”の役割を果たす

一人ひとりの利用者にあったケアプランをつくることがケアマネジャーの役割です。

ケアマネジャーは利用者一人ひとりに合ったケアプランをつくる

要介護認定を受けると、同時に要介護度が通知され、それぞれに従って介護保険で給付が受けられる上限額（**支給限度基準額**）が決まります。しかし、サービスの種類は多く、その費用の計算方法は複雑です。利用者は、どのようなサービスをどのように組み合わせるといくらになるか、また、サービス事業所がどこにあり、どのようにサービスを提供してくれるかといった情報をもっていません。

そこで、ケアマネジャーが、一人ひとりの利用者のニーズと利用者の意向を聞いたうえで、支給限度基準額も考慮し、介護サービスと適切な**インフォーマルサービス**＊を組み合わせた**ケアプラン（原案）を作成**し、提案します。

スムーズにサービスの提供が行われるようにサービス事業者に連絡や調整を行い、そのサービスが適切に行われているかを定期的に評価するモニタリングを行います。

ケアマネジャーは給付管理をする

ケアプランにもとづいてサービスが提供された後は、かかった費用や利用者の負担額を算定する**給付管理業務**を行います。

支給限度基準額を超えてサービスを利用した場合は、全額が自己負担となります。その上限を超えないように上限管理を行います。

サービスを提供した事業者から国保連に出された請求書のチェックのために必要となる**給付管理票**の作成も、ケアマネジャーの大切な仕事です。

＊**インフォーマルサービス**　国や地方自治体などの提供するフォーマルサービスに対して、家族や近所の人、ボランティアなどが提供する福祉サービス。

ケアマネジャーの役割

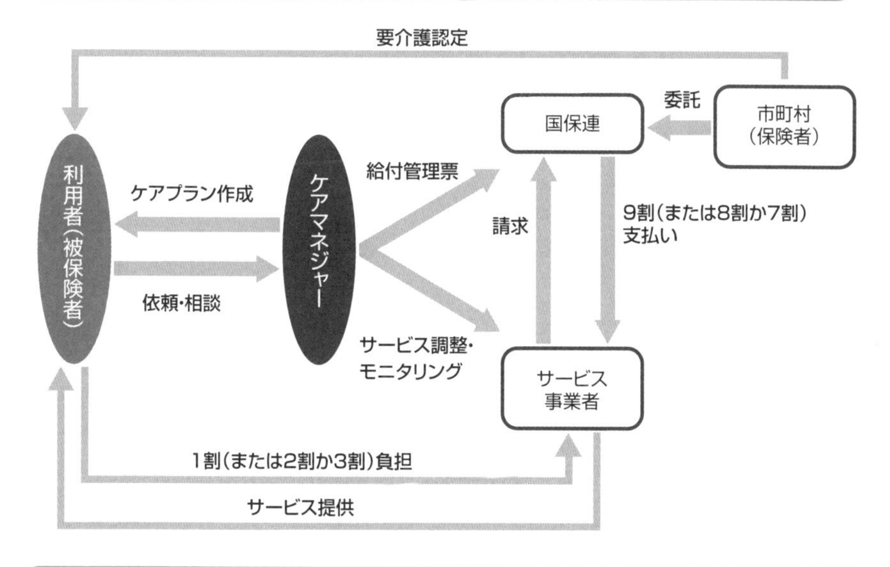

ケアマネジャーの仕事

①要介護認定まで
- 要介護者等やその家族への相談、助言
- 要介護認定の申請手続き、更新手続きの代行

②ケアマネジメント
- 利用者への面接(利用者の状態やニーズの把握)
- 課題分析票を使った課題分析
- ケアプラン原案作成
- サービス担当者会議の開催
- ケアプランに基づくサービス提供のコーディネート
- モニタリング(実施状況と新たなニーズの把握)
- ケアプランの調整と再作成(更新時)

③給付管理
- 国保連に毎月給付管理票を提出

④その他
- 病院の入院・退院時、介護保険施設入所時・退所時の連絡調整
- サービス内容に対する苦情の受け付けと対応等

5-3 ケアマネジャーを上手に選んで上手に使おう

利用者自身が居宅介護支援事業者を選択して契約を結びケアプランを作成してもらいます。

ケアマネジャーは利用者が選べる

ケアマネジャーの介護保険法の正式な名前は「**介護支援専門員**」で、保健、医療、福祉に関する仕事に5年以上の従事期間のある人が試験に合格し、さらに実務研修を修了することによってなることができます。

高齢者が自宅で介護サービスを利用しながら自立した生活を送るためには、それを支えてくれる質の高いケアマネジャーを選ばなくてはなりません。介護保険では居宅介護支援事業所と契約を交し、ケアマネジャーを利用者が選ぶことができます。

契約後に、ケアマネジャーは市町村に「**居宅サービス計画作成依頼届出書**」を利用者の被保険者証とともに提出します。この手続きにより市町村は利用者の担当ケアマネジャーが誰であるか把握することができることになります。

ケアマネジャーはこんな人を選ぼう

市町村に備えてある居宅介護支援事業者の一覧表（市町村によっては、要介護認定の申請をすると渡されます）を見て、次の点に注意して選びましょう。決める前に会って人柄を知っておきましょう。

①一人ひとりの生き方や暮らし方を尊重して、親身に相談に乗ってくれる人
②専門的知識や技能が優れている人
③担当する利用者に公平に接することができる人
④公平・中立な立場からサービス事業者を選ぶ人
⑤利用者と介護者の関係を理解尊重できる人
⑥個人情報とプライバシーを口外しない人

ケアマネジャーには、自分の希望を具体的に伝えましょう。また、サービスについても、不安、不満、苦情がある場合は遠慮なく伝えましょう。

ケアマネジャーになるまで

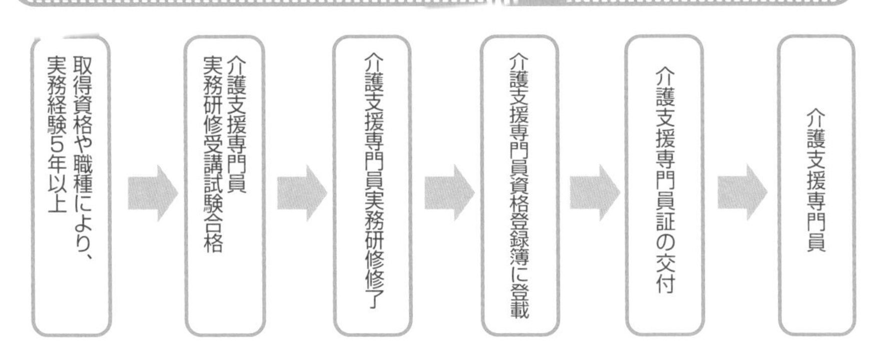

ケアマネジャーの基礎資格（第1回～第26回試験の合計）＊

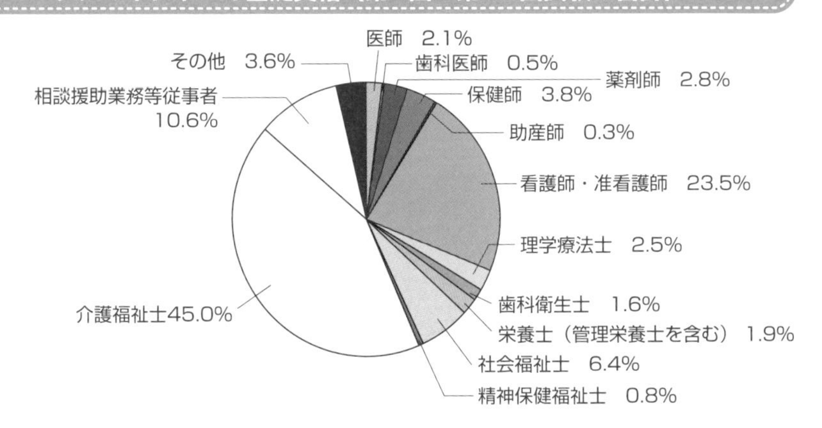

よいケアマネジャーを見分けるポイント

・利用者が納得するまで説明してくれる

・利用者や家族の意向をじっくりと聞いてケアプランをつくってくれる

・ケアプランや事業者を複数提案してくれる

・現場の状況をよく知っている

・他の利用者や事業者からの評判がよい

＊出所：『第26回介護支援専門員実務研修受講試験の実施状況について』2023年度　厚生労働省より。

5-4 ケアプランは利用者の自立支援とニーズにもとづいてつくられる

ケアプランは、利用者の自立支援と「望む生活」の実現に向けて作成されます。

課題分析、原案作成、担当者会議、説明・同意という過程でつくられる

ケアプランは自分でつくることもできますが、多くの人は居宅介護支援事業者に依頼し、所属するケアマネジャーが作成します。ケアプランは次の手順で作成され、サービスの流れが組み立てられます。

①利用者のニーズを明らかにする

厚生労働省が示す23項目の課題分析標準項目にもとづいた課題分析（アセスメント）を行います。

ケアマネジャーは利用者と家族に面接し、自宅での**ADL***、**IADL***、健康状態、居住環境、家庭環境などを把握し利用者の希望を聞き、どんなサービスが必要かを検討します。

②課題分析をもとに**ケアプランの原案**を作成する

ケアプラン原案は、利用者・家族の意向、解決すべき課題、援助目標（長期・短期）、サービス内容、サービスの種別や事業所名、頻度、期間及び総合的な援助の方針からなっています。

③**サービス担当者会議**を開催する

ケアマネジャーがサービスを担当するサービス事業者を招集してケアプラン原案の説明・検討を行います。

④検討に基づきケアプランの修正・調整をする

⑤利用者からケアプランの同意を得る

⑥月1回訪問し、サービスの実施状況を把握（**モニタリング**）する。

⑦**再課題分析**をする

利用者の心身の状態や介護の環境が変わった場合には、利用者の希望を聞いてニーズを検証し直し、新しいケアプランを作成します。

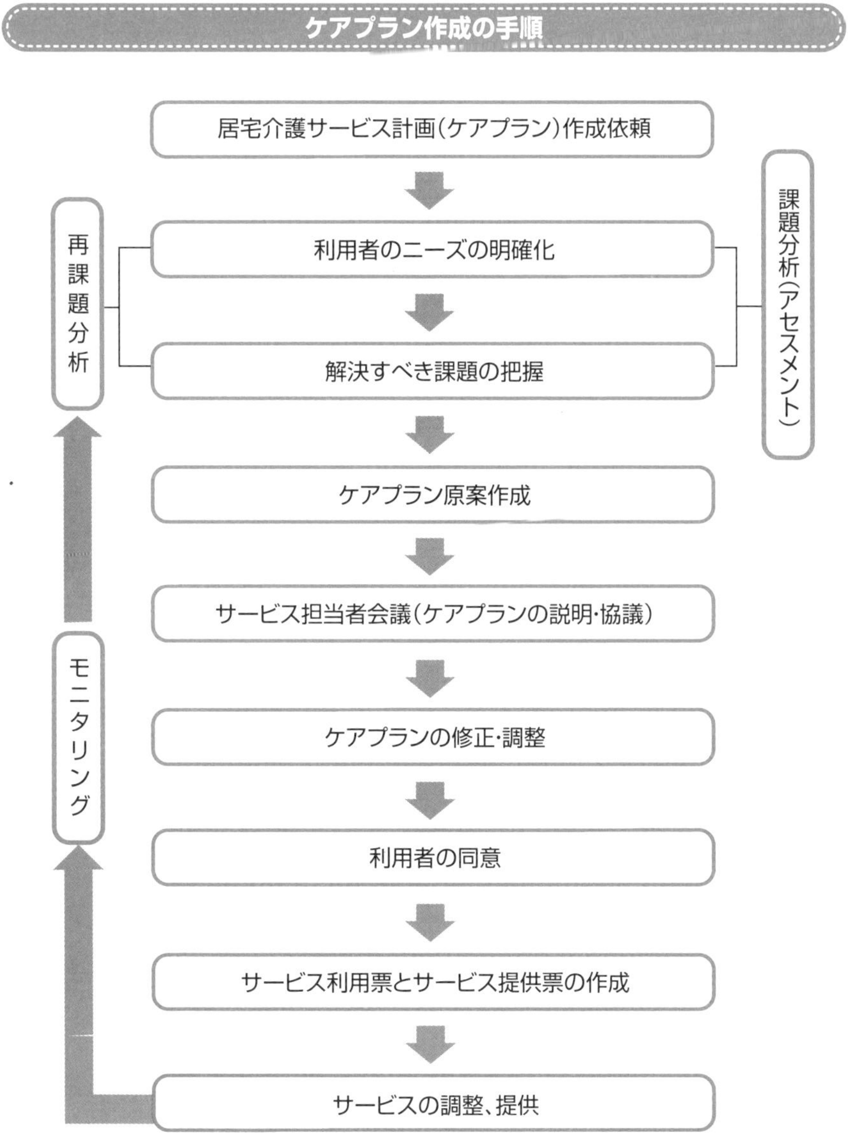

ケアプラン作成の手順

＊ **ADL(日常生活動作)** 日常生活を送るうえで必要な動作。食事、排泄、寝返り、起き上がり、移乗、歩行、着衣、入浴、整容、コミュニケーションなど。Activities of Daily Livingの略。

＊ **IADL(手段的日常生活動作)** 調理、掃除、買い物、金銭管理、服薬管理など。Instrumental Activities of Daily Livingの略。

5-5 実際のケアプランはこうやってつくる

利用者の「望む生活」と介護者の負担を具体的に伝えましょう。

●利用者の状態によってニーズは様々

認定された要介護度が同じでも、必要な支援やサービスは一人ひとりの状態や希望によって違います。自宅での生活援助のために訪問介護を希望する人、人と接する機会がほしい・自宅で入浴できないので通所サービスを希望する人、麻痺があるのでリハビリテーションを希望する人など、そのニーズは様々です。「望む生活」をケアマネジャーに伝え、負担できる月々の利用料とふさわしいサービスの組み合わせを支給限度基準額の範囲内で作成してもらいます。

●要介護4の秀和はなさんの例

次ページの**ケアプランの例**は、要介護4の秀和はなさん（80歳）のものです。はなさんは、以前から体調が悪いうえに精神状態が不安定で、特に夜間の介護が必要です。さらに半年前に転倒して骨折してから、歩行やベッドからの起き上がりも困難となり、1月に要介護4と認定されました。

子どもたちの援助はあるものの、主な介護者は高齢の夫（85歳）で、負担が重く、週に4回の訪問介護が必要です。また、骨折後のリハビリが十分でなかったので、通所リハビリを週に1回組み込むことにしました。ケアマネジャーが通所リハビリを選んだのは、昼間の時間帯に活動することで夜間に安眠できるようにするためと、家族以外の人との接触の機会をつくるためです。また、月に4日の短期入所生活介護を組み込み、介護者の夫の疲れと負担を取ることにしました。

さらに、特殊寝台と車いすの福祉用具貸与を受けて、ベッドからの起き上がりと家のなかの移動を安全に行えるようにしました。

ケアプランの例

第1表

居宅サービス計画書(1)

初回・紹介・(継続)　　(認定済)・申請中

利用者名　秀和 はな　殿　　生年月日　昭和18年 8月10日　　住所　港区×××町×××番地××××

居宅サービス計画作成者氏名

居宅介護支援事業者・事業所名及び所在地

居宅サービス計画作成(変更)日　令和6年 1月10日　　初回居宅サービス計画作成日　年　月　日

認定日　令和6年 1月 1日　　認定の有効期間　令和6年 1月 1日 ～ 6年12月31日

要介護状態区分	要支援 ・ 要介護1 ・ 要介護2 ・ 要介護3 ・(要介護4)・ 要介護5
利用者及び家族の生活に対する意向を踏まえた課題分析の結果	本人：「トイレに夫の介助で歩いて行けるようになりたい。夜はぐっすりと眠って主人の負担をできるだけ軽くしたい」 夫（81歳）：「若い頃にずいぶんと苦労をかけたので、妻の介護は自分がしたいです。自分も夜間の不眠がつらいので、子どもたちと分担してやっていきたいと思っている」 課題分析の結果：失禁と転倒の不安で閉じこもりがちです。十分な睡眠で体調を安定させ、体力を回復させることで、慣れ親しんだ自宅で自分らしい暮らしを続けることが可能となります。
介護認定審査会の意見及びサービスの種類の指定	なし
総合的な援助の方針	私たちは、ご本人が毎日規則正しく朝起きて夜眠る生活リズムを取り戻せるように支援していきます。半年前の転倒で骨折されましたが、デイケアでリハビリテーションを受けながら順調に回復に向かっています。これからは屋内だけでも手すりやシルバーカーを使って歩けるように訓練を行っていきましょう。電動ベッドを利用して起き上がれるようになりましょう。ご主人の精神的、肉体的負担を軽くして在宅での生活が続けられるように支援します。
生活援助中心型の算定理由	1. 一人暮らし　2. 家族等が障害、疾病等　3. その他（　　）

第2表

居宅サービス計画書(2)

利用者名　秀和 はな　殿

生活全般の解決すべき課題(ニーズ)	援助目標				援助内容					
	長期目標	(期間)	短期目標	(期間)	サービス内容	※1	サービス種別	※2	頻度	期間
夜間、くっすりと眠れるようになる	日中活動的に過ごす	1/1～5/31	外の空気にふれ、人間関係を増やす	1/1～3/31	日中車いすで散歩する	○	訪問介護（身体介護）	Aヘルパーステーション	週4回	3か月
					多くの人と話して日中活動的に過ごす	○	通所リハビリテーション	B老人保健施設	週1回	3か月
家のなかでは自立歩行でトイレに行けるようになりたい	家の中は介助で歩行できるようになる	1/1～5/31	歩行が安定するようになる	1/1～3/31	介助歩行で、1日に数回は歩行練習する	○	訪問介護（身体介護）	Aヘルパーステーション	週4回	3か月
					専門的リハビリを受けて注意点を指導してもらう	○	通所リハビリテーション	B老人保健施設	週1回	3か月
失禁を防ぎ、清潔になる	尿意がわかり昼間は排泄ができるようになる	1/1～5/31	排泄を介助して清潔を保つ	1/1～3/31	ポータブルトイレに誘導し、排泄介助する	○	訪問介護（身体介護）	Aヘルパーステーション	週4回	3か月
					トイレに誘導して排泄介助する	○	通所リハビリテーション	B老人保健施設	週1回	3か月
布団から起き、家のなかを歩けるようになる	介助されながら歩けるようになる	1/1～5/31	まず、布団の上に起き上がり座位を確保する	1/1～3/31	電動ベッドを利用し無理なく立ち上がれるようにする	○	特殊寝台貸与	C福祉用具事業所		3か月
夫がゆっくり眠れる時間を定期的につくる	在宅介護を継続する気持ちを維持する		介護者の疲れを取る		介護者が安心して眠れる時間を確保する	○	短期入所生活介護	D特別養護老人ホーム	月4日	3か月
屋外での移動の際の転倒の危険を予防する	安全な移動介助を確保する	1/1～5/31	転倒を防止しながら、移動を楽に安全に行う	1/1～3/31	電動車いすで移動を介助する	○	車いす貸与	C福祉用具事業所		3か月

※1「保険給付対象か否かの区分」について、保険給付対象内サービスについては○印を付す。
※2「当該サービスを行う事業所」について記入する。

5-6 事業者は個別援助計画にそってサービスを提供する

ケアマネジャーが作成したサービス提供票をもとに、事業者は個別援助計画を立て、実際にサービスを提供します。

個別援助計画にそってサービスが開始される

利用者の同意を得た最終的なケアプランが完成すると、いよいよサービスの提供が始まります。

①サービス利用票とサービス提供票がつくられる

ケアマネジャーは、1か月ごとにそれぞれのサービスがどのサービス事業者によって、何曜日のどの時間帯に何時間提供されるかを組み合わせ、それにかかる費用を記入した「サービス利用票」と「サービス提供票」を作成します。サービス利用票は利用者に渡し、サービス提供票をサービス事業者に渡します。

②個別援助計画が作成される

サービス事業者はケアプランにプランニングされた支援内容にそって個別援助計画を作成します。個別援助計画は、サービスの種類ごとに「訪問介護計画」「通所介護計画」「訪問看護実施計画」などとなります。

個別援助計画作成の手順

個別援助計画はどのように作成されるか、訪問介護計画を例にとって説明します。

訪問介護事業者のサービス提供責任者は、利用者の心身の状態や置かれている環境、他の保健医療サービスや福祉サービスの利用状況およびケアプランの意向と課題・短期目標を把握し個別援助計画に位置付けます。訪問介護によって提供できるサービス内容を整理して、具体的な細かい内容とそれに必要な時間、1週間の日程などを決めます。

作成した計画は、利用者と家族に説明して同意を得ます。また、利用者の症状やニーズが変化したときは速やかに計画をつくり直すことになります。

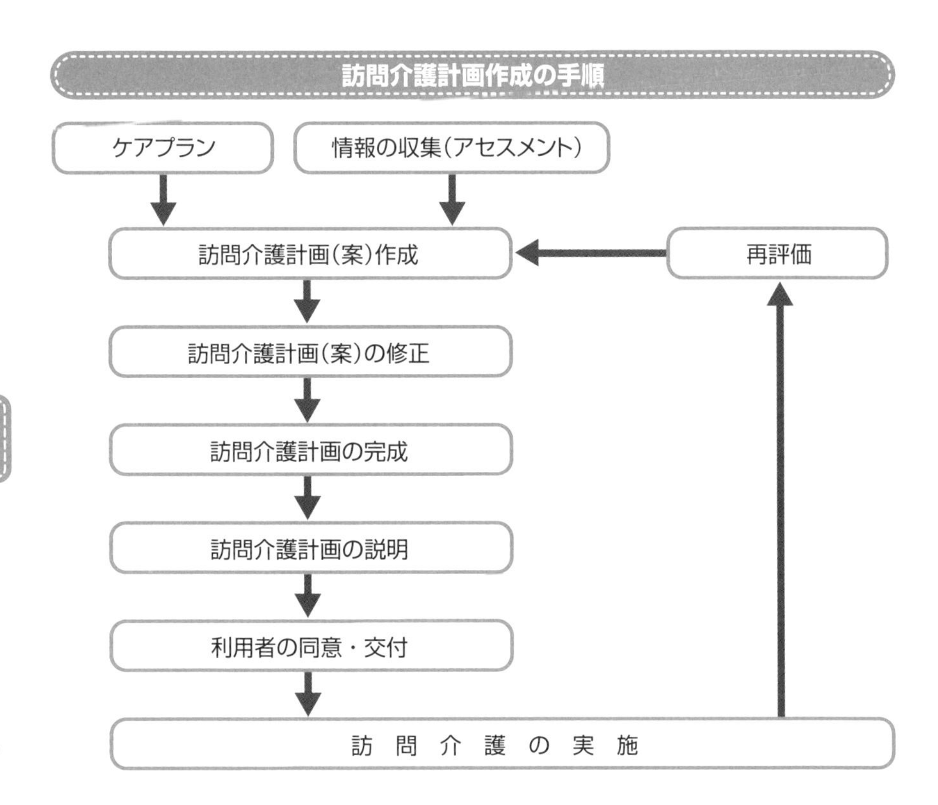

利用者の状況の把握ポイント

①利用者の意向（具体的にどういう生活をしたいと思っているか）

②利用者の関心事や心配事（不安に思っていることは何か）

③生活の状況（食事、排泄、入浴、家事などがどのくらいできるか）

④住居の状況（2階建てか平屋か、段差はあるかなど）

⑤家族の状況（家族の希望、介護力、就労状況、介護負担など）

⑥生活程度へのこだわり（料理、味つけ、盛りつけ、洗濯、掃除、整理整頓など）

5-7 ケアプランはいつでもつくり直すことができる

期待していたサービスと違ったり、利用者の状態が変化したらケアプランをつくり直しましょう。

いつでもケアプランは変更できる

利用者の状態や生活環境、介護量の変化によって、今までのケアプランで対応できないときはいつでも変更を求めることができます。

例えば、今までリハビリを受けていた人がその効果があって歩けるようになったが、今度は認知症の症状が現れた、介護を手伝っていた孫が独立して介護の人手が足りなくなった、などの場合は、サービスの種類や回数を変える必要が出てきます。

ケアマネジャーに申し入れて再アセスメントをしてもらい、いつでも利用者の希望に従ってケアプランを変えることができます。

状態が悪化したときは、区分変更ができる

要介護認定の有効期間は、新規の場合は原則6か月、更新認定の場合は原則12か月（最長で48か月の場合もあり）です。有効期間になっても、介護が必要な状態なら、「**更新認定**」を申請します。その手続きは新規の認定と同じですが、通常はケアマネジャーが代行します。

しかし、有効期間の途中でも急に状態が悪化することはよく見られます。そのようなときは、有効期間の途中でも市町村に「**認定区分変更**」を申請して、要介護度の変更を求めることができます。

要介護度が高くなれば支給限度基準額の上限が上がるので、利用できるサービスの種類と量をこれまでより増やすことができますが、同じサービス内容でも報酬の単位が上がるので利用料は増えます。

ケアマネジャーはサービス担当者会議を必ず開き、アセスメント情報と援助方針の変更を共有化し、サービスの調整を図ります。

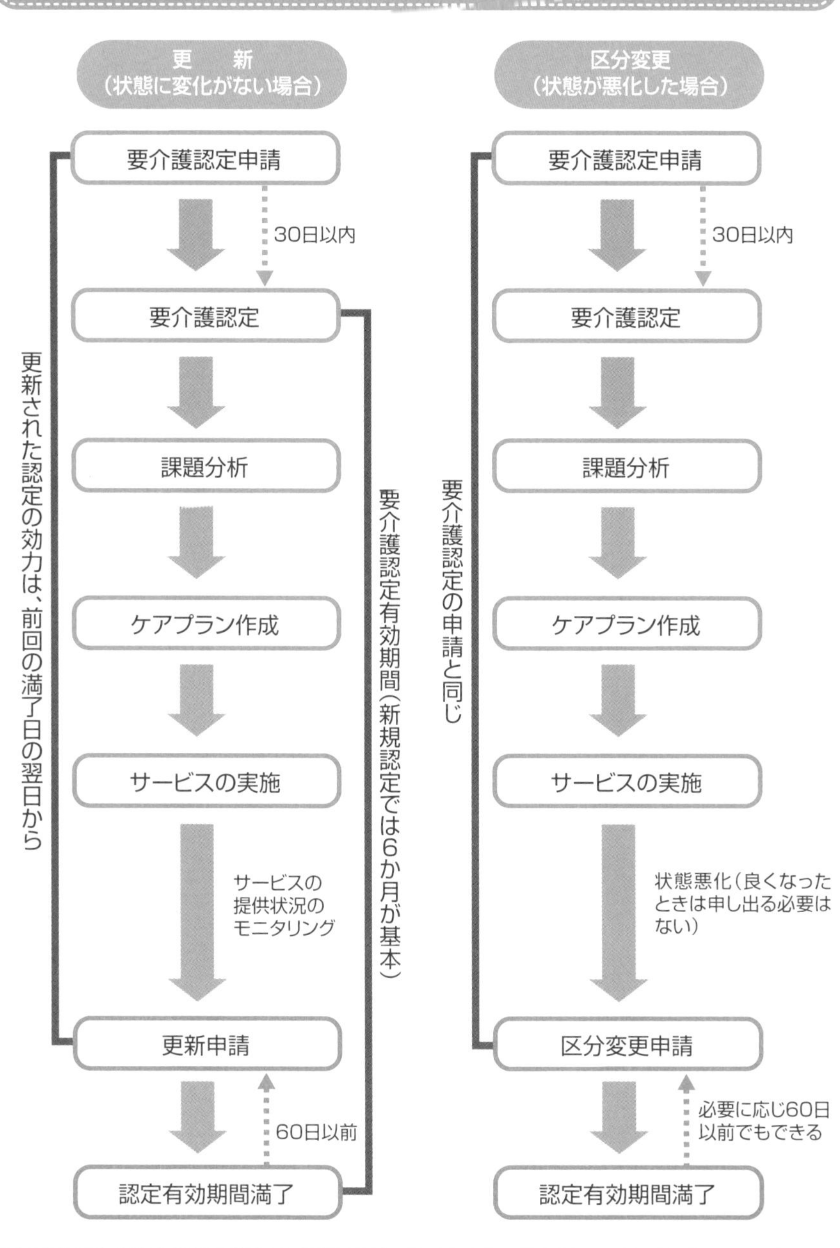
要介護認定の更新と区分変更の手続き
更 新
（状態に変化がない場合）
要介護認定申請
30日以内
要介護認定
課題分析
ケアプラン作成
サービスの実施
サービスの
提供状況の
モニタリング
更新申請
60日以前
認定有効期間満了
更新された認定の効力は、前回の満了日の翌日から
要介護認定有効期間（新規認定では6か月が基本）
区分変更
（状態が悪化した場合）
要介護認定申請
30日以内
要介護認定
課題分析
ケアプラン作成
サービスの実施
状態悪化（良くなったときは申し出る必要はない）
区分変更申請
必要に応じ60日
以前でもできる
認定有効期間満了
要介護認定の申請と同じ

5-8 要支援であると認定された人の介護予防ケアマネジメント

要支援者のケアマネジメントは、介護予防のためのサービスを組み合わせて介護予防ケアプランを作成します。

要支援者には介護予防のサービスがある

要支援者は**予防給付**によるサービスと地域支援事業の介護予防日常生活総合支援事業のなかの介護予防・生活支援サービス事業と一般介護予防事業のサービスを受けることができます。予防給付によるサービスには、10種類の介護予防サービスと3種類の介護予防地域密着型サービスがあります。それらのサービスは、要介護状態となったり、状態が悪化しないようにするために提供されます。

介護予防ケアプランを作成する

要支援者を対象とするケアマネジメントは、介護保険では**介護予防支援**といい、**介護予防支援事業者**の仕事です。実際には、介護予防・生活支援サービス事業のケアマネジメントと同じく**地域包括支援センター**（委託居宅介護支援事業所など）で行われ、両方合わせて**介護予防ケアマネジメント**と呼ばれ、**介護予防ケアプラン**が作成されます。業務を担当するのは、保健師、ケアマネジャー、社会福祉士、経験のある看護師、介護予防プランナーなどです。

介護予防ケアプランは、課題分析、ケアプランの原案作成、サービス担当者会議、本人・家族の同意を経て作成されます。サービスが提供された後は、利用者の生活能力や状況が変化していないかチェックするモニタリングを行います。

地域包括支援センターは、一定期間ごとに各利用者の目標が達成されたか**評価**を行い、同じサービスをそのまま継続するか、状態悪化の場合は要介護認定の区分変更申請、改善の場合は別のサービスに変更するかなどを検討します。

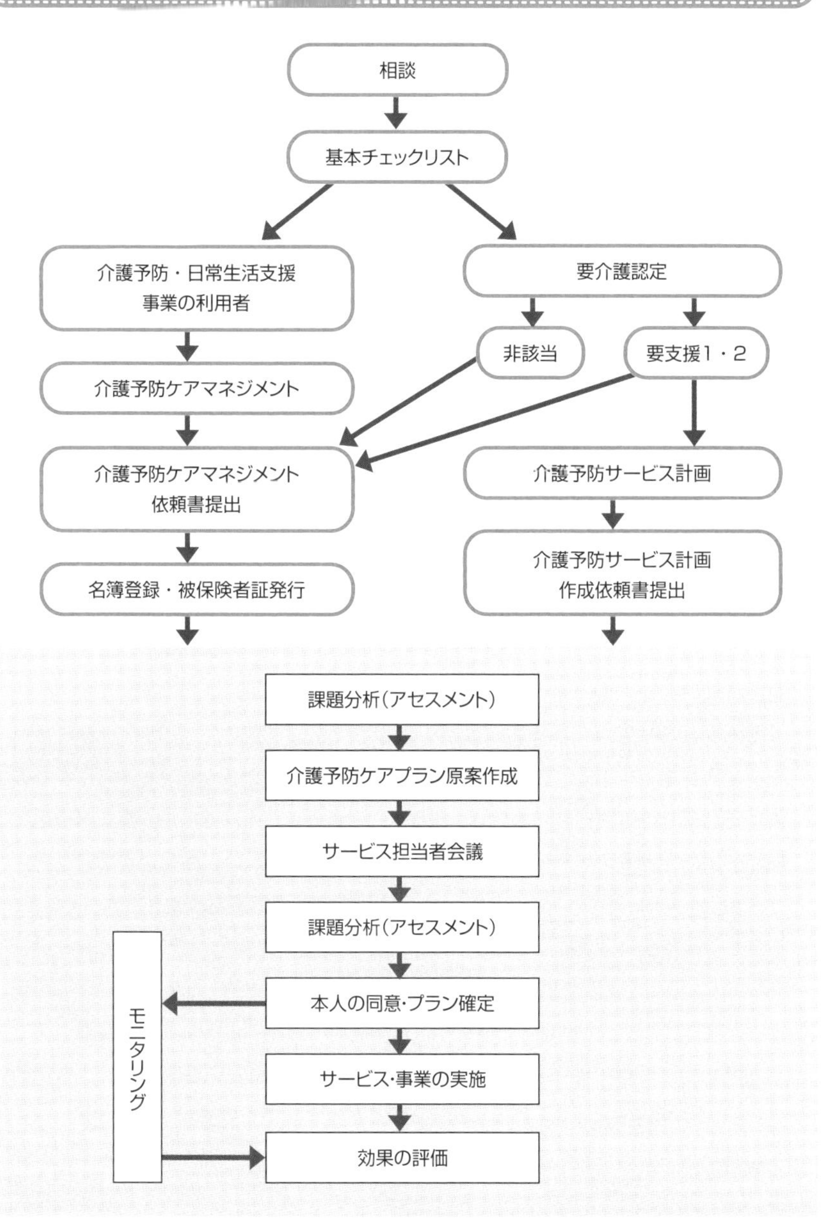
介護予防ケアマネジメントの流れ
相談
基本チェックリスト
介護予防・日常生活支援
事業の利用者
要介護認定
非該当
要支援1・2
介護予防ケアマネジメント
介護予防ケアマネジメント
依頼書提出
介護予防サービス計画
介護予防サービス計画
作成依頼書提出
名簿登録・被保険者証発行
課題分析（アセスメント）
介護予防ケアプラン原案作成
サービス担当者会議
課題分析（アセスメント）
本人の同意・プラン確定
サービス・事業の実施
効果の評価
モニタリング

人生100年時代―50歳になったら 人生後半戦のシミュレーションを

将来、介護が必要になったらどのような介護を受けたいと考えたことはありますか。「どのような介護サービスを利用しながらどのような生活を送りたいか」を考えることは、どのような人生を送りたいかを考えることにつながります。

例えば、あなたは月1で国内旅行、2年に1度は海外旅行をするほど旅行好きな人だったとします。でも、病気や障害で歩けなくなったら、その習慣をあきらめますか？　実は、国内の公共機関や建物の多くがバリアフリーになり、車いすの移動は以前より行いやすくなっています。駅では駅員がサポートをしてくれます。障がいを持っている人のための旅行ツアーもあり、介助スタッフや看護師が同行してくれるサービスもあります。いろいろな支援を利用すれば、楽しみをあきらめることなく、いつまでも自分らしい生き方を続けることができます。

年をとれば誰でも衰えます。視力も聴力も落ちます。病気やケガで障がいが残ることもあります。それでも最期まで自分らしく生きるためにはどのような支援があればいいか、“わが事”として考えてみませんか？

そんなときに参考になるのが障がい者のライフスタイルです。障がい者には目や耳が不自由という人、車いすを利用する人、内部障害の人などがいます。多くの人はそれぞれの障がいにあわせて、暮らしにさまざまな工夫をし、必要な福祉用具やサービスを上手に利用して、日常生活のなかで自分らしい人生を送っています。

人生100年時代です。50歳になったら、人生の後半戦をどう生きるか、そして、最期まで自分らしい人生を送るためにはどんな支援が必要か、ぜひシミュレーションしてください。そうすれば、もし介護が必要になったとき、与えられる介護を受けるだけではなく、積極的に介護サービスを選ぶことができるようになります。

介護を受ける側の意識が変われば、介護を提供する側の意識やサービスも変わり、もっと「利用者（本人）目線」のサービスが生まれてくるでしょう。

これからの人生、どう暮らすか、きめ細かな希望をかなえる「オーダーメイド介護」こそ、これからの介護サービスの姿なのです。　（高室 成幸）

居宅サービスの種類と利用方法

介護保険のサービスは自宅にいても、施設に入所しても利用できます。この章では、自宅で利用できる居宅サービスについて記述します。居宅サービスには、訪問介護や訪問入浴介護、訪問看護、訪問リハビリテーションなどから通所介護、短期入所、居宅と見なされる居住施設（サービス付き高齢者向け住宅など）で受けられるものがあります。また、福祉用具や住宅改修の費用が給付されます。

6-1 在宅で利用者の生活を支える中心的サービス（訪問介護①）

訪問介護は、在宅の利用者の生活基盤を支える居宅サービスの中心となるサービスです。

訪問介護は介護福祉士、初任者研修修了者などが行う

訪問介護はホームヘルプサービスともいわれ、掃除、洗濯、買い物などの家事や食事、排泄、入浴などに介助が必要な場合に受けることができます。

訪問介護サービスを提供する人は**訪問介護員**（ホームヘルパー）と呼ばれ、**介護福祉士と介護職員初任者研修を修了した人**（従来の1級、2級のホームヘルパー養成研修や介護職員基礎研修を修了した人）などが従事することができます。訪問介護事業を行うことができるのは、都道府県知事の指定を受けた指定訪問介護事業者や、市町村が独自に認めた基準該当訪問介護事業者などです。

訪問介護には「**身体介護**」「**生活援助**」の2つの区分があり、それぞれ料金が異なります。身体介護は、利用者の体に直接触れて行う食事や排泄、入浴、衣類の着脱、通院・外出介助、自立支援のための見守り援助*などのサービスを指し、生活援助は、掃除、洗濯、買い物などのサービスを指します。生活援助の給付の対象は、利用者本人の日常生活の援助であり、次ページの表にあるようなサービスは対象となりません。

介護予防・生活支援サービス事業

従来、介護予防訪問介護は要支援者を対象とする介護予防給付として位置付けられ、利用者の自立を支援するためにサービスが提供されていましたが、2014年の介護保険法改正で、市町村が取り組む地域支援事業の中の「**介護予防・生活支援サービス事業**」として実施されることになりました。この改正は2015年4月から実施されています。

＊**自立支援のための見守り援助**　利用者と一緒に手助けしながら行う調理や、車いすで移動介助をしながら利用者が自ら選択して行う買い物などが含まれる。

訪問介護サービスの内容

身体介護		生活援助*
・食事介助 ・排泄介助 ・衣類の着脱介助 ・身体整容 ・入浴介助・清拭 ・洗面 ・体位変換 ・移乗・移動介助	・通院・外出介助 ・就寝・起床介助 ・自立支援のための見守り援助 ・特段の専門的配慮をもって行う調理（嚥下困難者のための流動食・糖尿病食など） ・たんの吸引等（有資格者のみが提供できる）	・掃除 ・洗濯 ・衣類の整理・補修 ・一般的な調理 ・配膳・下膳 ・買い物 ・薬の受け取り

＊1　このほか、訪問介護員等が自らの運転する車両を運転して通院の介助を行う「通院等乗降介助」もある。
＊2　2018年4月より、生活援助従事者研修の修了者が、生活援助を行えるようになった。
＊3　2018年10月より、生活援助の1か月の利用回数が多いケアプランを作成·変更した場合、市町村へ届け出ることが義務づけられた。回数は利用者の要介護度によって異なる。

生活援助とならない行為

1　「直接本人の援助」に該当しない行為

主として家族の利便に供する行為または家族が行うことが適当であると判断される行為
- 利用者以外の者に係る洗濯、調理、買い物、布団干し
- 主として利用者が使用する居室以外の掃除
- 来客の応接（お茶、食事の手配など）　・自家用車の洗車・清掃　など

2　「日常生活の援助」に該当しない行為

①訪問介護員が行わなくても日常生活を営むのに支障が生じないと判断される行為
- 草むしり　・花木の水やり　・犬の散歩などペットの世話　など

②日常的に行われる家事の範囲を超える行為
- 家具・電気器具などの移動、修繕、模様替え
- 大掃除、窓のガラス磨き、床のワックスがけ
- 室内外家屋の修理、ペンキ塗り
- 植木の剪定などの園芸
- 正月、節句などのために特別な手間をかけて行う調理　など

6-2 慎重な業者の選び方と利用料金（訪問介護②）

在宅の暮らしの基本を支える訪問介護を行う事業者は慎重に選択しましょう。

よい訪問介護事業者を選ぶチェック項目

複数の訪問介護事業者のパンフレットや**重要事項説明書**を取り寄せ、よく読んで次の項目を確認して事業所を選びましょう。納得したら、**契約書**を交わしてから利用を始めます。このチェック項目の多くは、ほかのサービスを受ける際にも共通します。

①訪問エリアと利用希望日に対応できるか（介護者の緊急時、休日や年末年始など）。
②介護の具体的内容や手順が希望どおりか。
③訪問介護員の人数と平均年齢、資格者の有無。
④来てもらう曜日や時間帯を変えられるか。
⑤担当の訪問介護員を替えられるか。
⑥緊急時の連絡先と責任者、どのように連絡するか。
⑦利用料や支払方法が明示されているか。
⑧苦情や相談の窓口と担当者は誰か。
⑨緊急時や事故、感染者発生の場合の対応はどうか。

訪問介護にかかるお金

介護保険の介護報酬は「**算定構造**」と呼ばれる仕組みで細かく決められています。訪問介護の介護報酬は、身体介護中心か、生活援助中心か、あるいは組み合わせて行うか、何分行うか、時間帯はいつか、何人の訪問介護員によって行うか、その資格は何か、などによって次ページの算定構造の表のように算定されます。表中の「単位」は、**1単位10円**を基本として、**地域単価**（4-6参照）を掛けて介護報酬を計算します。

利用者が負担する1回当たりの費用は、表中の244単位、387単位をそれぞれ244円、387円などと読み替え、住んでいる市町村の地域単価を掛けるとおおまかに計算できます。

訪問介護事業者を選ぶ手順

事業者に関する情報を集める
・市町村の窓口、地域包括支援センター・在宅介護支援センター窓口、WAM ネットや事業所の HP、パンフレットなど

ケアマネジャーに相談する
・自分の希望を正確に伝える
・複数の事業者を紹介してもらう

重要事項説明書をもらう
・内容を説明してもらう
・わからないところは質問する

▼

利用を決めた事業者と契約書を交わす
・契約書の内容をよく読む
・不安があれば、ケアマネジャーや地域包括支援センター・在宅介護支援センター窓口、消費生活センターなどに相談する

▼

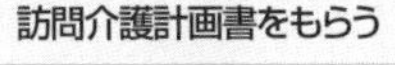

訪問介護計画書をもらう
・どのような介護を、何のために、いつ、利用できるか、サービス提供責任者から説明を聞く

▼

サービスを利用する

▼

ケアマネジャーの訪問（モニタリング）
・その事業者のサービスを利用し続けるか、同じ内容でよいか、時間帯や担当はどうかを必要に応じて相談する

訪問介護の費用のめやす（1回につき）*

基本部分		身体介護の(2)〜(4)に引き続き生活援助を行った場合	2人の訪問介護員等による場合	夜間もしくは早朝の場合または深夜の場合	特定事業所加算
イ　身体介護	(1)20分未満(163単位)		×200/100	夜間(午後6時〜午後10時)または早朝(午前6時〜午前8時)の場合+25/100 深夜(午後10時〜午前6時)の場合+50/100	特定事業所加算(Ⅰ)+20/100 特定事業所加算(Ⅱ)+10/100 特定事業所加算(Ⅲ)+10/100 特定事業所加算(Ⅳ)+3/100 特定事業所加算(Ⅴ)+3/100
	(2)20分以上30分未満(244単位)	所要時間が20分から起算して25分を増すごとに+65単位(195単位を限度)			
	(3)30分以上1時間未満(387単位)				
	(4)1時間以上(567単位に30分を増すごとに+82単位)				
ロ　生活援助	(1)20分以上45分未満(179単位)				
	(2)45分以上(220単位)				
ハ　通院等乗降介助(97単位)					
二　初回加算　(200単位/1か月につき)					

＊ほかに、生活機能向上連携加算、口腔連携強化加算、特別地域訪問介護加算、認知症専門ケア加算、小規模事業所加算、緊急時訪問介護加算、介護職員等処遇改善加算などもある。

6-3 自宅での入浴を希望する人へのサービス（訪問入浴介護）

訪問入浴介護は、看護職員・介護職員が利用者の自宅で簡易浴槽を使って行います。

訪問入浴介護は医師の指示のもとに、看護職員・介護職員が行う

訪問入浴介護は、利用者の自宅に浴槽をはじめ必要な器具機材を持参して入浴の介護を行うものです。その対象となる人は、通常は介助があっても自宅の浴槽に入ることができず、また、通所介護などを利用して入浴することができない重度の人です。

訪問入浴介護は、指定訪問入浴介護事業者が行います。介護は看護職員（看護師、准看護師）1人と介護職員2人、または介護職員3人で行われます。

サービスを受けるには、入浴してもよいという**医師の指示が必要です**。経管栄養や人工肛門、膀胱留置カテーテルなどの医療処置を受けていても、症状が安定していれば、入浴ができます。入浴は、単に体を清潔にするだけでなく、精神的、心理的、身体的に利用者によい影響を及ぼしますが、一方で、体に大きな負担がかかることから、利用者の状態によって、時間を短くしたり、**全身浴**ではなく**部分浴**や拭くだけの**清拭**（せいしき）を行うこともあります。

訪問入浴介護にかかるお金

訪問入浴介護の1回当たりの1割自己負担の費用は、次のとおりです。

看護職員1人と介護職員2人……………1266円
介護職員3人……………………………1202円
清拭または部分浴………………………1139円
同一建物居住者（20人以上）…………1139円

要支援者対象の**介護予防訪問入浴介護**は、看護職員1人と介護職員1人、または介護職員2人で行われ、費用（1割負担）は全身浴の場合それぞれ1回当たり856円、813円です。

訪問入浴介護の手順

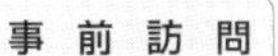

看護職員は、主治医の指示を確認し、利用者の全身状態、健康状態を観察する
介護職員は、浴槽を運び込む方法や利用者の移動方法、入浴方法について確認する

家族の協力を得るために行う
用意する物品の説明と手順の説明を行う

訪問入浴介護計画の作成

事前訪問の結果にもとづき、利用者ごとに作成する

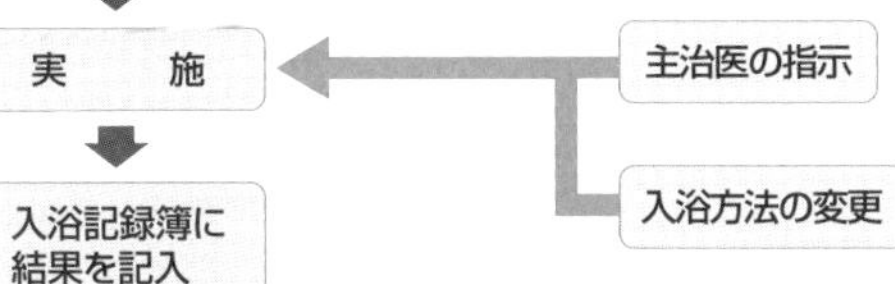

入浴記録簿に結果を記入

入浴の3大作用

・**温熱作用**　筋肉の血行を促し、動きを容易にする効果がある。訪問入浴では、湯温は微温浴（37～39℃）が適当で、それより高くなると交感神経を刺激して心拍数が増え、血圧の上昇も見られるため、注意が必要。

・**静水圧作用**　入浴すると体は水の圧力（静水圧）を受ける。半身浴では、下半身に静水圧がかかって血液の心臓への還流量が増え血液循環が促進され、全身浴では胸囲が縮小し、心臓へ負担がかかる。

・**浮力・粘性作用**　浮力により水中では体が軽くなり、腰や膝関節への負担が小さくなって動きやすくなる。運動機能の低下した利用者に対して、入浴時の浮力や粘性を利用したリハビリテーションとして、水中運動が行われることがある。

＊特別加算に、認知症ケア加算、看取り連携体制加算、特別地域加算、中山間地域等における小規模事業所加算などがある。

6-4 自宅にいながら受けられる医療サービス（訪問看護）

訪問看護は、看護師、保健師、理学療法士、作業療法士などが医師の指示のもとに療養上の世話や医療処置を行うサービスです。

訪問看護は医療従事者が行う

訪問看護は、看護師や保健師などが利用者の自宅を訪問して、**医師の指示**のもとに**療養上の世話**や**医療処置**、**診療の補助**を行うことをいいます。医師が必要と認めた要介護者だけが受けることのできるサービスです。

訪問看護事業ができるのは、都道府県知事の指定を受けた指定訪問看護事業者で、**訪問看護ステーション**と**病院・診療所**の2種類があります。

実際のサービスを提供するのは、看護師、准看護師、保健師、理学療法士、作業療法士、言語聴覚士の資格をもつ医療従事者です。

訪問看護サービスを受けるには、主治医の**訪問看護指示書**が必要で、その有効期間は1か月から6か月です。

症状が悪化したときは**特別指示書**が交付され、2週間に限り毎日訪問看護を受けることができ、その費用は医療保険の対象となります。

訪問看護にかかるお金

訪問看護の費用は、事業者の種類や時間、実施する時間帯、実施者などによって決められています。

また、在宅自己腹膜灌流、在宅血液透析、在宅酸素療法、在宅中心静脈栄養法などの指導管理が必要な場合は「特別管理加算」、ケアプランに入っていない緊急時訪問看護を行った場合は「緊急時訪問看護加算」、ターミナルケアを行った際には「ターミナルケア加算」などが加えられます。

要支援者対象の**介護予防訪問看護**の費用も、ターミナルケア加算が算定されない以外はほぼ同じです。

訪問看護サービスの内容

看護の内容	医療処置にかかる管理・援助
病状観察、脈拍血圧測定 本人の療養指導 体位変換 栄養、食事の援助 排泄の援助、おむつ交換 整容、衣服の着脱の援助 移動、移乗、散歩時の介助 口腔の清潔援助、歯磨き 体の清潔援助、入浴介助 生活のリズムの把握 認知症、精神障害に対するケア リハビリテーション 環境整備 社会資源の紹介と相談 家族の介護指導、支援 家屋改善のアドバイス 介護機器導入時の管理 外来受診同伴　　　など	喀痰および気道内吸引、吸入 在宅酸素療法の指導、援助 膀胱カテーテルの交換、管理 褥瘡の予防、処置 創傷部の処置 在宅中心静脈栄養法、経管栄養の実施 人工肛門、人工膀胱、胃ろうの管理 気管カニューレの交換、管理 連続携行式腹膜透析の灌流液の交換 がんの在宅（緩和）ケア ターミナルケア 緊急時の対応や指示による処置 注射、点滴の管理 服薬管理、点眼などの処置 浣腸、摘便 検査補助（採血、採尿、血糖値測定など） 感染症予防、処置　　　など

訪問看護の費用のめやす（1回につき）*

指定訪問看護ステーション	20分未満	314円
	30分未満	471円
	30分以上1時間未満	823円
	1時間以上1時間30分未満	1,128円
病院または診療所	20分未満	266円
	30分未満	399円
	30分以上1時間未満	574円
	1時間以上1時間30分未満	844円

× 准看護師の場合 90%を算定

＋ 夜間･早朝加算 25%加算 ／ 深夜加算 50%加算

×回数

＋

特別地域訪問看護加算	15%加算	区分支給限度基準額に含めない

緊急時訪問看護加算(Ⅰ)(訪問看護ステーション)	600円	
緊急時訪問看護加算(Ⅰ)(病院または診療所)	325円	
緊急時訪問看護加算(Ⅱ)(訪問看護ステーション)	574円	
緊急時訪問看護加算(Ⅱ)(病院または診療所)	315円	
特別管理加算(Ⅰ)	500円	
特別管理加算(Ⅱ)	250円	

（1か月につき）　区分支給限度基準額に含めない

ターミナルケア加算	2,500円（死亡月につき）	死亡日および死亡日前14日以内に2日以上ターミナルケアを行った場合	区分支給限度基準額に含めない

＊この金額は「その他地域」に住んでいる利用者の自己負担分（1割負担）。各自の自己負担分は、「介護報酬の地域区分」から住所地がどの区分に属しているか調べ、次いで117ページの「地域単価表」の数字を掛けて計算することができる。

6-5 自宅でリハビリテーションを受ける（訪問リハビリテーション）

理学療法士、作業療法士、言語聴覚士が利用者の自宅を訪問して、リハビリテーションを行うサービスです。

理学療法士、作業療法士、言語聴覚士が自宅を訪問して行う

訪問リハビリテーションは、**医師の指示**にもとづいて理学療法士、作業療法士または言語聴覚士が利用者の自宅を訪問して、**理学療法**や**作業療法**などのリハビリテーションを行うサービスです。ただし現状ではリハビリができる資格をもつ専門職が不足しているため、利用することは困難な状況です。

リハビリテーションは医療の側面から、①急性期リハビリテーション、②回復期リハビリテーション、③維持期リハビリテーションに分けられます。このうち①と②は医療保険の対象で、介護保険の対象となるのは③の**維持期リハビリテーション**です。

歩けない人のリハビリテーションは、寝たきりを防ぐためにまず離床をうながします。さらに、寝返り、起き上がり、座位、立ち上がり、立位、歩行が可能になるように、**関節可動域訓練**、**筋力増強訓練**、**移乗動作訓練**、**日常生活動作訓練**などを、車いすのための自宅の環境整備と共に行います。

歩ける人へのリハビリテーションは主に**歩行訓練**です。介助を受ければ歩ける人、屋内では介助なしで歩ける人など、対象に応じた方法で行います。

訪問リハビリテーション事業が行えるのは、都道府県知事の指定を受けた指定訪問リハビリテーション事業者で、**病院**、**診療所**、**介護老人保健施設**、**介護医療院**が指定を受けられます。

訪問リハビリテーションにかかるお金

訪問リハビリの自己負担額（1割負担）は、1回当たり308円です。介護予防訪問リハビリは、1回当たり298円です。

6-5 自宅でリハビリテーションを受ける（訪問リハビリテーション）

訪問リハビリテーションのサービス内容

- 立ち上がり、ベッドや車いすからの移乗、歩行など基本動作の訓練
- 関節の可動域を広げたり、関節の変形拘縮を予防する訓練
- 排泄、入浴、着替えなど日常生活の動作（ADL）の訓練
- 嚥下改善の訓練や食事内容の指導
- 家族など介護者に対して、寝返りなどの体位変換と介助方法を指導
- 手すりや車いすなどの福祉用具の利用提案と選択の指導
- 住宅改修の提案と指導

訪問リハビリテーションの費用のめやす（1 回につき）*

病院・診療所	308円
介護老人保健施設	
介護医療院	

注：訪問リハビリテーションは、利用者が短期入所サービス（短期入所生活介護、短期入所療養介護）、入居系サービス（特定施設入居者生活介護、認知症対応型共同生活介護、地域密着型特定施設入居者生活介護、地域密着型介護老人福祉施設入所者生活介護）を受けている場合は算定できないため、利用できない。

注：利用者の状態が一時的に悪くなって（急性増悪など）頻回の訪問リハビリが必要と医師が判断して指示した場合はその指示から 14 日間は、医療保険が適用になるため、介護保険の訪問リハビリは算定できない。

注：加算には、退院時共同指導加算、移行支援加算、短期集中リハビリテーション実施加算、リハビリテーションマネジメント加算、認知症短期集中リハビリテーション実施加算、口腔連携強化加算などがある。

注：事業所の医師がリハビリテーション計画の作成に係る診療を行わなかった場合は減算される。

注：事業所と同一建物の利用者またはこれ以外の同一建物の利用者 26 人以上にサービスを提供する場合は所定単位数の 90%、事業所と同一建物の利用者 50 人以上にサービスを提供する場合は所定単位数の 85%で算定。

注：指示を行う医師の診療の日から 3 か月以内に行われた場合に算定。

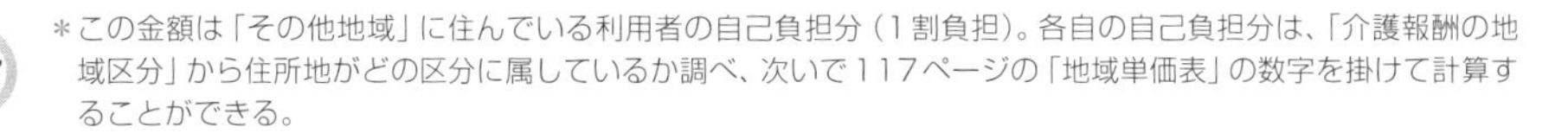

＊この金額は「その他地域」に住んでいる利用者の自己負担分（1 割負担）。各自の自己負担分は、「介護報酬の地域区分」から住所地がどの区分に属しているか調べ、次いで 117ページの「地域単価表」の数字を掛けて計算することができる。

6-6 医療系の専門職が自宅に来てくれる（居宅療養管理指導）

医師、歯科医師、薬剤師、管理栄養士などが、自宅を訪問して療養上の管理・指導を行います。

居宅療養管理指導は療養上の管理や指導を行う

居宅療養管理指導は、医師など医療に従事する人が利用者の自宅を訪問し、療養上の管理および指導をするサービスのことです。

医師は**医学的管理指導**、歯科医師は**歯科医学的管理指導**、薬剤師は**薬学的管理と指示**、歯科衛生士（保健師、看護師、准看護師を含む）は**口の中や入れ歯の清掃に関する指導**、管理栄養士は**栄養指導**を行います。最近では、高度な医療技術に依存する高度療養型在宅医療、末期のがん患者を対象とする末期医療型在宅医療において居宅療養管理指導に対するニーズが高まっています。具体的なサービスには、次のものがあります。

①治療の必要がある利用者に対する医学的管理

②機能維持や残存機能の活性化のためのリハビリテーション

③気管カニューレなど生命維持に必要な装置を付けている場合の定期的な医学的管理

④風邪や尿路感染症、便秘、下痢などの比較的軽症な病気に対する定期的な医師の管理

⑤肺炎などを起こした場合の入院や短期入所療養介護などへの入所についての的確迅速な医師の判断

⑥歯科治療や義歯装着などの口腔ケア

居宅療養管理指導にかかるお金

居宅療養管理指導と介護予防居宅療養管理指導の利用者負担は、要介護度によって決められている支給限度基準額に含めません。訪問回数の限度は、訪問する専門職種と内容によって「月2～4回」と決められています。

居宅療養管理指導の利用者

①後遺症により症状が不安定で悪化、再発、合併症を起こしやすい人
②高血圧、糖尿病、がんなど治療を必要とする疾患がある人
③脳卒中や骨折後のリハビリテーションを必要とする人
④気管カニューレや経鼻チューブなど生命維持装置を付けている人
⑤風邪や尿路感染症などの疾病にかかりやすい人
⑥入院入所の判断を必要とする人
⑦歯や口腔内に問題をもつ人　　⑧心理的に不安定な人

居宅療養管理指導の費用のめやす（1回につき）*

医師が行う場合（月2回を限度）	（1）居宅療養管理指導費（Ⅰ）（（2）以外）	（一）単一建物居住者1人に対して行う場合	515円
		（二）単一建物居住者2人以上9人以下に対して行う場合	487円
		（三）（一）および（二）以外の場合	446円
	（2）居宅療養管理指導費（Ⅱ）（在宅時医学総合管理料又は特定施設入居時等医学総合管理料を算定する場合）	（一）単一建物居住者1人に対して行う場合	299円
		（二）単一建物居住者2人以上9人以下に対して行う場合	287円
		（三）（一）および（二）以外の場合	260円
歯科医師が行う場合（月2回を限度）	（一）単一建物居住者1人に対して行う場合		517円
	（二）単一建物居住者2人以上9人以下に対して行う場合		487円
	（三）（一）および（二）以外の場合		441円
薬剤師が行う場合	（1）病院または診療所の薬剤師の場合（月2回を限度）	（一）単一建物居住者1人に対して行う場合	566円
		（二）単一建物居住者2人以上9人以下に対して行う場合	417円
		（三）（一）および（二）以外の場合	380円
	（2）薬局の薬剤師の場合（月4回を限度） ※情報通信機器を用いて服薬指導を行う場合 45円（月4回を限度）	（一）単一建物居住者1人に対して行う場合	518円
		（二）単一建物居住者2人以上9人以下に対して行う場合	379円
		（三）（一）および（二）以外の場合	342円
管理栄養士が行う場合（月2回を限度）	（一）単一建物居住者1人に対して行う場合		545円
	（二）単一建物居住者2人以上9人以下に対して行う場合		487円
	（三）（一）および（二）以外の場合		444円

注：ほかにも、歯科衛生士等（月4回を限度）、保健師、看護師が行う場合に介護報酬が算定される。
注：2024年度の介護報酬改定で新設された加算に、医療用麻薬持続注射療法加算、在宅中心静脈栄養法加算がある。

＊この金額は「その他地域」に住んでいる利用者の自己負担分（1割負担）。各自の自己負担分は、「介護報酬の地域区分」から住所地がどの区分に属しているか調べ、次いで117ページの「地域単価表」の数字を掛けて計算することができる。

6-7 日帰りで受けられる介護サービス（通所介護）

ほかの利用者や職員などとレクを楽しんだり、機能訓練を受けたりします。家族は、日中に休息をとることができます。

施設で日常生活訓練などの介護を受ける

通所介護は、一般的には「**デイサービス**」といわれる居宅サービスです。利用者は、老人デイサービスセンターや特別養護老人ホーム、老人福祉センターなどに日帰りで通所し、**外出による社会的な交流**、**家族の負担の軽減**、**機能訓練**と**日常生活訓練**を図ることを目的に、比較的小さなグループに分かれて次のようなサービスを受けます。

①入浴および食事の提供（これらに伴う介護を含む）
②生活などに関する相談と助言
③健康状態の確認その他在宅の要介護者に必要な日常生活上の世話
④体操などの機能訓練

また、2014年の改正介護保険法により、従来の介護予防通所介護は地域支援事業のなかの**介護予防・生活支援サービス事業**（通所型サービス）に組み込まれ、要支援者等の多様な生活支援のニーズに対応するサービスとなりました。なお、従来の小規模型の通所介護は、地域密着型サービスの**地域密着型通所介護**に移行しました。さらに、医療と介護の両面からの支援を必要とする難病やがん末期の要介護者が利用する**療養通所介護**も、地域密着型サービスに移行されています。

通所介護にかかるお金

費用は、事業所規模、サービス提供時間、要介護度に分けて1回当たりで決まっています。また、個別機能訓練、入浴介助、認知症ケア、若年性認知症利用者受入、栄養改善、口腔機能向上などを行った場合は加算されます。通所のための送迎の費用は含みますが、食費は利用者の自己負担です。

通所介護の費用のめやす（1回につき）*

区分	時間	要介護度	費用
イ 通常規模型通所介護費	(1) 3時間以上4時間未満	要介護1	370円
		要介護2	423円
		要介護3	479円
		要介護4	533円
		要介護5	588円
	(2) 4時間以上5時間未満	要介護1	388円
		要介護2	444円
		要介護3	502円
		要介護4	560円
		要介護5	617円
	(3) 5時間以上6時間未満	要介護1	570円
		要介護2	673円
		要介護3	777円
		要介護4	880円
		要介護5	984円
	(4) 6時間以上7時間未満	要介護1	584円
		要介護2	689円
		要介護3	796円
		要介護4	901円
		要介護5	1,008円
	(5) 7時間以上8時間未満	要介護1	658円
		要介護2	777円
		要介護3	900円
		要介護4	1,023円
		要介護5	1,148円
	(6) 8時間以上9時間未満	要介護1	669円
		要介護2	791円
		要介護3	915円
		要介護4	1,041円
		要介護5	1,168円
ロ 大規模型通所介護費（I）	(1) 3時間以上4時間未満	要介護1	358円
		要介護2	409円
		要介護3	462円
		要介護4	513円
		要介護5	568円
	(2) 4時間以上5時間未満	要介護1	376円
		要介護2	430円
		要介護3	486円
		要介護4	541円
		要介護5	597円
	(3) 5時間以上6時間未満	要介護1	544円
		要介護2	643円
		要介護3	743円
		要介護4	840円
		要介護5	940円
	(4) 6時間以上7時間未満	要介護1	564円
		要介護2	667円
		要介護3	770円
		要介護4	871円
		要介護5	974円
	(5) 7時間以上8時間未満	要介護1	629円
		要介護2	744円
		要介護3	861円
		要介護4	980円
		要介護5	1,097円
	(6) 8時間以上9時間未満	要介護1	647円
		要介護2	765円
		要介護3	885円
		要介護4	1,007円
		要介護5	1,127円

注：加算には、個別機能訓練加算、生活機能向上連携加算、中重度者ケア体制加算、ADL維持等加算、認知症加算、栄養改善加算、若年性認知症利用者受入加算、口腔機能向上加算、口腔・栄養スクリーニング加算、入浴介助加算などがある。

＊この金額は「その他地域」に住んでいる利用者の自己負担分（1割負担）。各自の自己負担分は、「介護報酬の地域区分」から住所地がどの区分に属しているか調べ、次いで117ページの「地域単価表」の数字を掛けて計算することができる。

6-8 日帰りで受ける医療ケアとリハビリテーション（通所リハビリテーション）

その人の状態に合わせた個別訓練、集団訓練などが、介護老人保健施設、介護医療院、病院、診療所で提供されます。

指定を受けた施設に通ってリハビリテーションを受ける

通所リハビリテーションは、「**デイケア**」とも呼ばれ、居宅の要介護者のうち**医師**が認めた人を対象に、心身の機能の維持と回復を図るために通所により**理学療法**や**作業療法**などのリハビリテーションを行うサービスです。通所介護に比べて、医療的なケアとリハビリテーションの機能に優れています。

通所リハビリテーションを提供できるのは、指定を受けた**介護老人保健施設**、**介護医療院**、**病院**、**診療所**に限られます。事業所には、医師（併設なら兼務可）と理学療法士、作業療法士、言語聴覚士、看護師、准看護師などが配置されています。

サービス事業所を選ぶ際は、理学療法士や作業療法士などの専門職スタッフの人数や提供されているリハビリメニューと改善の実績を判断材料にしましょう。事業所によっては、個人に合わせたプログラムを取り入れる、筋力向上を目的とした機器による訓練を実施する、などそれぞれ特徴があります。そのなかから、自分に合った事業所を選びましょう。

要支援者対象の**介護予防通所リハビリテーション**では、共通のサービスに加えて運動器の機能向上、栄養改善、口腔機能の向上の選択的サービスを選ぶことができます。

通所リハビリテーションにかかるお金

費用は、事業所の種類や規模、利用者の要介護度、利用する時間によって細かく定められています。また、入浴介助、短期集中個別リハビリテーションなどを受けた場合は加算があります。通所のための送迎費用は含まれますが、食費は自己負担です。

通所リハビリテーションの種類

①個別訓練	利用者の個々の障害に応じた個別機能を対象とする訓練
②集団訓練	各種の体操などにより集団として心身の機能維持や改善を図る訓練。脳卒中体操、パーキンソン病体操、ADLの維持や転倒防止のための体操など
③レクリエーション、趣味活動	楽しむことによって生きがいをつくり、心理的活動性の向上を図る
④ケア・リハビリテーション	通所施設でのケアのなかで、リハビリテーションの考え方や方法を活用することにより効果を得ることを目的としたもの

通所リハビリテーションの費用のめやす（1回につき・通常規模）*

	1時間以上2時間未満*	2時間以上3時間未満	3時間以上4時間未満	4時間以上5時間未満	5時間以上6時間未満	6時間以上7時間未満	7時間以上8時間未満
要介護1	369円	383円	486円	553円	622円	715円	762円
要介護2	398円	439円	565円	642円	738円	850円	903円
要介護3	429円	498円	643円	730円	852円	981円	1,046円
要介護4	458円	555円	743円	844円	987円	1,137円	1,215円
要介護5	491円	612円	842円	957円	1,120円	1,290円	1,379円

＊所要時間1～2時間では適切な研修を受けた看護師、准看護師、柔道整復師、あん摩マッサージ師でも可。
＊加算に、通院時共同指導加算、入浴介助加算、短期集中個別リハビリテーション実施加算、理学療法士等体制強化加算、リハビリテーション提供体制加算、リハビリテーションマネジメント加算、栄養改善加算、移行支援加算、口腔機能向上加算、生活行為向上リハビリテーション実施加算、若年性認知症利用者受入加算などがある。

介護予防通所リハビリテーションの費用のめやす（1月につき）

介護予防通所リハビリテーション（病院または診療所、介護老人保健施設、介護医療院）	要支援1	2,268円
	要支援2	4,228円

＊この金額は「その他地域」に住んでいる利用者の自己負担分（1割負担）。各自の自己負担分は、「介護報酬の地域区分」から住所地がどの区分に属しているか調べ、次いで117ページの「地域単価表」の数字を掛けて計算することができる。

6-9 家族の介護負担を軽くする（短期入所生活介護）

短期入所生活介護では、施設に短期間入所して施設入所者と同様の介護を受けることができます。

施設に数日から1週間程度入所して介護を受ける

短期入所生活介護は、「**ショートステイ**」とも呼ばれ、要介護者が特別養護老人ホームや介護老人保健施設などに短期間（数日から1週間程度）入所し、**入浴や排泄、食事などの世話**や**機能訓練**などのサービスを受けることができます。

要介護者が心身の状態が悪化して自宅での生活が困難になった場合や、家族の体調不良や病気、介護疲れ、冠婚葬祭、出張などで介護ができなくなった場合、身体的精神的な負担から休養が必要になった場合に利用できます。

サービスを提供できる事業所は、**老人短期入所施設**、**特別養護老人ホーム**、**養護老人ホーム**、**病院**、**診療所**、**介護老人保健施設**、**有料老人ホーム**や**ケアハウス**などです。事業所の種類には、単独型と併設型、ユニットケアを採用するユニット型があります。

サービスの具体的な内容は、次のようなものです。

①自立支援や日常生活の充実を目指した介護
②栄養や嗜好を考慮した食事の提供
③生活機能の改善、維持のための機能訓練
④医師と看護職員による健康管理
⑤相談と適切な助言

要支援者対象のサービスは**介護予防短期入所生活介護**といいます。

短期入所生活介護にかかるお金

費用は1日を単位*として、事業所の種類、ケアの方法、居室の種類、利用者の要介護度によって異なります。ほかに、滞在費、食費、送迎の費用、理美容代など日常生活費、特別な室料などが必要です。

＊連続31日以上利用した場合は減算となる。

短期入所生活介護の分類

種　類	居　室	事　業　所
単独型	従来型個室、多床室	短期入所生活介護事業のみを行う老人短期入所施設、定員20人以上
併設型	従来型個室、多床室	特別養護老人ホーム、養護老人ホーム、病院、診療所、介護老人保健施設、有料老人ホーム、ケアハウスなどに併設されているもの、定員20人未満でもよい
空床型	従来型個室、多床室	特別養護老人ホームの空きベッドを利用するもの
単独型ユニット型	ユニット型個室、ユニット型個室的多床室	上記施設でユニットケアを行うもの
併設型ユニット型	ユニット型個室、ユニット型個室的多床室	上記施設でユニットケアを行うもの

短期入所生活介護の費用のめやす（1日につき）*

種類	単独型		併設型		単独型ユニット型	併設型ユニット型
居室	従来型個室	多床室	従来型個室	多床室	ユニット型個室	ユニット型個室
要介護1	645円	645円	603円	603円	746円	704円
要介護2	715円	715円	672円	672円	815円	772円
要介護3	787円	787円	745円	745円	891円	847円
要介護4	856円	856円	815円	815円	959円	918円
要介護5	926円	926円	884円	884円	1,028円	987円

注：加算に療養食加算、認知症専門ケア加算、認知症行動・心理症状緊急対応加算、個別機能訓練加算、生活機能向上連携加算、看取り連携体制加算、口腔連携強化加算などがある。

介護予防短期入所生活介護の費用のめやす（1日につき）

種類	単独型		併設型		単独型ユニット型	併設型ユニット型
居室	従来型個室	多床室	従来型個室	多床室	ユニット型個室	ユニット型個室
要支援1	479円	479円	451円	451円	561円	529円
要支援2	596円	596円	561円	561円	681円	656円

＊この金額は「その他地域」に住んでいる利用者の自己負担分（1割負担）。各自の自己負担分は、「介護報酬の地域区分」から住所地がどの区分に属しているか調べ、次いで117ページの「地域単価表」の数字を掛けて計算することができる。

6-10

在宅復帰を目指した医療ケアを受ける（短期入所療養介護）

短期入所療養介護は、介護老人保健施設や介護医療院などに短期間入所して受ける医療系のサービスです。

医療施設などに短期間入所して看護や医療を受ける

短期入所療養介護は、要介護者が**介護老人保健施設**、**介護医療院**、**介護療養型医療施設**（療養病床をもつ病院・診療所、老人性認知症疾患療養病棟をもつ病院）に短期間入所して、**看護**や医学的管理のもとで**介護**、**機能訓練**、**医療**、**日常生活上のサービス**などを受けることをいいます。

短期入所生活介護よりは医療的ケアの側面が強く、これまで施設に入所したり病院に入院しなければならなかった人が、このサービスを利用することで、在宅復帰の可能性が増えることになります。また、家族など介護者が一時的に休養をとることも可能となります。短期入所療養介護のサービスには、次のようなものがあります。

①在宅では困難な検査や処置など疾病に対する医学的管理
②医療器具の調整と交換
③リハビリテーション
④老人性認知症疾患療養病棟における認知症患者への対応
⑤入所中の急変時の対応
⑥ターミナルケア（終末期医療）

要支援者対象のサービスは**介護予防短期入所療養介護**といいます。

短期入所療養介護にかかるお金

費用は、1日を単位として施設の種類、要介護度によってそれぞれ設定されており、さらに定員との関係、介護職員・看護職員の配置人数などによっても費用が異なっています。

短期入所療養介護の利用者

①特別な医学的処置が必要な人
②改善の必要な医療上の課題がある人
③定期的な検査や状況把握が必要な人
④集中的なリハビリテーションが必要な人
⑤認知症症状の把握や改善が必要な人
⑥家族などの介護者の負担軽減を必要とする人

短期入所療養介護の費用のめやす（1日につき）*

※1：看護6：1、介護4：1　※2：看護6：1、介護6：1

	介護老人保健施設【基本型】（従来型個室）	介護老人保健施設【基本型】（ユニット型個室）	療養病床をもつ病院※1（多床室）	療養病床をもつ診療所※2（従来型個室）
要介護1	753円	836円	831円	705円
要介護2	801円	883円	941円	756円
要介護3	864円	948円	1,173円	806円
要介護4	918円	1,003円	1,273円	857円
要介護5	971円	1,056円	1,362円	908円

加算には、夜勤職員配置加算、個別リハビリテーション実施加算、認知症ケア加算、認知症行動・心理症状緊急対応加算、若年性認知症利用者受入加算、在宅復帰・在宅療養支援機能加算などがある。

介護予防短期入所療養介護の費用のめやす（1日当たり）

※1：看護6：1、介護4：1　※2：看護6：1、介護6：1

	介護老人保健施設【基本型】（従来型個室）	介護老人保健施設【基本型】（ユニット型個室）	療養病床をもつ病院※1（多床室）	療養病床をもつ診療所※2（従来型個室）
要支援1	579円	624円	606円	530円
要支援2	726円	789円	767円	666円

＊この金額は「その他地域」に住んでいる利用者の自己負担分（1割負担）。各自の自己負担分は、「介護報酬の地域区分」から住所地がどの区分に属しているか調べ、次いで117ページの「地域単価表」の数字を掛けて計算することができる。

6-11

有料老人ホームなどに入居する（特定施設入居者生活介護）

特定施設入居者生活介護は、有料老人ホームやケアハウスなどに入居している利用者に提供される介護サービスです。

特定施設入居者生活介護は居宅サービスの一つ

特定施設入居者生活介護は、介護保険の指定を受けた次の施設に入居している要介護者に対して提供される介護サービスです。

①**有料老人ホーム**（9-1参照）
②**軽費老人ホーム（ケアハウス）**
③**養護老人ホーム**
④**サービス付き高齢者向け住宅**（9-2参照）

老人福祉法では長期入所施設とされていますが、介護保険法では居宅と位置付けられているため、特定施設入居者生活介護サービスは居宅サービスに含まれることになります。

入居者は要介護と認定されれば、①**入浴・排泄・食事などの介護**、②**機能訓練**、③**療養上の世話**などを受けることができます。実際には、入居している施設が提供する介護サービスあるいは別の事業者が提供する居宅サービス（外部サービス利用型。通称は住宅型）のどちらかを、選択して受けます。なお、軽費老人ホームは従来、A型、B型、ケアハウスの3類型に分かれていましたが、ケアハウス（介護型）に一元化されました。

特定施設入居者生活介護にかかるお金

包括型の特定施設入居者生活介護、**介護予防特定施設入居者生活介護**の費用は1日当たりで要介護度別に決められています。外部サービス利用型は基本部分（1日当たり84円）以外は利用したサービスごとに1か月単位で計算されます。さらに、入居継続支援加算などの加算や、身体拘束廃止未実施減算などの減算が計算される場合もあります。

特定施設入居者生活介護の費用のめやす（1日につき）*

特定施設入居者生活介護			介護予防特定施設入居者生活介護	
包括型	要介護1	542円	要支援1	183円
	要介護2	609円	要支援2	313円
	要介護3	679円		
	要介護4	744円		
	要介護5	813円		

注：加算には、退院・退所時連携加算、退居時情報提供加算、看取り介護加算、生活機能向上連携加算、認知症専門ケア加算、入居継続支援加算、口腔・栄養スクリーニング加算、高齢者施設等感染症対策向上加算、新興感染症等施設療養費などがある。

外部サービス利用型（住宅型）有料老人ホーム

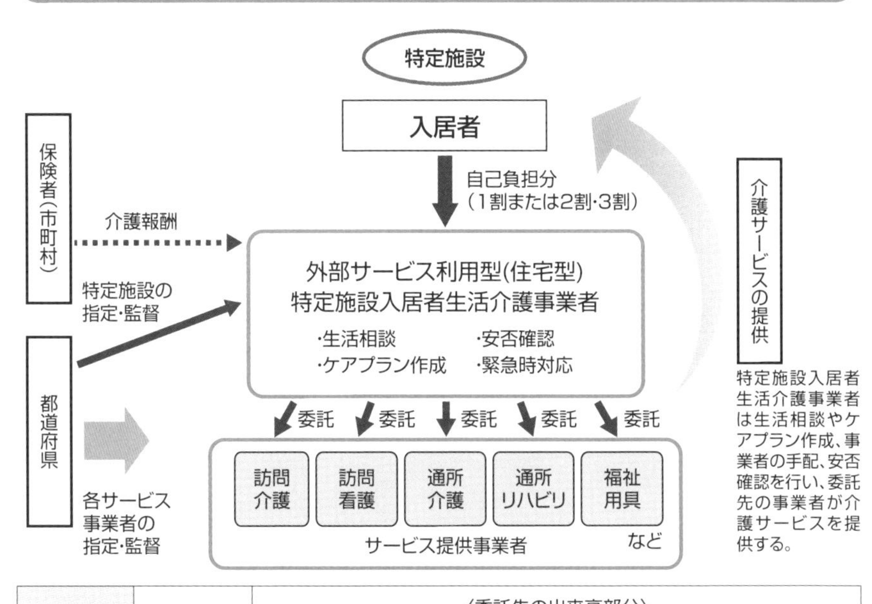

外部サービス利用型（住宅型）	○基本部分 1日84円	〈委託先の出来高部分〉 ○訪問介護 ・身体介護 15分未満　94円 15分以上30分未満は189円　など ・生活援助 15分未満　48円　など ・通院等乗降介助1回につき　85円 ○その他の訪問系・通所系サービス ・各サービスの基本部分の90%

＊この金額は「その他地域」に住んでいる利用者の自己負担分（1割負担）。各自の自己負担分は、「介護報酬の地域区分」から住所地がどの区分に属しているか調べ、次いで117ページの「地域単価表」の数字を掛けて計算することができる。外部サービス利用型は基本部分のみ1日当たりの金額。

6-12 レンタル&購入で自立した生活を援助する（福祉用具）

要介護者が在宅で自立した生活ができるよう援助するために、福祉用具の貸与と購入費の支給サービスがあります。

福祉用具には貸与されるものと購入費を支給されるものがある

福祉用具とは、心身の機能が低下している要介護者・要支援者が自立した日常生活を送るため、および介護の負担を軽減するために利用する用具のことです。介護保険では、車いすや特殊ベッドなど**13種目の福祉用具が貸与**されます。また、簡易浴槽や腰掛便座など**6種目の福祉用具（特定福祉用具）**は購入費が支給されます。

生理機能が低下した高齢者でも、福祉用具を適切に活用することによって、健康的な日常生活を続けることができます。また介護者の負担も軽減され、利用者の生活の質やお互いの関係の改善にもつながります。福祉用具を選ぶときには、福祉用具専門相談員*やケアマネジャー、理学療法士などに相談して利用者に適した用具を選びましょう。

福祉用具の給付

①**福祉用具の給付**

・福祉用具貸与

貸与された福祉用具の実費は要介護度別の区分支給限度基準額に含まれます。

・福祉用具購入費支給限度基準額

特定福祉用具については、要介護度にかかわりなく、同一年度で**10万円**が支給限度基準額で、利用者はその1割（または2割か3割）を負担します。

②**福祉用具購入費の給付方法は償還払い**

利用者はいったん福祉用具供給事業者に福祉用具購入費の全額を支払い、その後、市町村に支給申請書を提出すると、購入費の9割（または8割か7割）が給付されます。

＊福祉用具専門相談員は、利用者に対し、貸与する商品の特徴や貸与価格に加え、その商品の全国平均貸与価格を説明しなければならない。さらに、機能や価格帯の異なる複数の商品も提示しなければならない。利用者に交付する福祉用具貸与計画書をケアマネジャーにも交付。

福祉用具の種類

●貸与種目

①車いす※1	利用者が自分で操作する自走用、介助者が押す介助用があり、電動式のものも対象となる。
②車いす付属品※1	クッション、電動補助装置など車いすと一体となって使用されるもの
③特殊寝台（ギャッチベッド）※1	背上げ機能や昇降機能、サイドレールのついたベッドで、要介護者等を寝たきりにさせないための機能も備わっている。
④特殊寝台付属品※1	マットレス、サイドレールなどで、特殊寝台と一体となって使用されるもの
⑤褥瘡予防用具※1	エアーマットレス、ウォーターマットレスなど
⑥体位変換器※1	体位を変えるための簡単な道具
⑦手すり	ポータブルトイレ用などの、工事を伴わない手すり
⑧スロープ	段差解消のための、工事を伴わないスロープ
⑨歩行器	フレーム内に体の一部が入るものに限られる（車輪の有無は問わない）
⑩歩行補助つえ	松葉づえ、カナディアン・クラッチ、ロフストランド・クラッチ、プラットホームクラッチ、多点づえ。1本づえ（T型）は対象外
⑪認知症老人徘徊感知機器※1	玄関などに設置して、認知症老人が外へ出ようとするとセンサーで感知して通報するもの
⑫移動用リフト※1	住宅の改修を伴わずに設置できるリフト
⑬自動排泄処理装置※2	尿と便を自動的に吸引できる、かつ洗浄機能を有しているもの

注：※１は、要介護１と要支援者は原則として利用できない。※２は、要介護１～３までの者は原則として利用できない。
注：商品ごとに全国平均の貸与価格が公表され、価格に上限が設けられている。

●購入種目（特定福祉用具）

①腰掛便座	ポータブルトイレや補高便座、立ち上がり補助便座、移動可能な便器（居室において利用可能なものに限る）など
②特殊尿器（自動排泄処理装置を含む）の交換可能部品	交換可能部品の中で尿や便の経路となる部分
③排泄予測支援機器	常時着用した状態で、膀胱内の状態を感知し、尿量が一定量に達したと推定されたら自動で通知する
④入浴補助用具	入浴用いす（シャワーチェア）、シャワー用車いす、バスボードや浴槽縁に取り付ける手すりが代表的。構造上、取付け可能かどうかの検討が必要
⑤簡易浴槽	ベッドサイドなどで使用する。給排水用ポンプも含まれる
⑥つり具	移動用リフトのつり具の部分

6-13 住まいの家庭内事故を減らすバリアフリー化（住宅改修）

要介護者の住環境の危険を減らすために、住宅改修費を支給する制度があります。

住宅改修費は6種類の工事に対して支給される

在宅の高齢者にとって、自宅の玄関や敷居の段差、手すりのない廊下や階段などは大きな障害となり、家庭内事故の原因となる危険なものです。このような住宅を改修し、バリアフリー化することは、自立した日常生活のために効果的です。

介護保険では、危険箇所を減らし、要介護者および要支援者が安全で健康的な日常生活を継続できるようにすることを目的として、一定の工事に対して**住宅改修費**が支給されます。

介護保険の給付の対象となる住宅改修の種類は、次ページの表に示すように、手すりの取付け、段差の解消など6種類です。

住宅改修費の給付

① 住宅改修費支給限度基準額

要介護度に関係なく、**20万円**（原則1人1回）まで支給され、利用者は1割（または2割か3割）を負担します。また、20万円までなら何度かに分けてもよく、20万円を超えた分は全額が自己負担になります。

要介護度が**3段階以上**上がった場合は、1人1回に限り、それまでの支給額にかかわらず、再度20万円までの給付を受けることができます。

② 給付方法

住宅改修費の給付方法は、福祉用具購入費の場合と同様に償還払い方式をとっています。利用者はいったん工事施工業者に全額を支払い、その後、市町村に支給申請書を提出すると、改修費の9割（または7割か8割）が給付されます。

住宅改修の種類

改修の種類	内　容
①手すりの取付け	廊下や便所、浴室、玄関、通路などの、工事を伴う手すりの取付け
②段差の解消	敷居の撤去、スロープの設置、浴室の床のかさ上げなど
③床材の変更	滑り防止や移動の円滑化などのための変更
④引き戸などへの扉の取替え	開き戸から、引き戸、折れ戸、アコーディオンカーテンなどへの取替え、ドアノブの変更など
⑤洋式便器などへの便器の取替え	和式便器から洋式便器（暖房・洗浄機能付きも可）への取替え、便器の位置・向きの変更。暖房機能などだけを付加するものは対象外
⑥上記改修に伴って必要となる改修	手すりの取付けのための壁下地補強、浴室や便所の給排水設備工事など

住宅改修の進め方

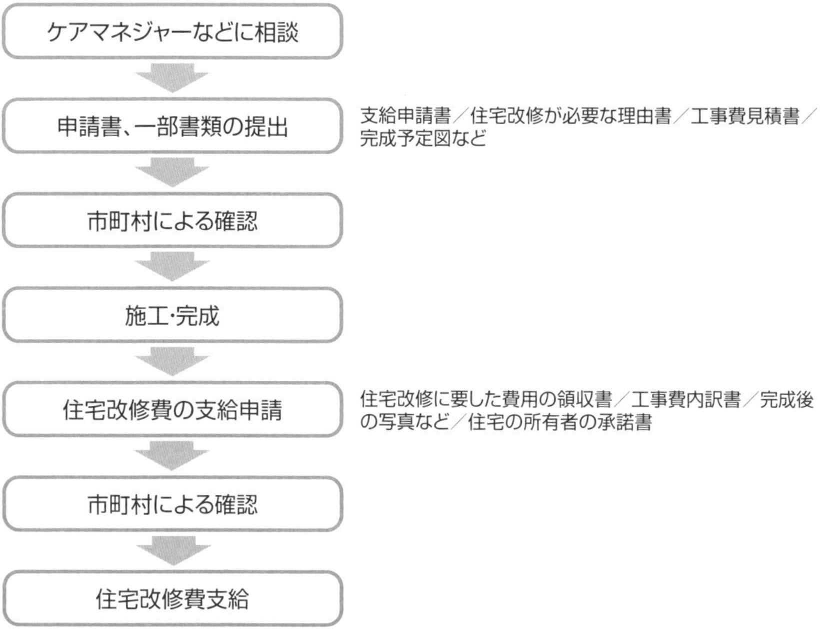

ケアマネジャーなどに相談

↓

申請書、一部書類の提出　――　支給申請書／住宅改修が必要な理由書／工事費見積書／完成予定図など

↓

市町村による確認

↓

施工･完成

↓

住宅改修費の支給申請　――　住宅改修に要した費用の領収書／工事費内訳書／完成後の写真など／住宅の所有者の承諾書

↓

市町村による確認

↓

住宅改修費支給

6-14 サービスの不都合を解消する共生型サービス

介護保険と障害福祉制度の制度間の不都合を解消する制度として、共生型サービスがあります。

制度ごとの不都合を解消する

介護保険法の介護サービスと障害者総合支援法の障害福祉サービスには、訪問介護（介護保険）と居宅介護（障害者総合支援法）のように支援内容に共通点が多いサービスがいくつかあります。2018年の法改正以前は、障害者は、65歳未満では、障害福祉サービスの居宅介護を利用し、65歳になると、介護保険の第1号被保険者となり、介護保険の訪問介護を利用することになっていました。障害者総合支援法に基づく給付よりも**介護保険に基づく給付の方が優先**されるためです。また、事業者側も、両方のサービスを提供するためには、介護保険法に基づく指定と、障害者総合支援法に基づく指定を受けなければならず、両制度を同時に提供するのは敷居が高くなっていました。この問題は、障害者総合支援法の障害福祉サービスと、児童福祉法の障害児通所支援にも生じていました。

そこで、このような利用者とサービス事業者双方の不都合を解消するために、介護保険法、障害者総合支援法、児童福祉法に特例措置として**共生型サービス**が創設されました。共生型サービスは、基準が緩和されており、すでにいずれかの制度で指定を受けている事業者が、他の制度の同様のサービスについても指定を受けやすくなっています。

サービスの内容は基本的に同じ

共生型サービスと、そうではないサービスを比較すると、人員基準等に多少の差がみられますが、基本的に提供されるサービスは同じです。介護保険の場合には、要件さえみたせば、共生型サービスであっても加算を取得することもできます。

共生型サービスの介護報酬（訪問介護の場合）

①指定居宅介護事業所で障害者居宅介護従業者基礎研修課程修了者等により行われる場合	基本報酬×70%
②指定居宅介護事業所で重度訪問介護従業者養成研修修了者により行われる場合	基本報酬×93%
③指定重度訪問介護事業所が行う場合	基本報酬×93%

※別途、要件を満たした加算を算定することはできる

共生型サービスの組み合わせの類型

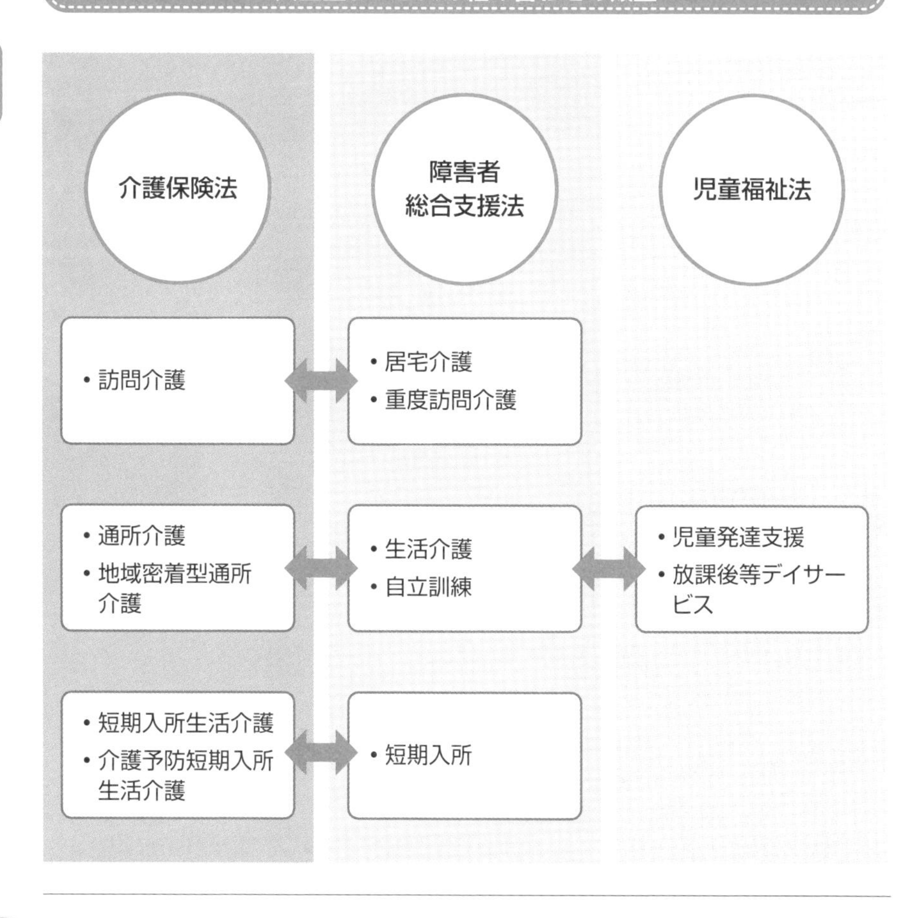

6-15 市町村独自のサービスを利用する

上乗せサービス、横出しサービスと呼ばれる市町村特別給付や保健福祉事業などがあります。

市町村が独自に国の基準以上に支給する上乗せサービス

利用者は、必要な場合は、要介護度によって設定されている支給限度基準額を超えて、サービスの回数や時間を増加させることができますが、その部分については全額自己負担となります。そのような場合、市町村によって独自に行っている給付額の上乗せサービスを活用することもできます。

市町村による**上乗せサービス**には、次のようなものがあります。

①ホームヘルパーの訪問回数を増やす
②特別養護老人ホームへの短期入所の利用回数を増やす
③訪問入浴介護の回数を増やす
④デイサービスセンターの利用回数の追加　など

サービスの種類を増やす横出しサービスと保健福祉サービス

また、介護保険の法定給付サービス以外に、市町村が地域の実情に合わせて独自に提供するサービスがあります。このサービスには、介護保険法に規定された第1号被保険者の保険料を財源とする**市町村特別給付**（**横出しサービス**）と、市町村が独自に一般会計の財源を使って行う**保健福祉サービス**があります。

横出しサービスには、次のようなものがあります。

①寝具乾燥サービス
②移送サービス　など

保健福祉サービスには、次のようなものがあります。

①介護予防教室
②家族リフレッシュ事業　など

市町村独自のサービス

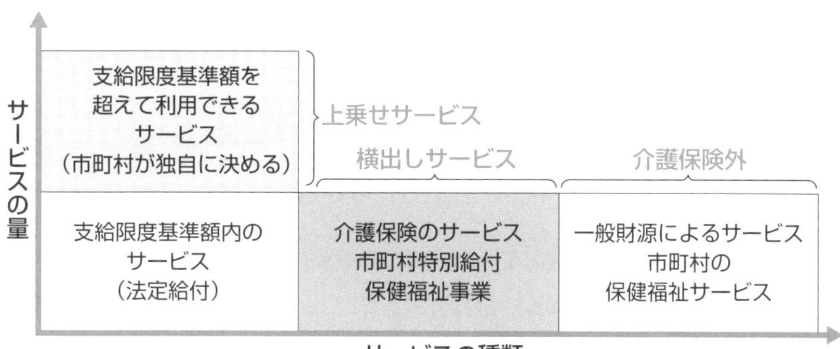

市町村特別給付と保健福祉事業

	市町村特別給付	保健福祉事業
対象者	要介護者・要支援者	被保険者・介護者
サービスの種類	・寝具乾燥サービス ・移送サービス ・配食サービス ・訪問理髪サービス　など	・介護者の支援事業 情報提供、介護教室の開催 家族のリフレッシュ ・要介護状態予防事業 要支援者の機能訓練 ・貸付事業 高額サービス費相当分の貸付け

認知症基本法がめざす共生社会の実現

2023年6月に「共生社会の実現を推進するための認知症基本法」(認知症基本法)が可決されました。

この法律には「7つの基本理念」が定められ、特に重要なのが次の3つです。

1. 全ての認知症の人の尊厳と基本的人権を尊重する
2. 国民が認知症の正しい知識を持ち理解する
3. 認知症の人にとって障壁となるものを除去し、認知症の人が「自立した日常生活」を営み、個性と能力を十分に発揮できる共生社会をめざす

これらを保障するために次の取組みを示しています。

・保健医療サービスと福祉サービスが切れ目なく提供されること
・教育・地域づくり・雇用・保健・医療・福祉その他の各関連分野が連携した総合的な取組みが行われること
・認知症の本人と密接に関係する人(家族等)への支援を行うこと
・認知症の予防・診断及び治療並びにリハビリテーション及び介護方法の開発を行うこと

では、認知症の人の社会参加の機会をどのように確保していけばよいでしょうか。そのために、基本法は認知症の状態にある人の「意思決定支援(意思形成、意思表明、意思実現)」と「バリアフリー化の推進」の取組みも積極的に位置づけています。

都道府県と市町村は認知症基本法の具現化をめざし「認知症施策推進計画」を策定し実行していくことになります。

具体的には、認知症の人が使いやすい日常の生活用品や家電製品の開発と普及などの取組みがあるでしょう。スーパーや銀行、店舗などで認知症の人が商品の取扱いやレジ・窓口の支払いで困ることがないような合理的配慮や対応、さらには社会参加するための交通のバリアフリー化(例:バス・電車のキップの購入、乗り降り、道順の表示)なども進められていくことが期待されます。　(高室 成幸)

第7章

地域密着型サービスの種類と利用方法

今後さらに増加することが予想される認知症高齢者や寝たきりなど中重度の要介護高齢者。住み慣れた自宅や地域で継続して生活が送れるように、地域に密着してその状況に柔軟に対応できるサービスとして誕生した地域密着型サービス。夜間にいつでも訪問介護をしたり、1つの事業所で訪問・通所・宿泊のサービスを提供するなど、様々なサービスを提供します。事業者の指定は市町村が行い、原則として市町村の住民だけが利用することができます。

7-1

24時間体制で、安心を提供する（夜間対応型訪問介護）

夜間対応型訪問介護は、在宅の要介護者宅への定期訪問あるいは利用者からの通報によって随時訪問するサービスです。

夜間の巡回と必要時の訪問介護サービスを提供する

夜間対応型訪問介護は要介護者だけを対象に、次の3つのサービスを提供します。

①**定期巡回サービス**…夜間あらかじめ決めた時間に、入浴、食事、おむつ交換や体位変換、安否確認などのために訪問介護員が巡回します。

②**オペレーションサービス**…夜間にオペレーションセンターにオペレーター（看護師、介護福祉士などの資格所持者）が常駐し、利用者や家族からの体調不良や転倒などの通報をケアコール端末により受け、訪問の必要性を判断します。

③**随時訪問サービス**…オペレーターが通報から必要と判断した場合は　急行して適切な措置を行うよう訪問介護員に指示を出します。

オペレーションセンターは、ほぼ利用者３００人につき1か所以上設置されます。ただし、定期巡回サービスを行う訪問介護員が利用者からの通報を受けることでオペレーションセンターを設けない型も認められています。サービスを提供する時間帯は、**最低限午後10時～翌朝6時**までの間は含まれます。創設時には、午前8時～午後6時の時間帯は含まれませんでしたが、２００９年の報酬改定で、24時間対応可能となりました。

夜間対応型訪問介護にかかるお金

費用は、オペレーションセンターを設置する場合と設置しない場合に分かれ、設置する場合は、1か月当たりの定額の基本費用と定期巡回と随時訪問の回数による費用を合計したものとなります。設置しない場合は、1か月当たりの定額制となっています。

夜間対応型訪問介護の仕組み

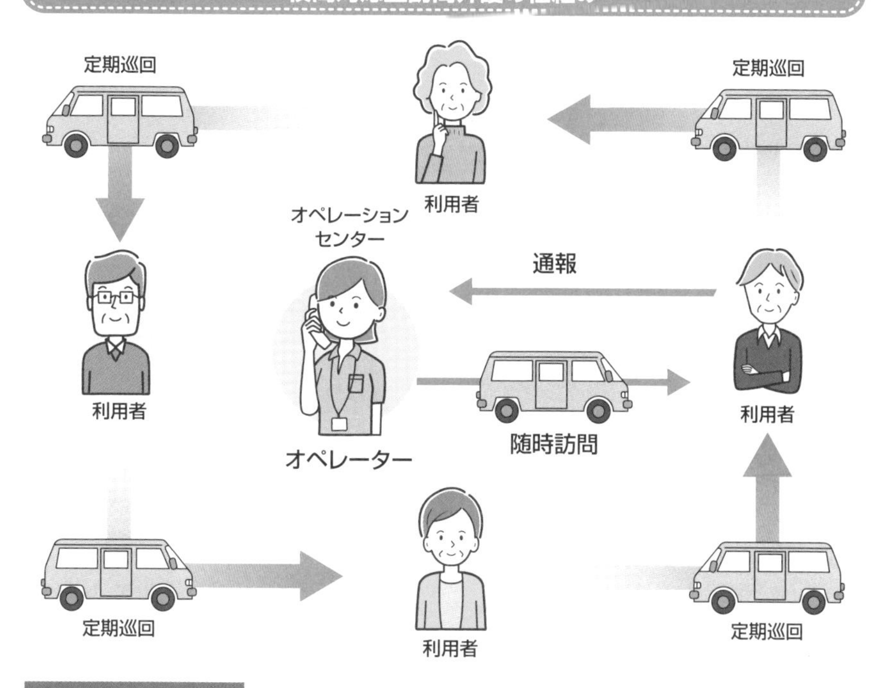

定期巡回サービス　利用者の心身の状況に応じて夜間に定期的に訪問介護を行う。

随時訪問サービス　利用者からのケアコール端末を使っての通報を受け、オペレーターの判断によって、状況に応じた訪問介護を行う。

夜間対応型訪問介護の費用のめやす＊

	オペレーションセンターを設置する場合	オペレーションセンターを設置しない場合
基本	989円（1か月につき）	2,702円（1か月につき）
定期巡回サービス	372円（1回につき）	
随時訪問サービス(I)	567円（1回につき）	
随時訪問サービス(II)	764円（1回につき）	
24時間通報対応加算	610円（1回につき）	

注：短期入所生活介護、短期入所療養介護、特定施設入居者生活介護、小規模多機能型居宅介護、認知症対応型共同生活介護、地域密着型特定施設入居者生活介護、地域密着型介護老人福祉施設入居者生活介護、看護小規模多機能型居宅介護を受けている間は算定しない

＊この金額は「その他地域」に住んでいる利用者の自己負担分（1割負担）。各自の自己負担分は、「介護報酬の地域区分」から住所地がどの区分に属しているか調べ、次いで117ページの「地域単価表」の数字を掛けて計算することができる。

7-2 訪問、通所、宿泊のサービスを組み合わせる（小規模多機能型居宅介護）

3つのサービスを組み合わせて利用することで、自宅でも施設でもいつもの職員から介護を受けられるサービスです。

利用者のニーズに合わせ、3つのサービスを組み合わせる

小規模多機能型居宅介護は、在宅の要介護者を対象に（**要支援者**を対象とするものは**介護予防小規模多機能型居宅介護**という）、通常は**通所**、具合の悪いときは**訪問**、家族が介護疲れで休みたいときや不在にするときは**宿泊**というように、それぞれの利用者の状態や希望に応じて、3つのサービスを組み合わせて利用できます。

居宅サービスの訪問介護や通所介護、短期入所サービスを利用した場合にはそれぞれ異なった事業所の異なった職員から介護を受けることになりますが、このサービスでは、いつも顔なじみの職員から介護を受けることができます。

さらに、同じ敷地内にグループホームや小規模な有料老人ホーム、特別養護老人ホーム、介護療養型医療施設などが併設されている場合には、必要なときはそれらの施設に入所することもできます。そこにも顔なじみの職員がいるので、急な環境の変化に適応することが難しい認知症高齢者にとっては安心して介護を受けることができるというメリットがあります。

サービスを利用するには**事業所に登録**します。複数の事業所に登録したり、ほかのデイサービスや訪問介護を利用したりすることはできません。1つの事業所に登録される利用者は29名以下です。

小規模多機能型居宅介護にかかるお金

費用は、どのサービスを何回利用しても同じで要介護度別の1か月単位の定額制になっています。それ以外に滞在費と食費は自己負担です。

小規模多機能型居宅介護の仕組み

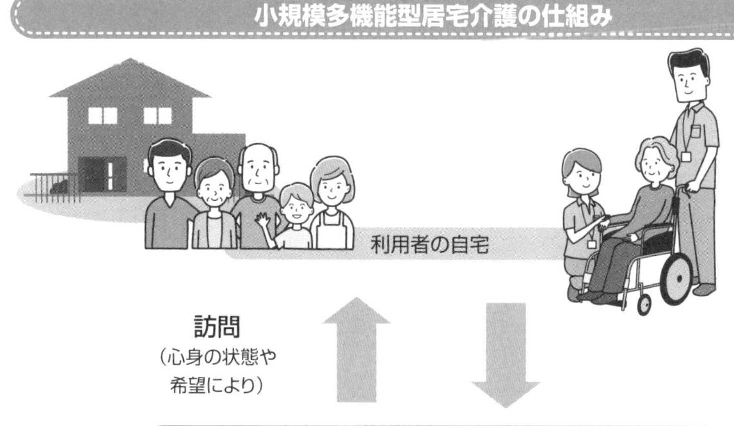

訪問
（心身の状態や
希望により）

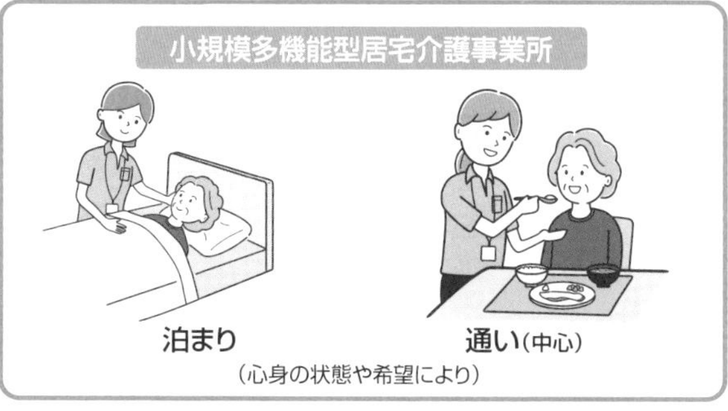

どのサービスを利用してもなじみの職員によるサービスを受けられる。
24時間、365日いつでも心身の状態や希望に応じてサービスが受けられる。

小規模多機能型居宅介護の費用のめやす（1月につき）*

	要介護1	要介護2	要介護3	要介護4	要介護5
同一建物に居住する者以外の者に対して行う場合	10,458円	15,370円	22,359円	24,677円	27,209円
同一建物に居住する者に対して行う場合	9,423円	13,849円	20,144円	22,233円	24,516円
短期利用居宅介護費（1日につき）	572円	640円	709円	777円	843円

注：加算に、認知症加算、若年性認知症利用者受入加算、看取り連携体制加算、生活機能向上連携加算、総合マネジメント体制強化加算、口腔・栄養スクリーニング加算などがある。

＊この金額は「その他地域」に住んでいる利用者の自己負担分（1割負担）。各自の自己負担分は、「介護報酬の地域区分」から住所地がどの区分に属しているか調べ、次いで117ページの「地域単価表」の数字を掛けて計算することができる。

7-3 きめ細かく対応する小規模デイサービス（地域密着型通所介護・療養通所介護）

定員18人未満の小規模なデイサービスで、より手厚いサービスを受けられます。

小規模なデイサービスでは一人ひとりの利用者に合ったサービスを提供

地域密着型通所介護は、2016年に新設されたサービスで、通所介護サービスを提供する事業所のうち、定員が18人以下のもので、「**小規模デイ**」と呼ばれています。

通常規模の通所介護よりも定員が少ないのですが、介護報酬は高く設定されており、定員が少ないことで一人ひとりの利用者にきめ細かく対応する質の高いサービスの提供が期待できます。

サービスの内容や目的は、通常規模の通所介護と同じです。デイサービスに通って日常生活上の支援を受けることで、自宅への閉じこもりを防ぎ、孤立感を解消します。もちろん、家族の介護の負担を減らすこともできます。

地域密着型サービスなので、事業所がある市町村に居住している人でなければ利用できません。また、要支援の人は利用することができません。

地域密着型通所介護の費用は、要介護度や利用する時間によって設定されています。

医療ニーズの高い人のための療養通所介護

地域密着型通所介護には、医療のニーズが高い人のために医療機関や訪問看護サービスなどと連携してサービスを提供する**療養通所介護**があります。

対象となるのは、難病による重度要介護者、がん末期の人など、常時看護師による観察が必要な人です。そのため、利用者1.5人につき1人以上の看護師を配置しています。このサービスがあることで、家族は安心して一時的に介護から離れて休息することができます。

地域密着型通所介護の費用のめやす＊

イ　地域密着型通所介護費（1回につき）		
(1) 3時間以上4時間未満	要介護1	416円
	要介護2	478円
	要介護3	540円
	要介護4	600円
	要介護5	663円
(2) 4時間以上5時間未満	要介護1	436円
	要介護2	501円
	要介護3	566円
	要介護4	629円
	要介護5	695円
(3) 5時間以上6時間未満	要介護1	657円
	要介護2	776円
	要介護3	896円
	要介護4	1,013円
	要介護5	1,134円
(4) 6時間以上7時間未満	要介護1	678円
	要介護2	801円
	要介護3	925円
	要介護4	1,049円
	要介護5	1,172円
(5) 7時間以上8時間未満	要介護1	753円
	要介護2	890円
	要介護3	1,032円
	要介護4	1,172円
	要介護5	1,312円
(6) 8時間以上9時間未満	要介護1	783円
	要介護2	925円
	要介護3	1,072円
	要介護4	1,220円
	要介護5	1,365円

注：加算には、個別機能訓練加算、生活機能向上連携加算、ADL維持等加算、認知症加算、栄養改善加算、若年性認知症利用者受入加算、口腔機能向上加算、入浴介助加算、重度者ケア体制加算などがある。

療養通所介護費用のめやす＊

ロ　療養通所介護費（1月につき）
12,785円
ハ　短期利用療養通所介護費（1月につき）
1,335円

注：療養通所介護でサービス提供回数が月4回以下の場合は減算され、70%の額になる。

＊この金額は「その他地域」に住んでいる利用者の自己負担分（1割負担）。各自の自己負担分は、「介護報酬の地域区分」から住所地がどの区分に属しているか調べ、次いで117ページの「地域単価表」の数字を掛けて計算することができる。

7-4

認知症の人に家庭的なケアを提供（認知症対応型共同生活介護・認知症対応型通所介護）

認知症の高齢者が家庭的な雰囲気のなかでおだやかに共同生活を送ったり、通所して介護を受けます。

認知症のある人が小規模の施設で共同生活をする

認知症対応型共同生活介護は**グループホーム**とも呼ばれ、認知症のある要介護者が受けられるサービスです（**要支援2**の人を対象とするものは**介護予防認知症対応型共同生活介護**といい、要支援1では利用できない）。重い認知症の人でもサービスを受けられますが、認知症の原因となる病気（例えば脳血管障害など）が急性期にある人は受けられません。

利用者はそれぞれ個室（夫婦の場合は2人室でも可）で暮らし、**5～9人が1ユニット**となって共通の食堂や居間、台所などでできる限り今まで暮らしてきたような生活を続けることを目標として共同生活を送ります。施設はなるべく住宅地に設置して地域社会や家族との交流を積極的に図り、透明性のある運営を行うよう努めます。介護をする人は利用者3人に1人の割合で配置されています。**1施設1～3ユニット**を置くことができます。また、サテライト型事業所＊を設置することもできます。

緊急に必要なときや本格的に入所する前に体験的に入所してみたいときは、30日以内の利用期間を決めて短期間だけ利用することもできます。

自宅から通って認知症ケアを受ける

認知症対応型通所介護は、認知症高齢者が通所して入浴、排泄、食事などの介護や機能訓練を受けるものです。新たに施設を設けて行うもの（単独型）と、養護老人ホーム、特別養護老人ホーム、老人福祉センターなどを使うもの（併設型）、また、グループホームなどの空きスペースを利用する共用型もあります。共用型の1日の同時間帯の定員は3人です。

＊サテライト型事業所の管理者は、本体事業所の管理者が兼務できます。

認知症高齢者への接し方の原則

①認知症の高齢者を受け入れ、傾聴する
②安心感を与えるかかわり方をする
③認知症の高齢者のニーズや生活のリズムを尊重する
④柔軟性のある態度で接する
⑤言葉づかいに注意し、自尊心を傷つけない
⑥わかりやすく、具体的な話し方をする
短く、はっきりと、やさしく、具体的になじみのある言葉で。
話をさえぎったり先取りはしない
⑦温かみのある言葉づかいとやさしいスキンシップを心がける

認知症対応型共同生活介護の費用のめやす（1日につき）*

●1ユニットの場合

要支援1	要支援2	要介護1	要介護2	要介護3	要介護4	要介護5
利用できない	761円	765円	801円	824円	841円	859円

●短期利用の場合（1ユニットの場合）

要支援1	要支援2	要介護1	要介護2	要介護3	要介護4	要介護5
利用できない	789円	793円	829円	854円	870円	887円

注：食費、居住費は別途自己負担。
注：生活機能向上連携加算、口腔衛生管理体制加算、看取り介護加算、協力医療機関連携加算などがある。

認知症対応型通所介護の費用のめやす（1 回につき）*給限度基準額

●単独型の場合（5時間以上6時間未満）

要支援1	要支援2	要介護1	要介護2	要介護3	要介護4	要介護5
741円	828円	858円	950円	1,040円	1,132円	1,225円

●併設型の場合（5時間以上6時間未満）

要支援1	要支援2	要介護1	要介護2	要介護3	要介護4	要介護5
667円	743円	771円	854円	936円	1,016円	1,099円

注１：費用は、施設の種類や利用時間によって異なる。
注２：入浴介助、個別機能訓練、栄養アセスメント、口腔機能向上を行った場合は別途費用がかかる。　注３：食費は別途自己負担。

＊この金額は「その他地域」に住んでいる利用者の自己負担分（1割負担）。各自の自己負担分は、「介護報酬の地域区分」から住所地がどの区分に属しているか調べ、次いで117ページの「地域単価表」の数字を掛けて計算することができる。

7-5

地域に根付いたサービス（地域密着型特定施設入居者生活介護・地域密着型介護老人福祉施設入所者生活介護）

小規模な有料老人ホームと介護老人福祉施設などに入居・入所して、地域のなかで介護を受けることができます。

小規模な有料老人ホームやケアハウスで介護を受ける

地域密着型特定施設入居者生活介護は、定員29人以下の有料老人ホームやケアハウスなどの特定施設に入居して、食事、排泄、入浴などの日常生活上の世話や機能訓練、療養上の世話を受けるサービスです。要支援者は利用できません。また、入居者は居宅療養管理指導以外の居宅サービスを受けることはできません。

定員29人以下の小規模な介護老人福祉施設で介護を受ける

地域密着型介護老人福祉施設入所者生活介護（地域密着型特養）は、定員29人以下の介護老人福祉施設（特別養護老人ホーム）に入所して、食事、排せつ、入浴などの日常生活上の世話や機能訓練、健康管理を受けられるサービスです。**要介護者**対象のサービスなので、要支援者は利用できません。

このサービスは、**ユニットケア**で提供されることが推奨されていて、居室は原則として個室で、近接した食堂や居間など共同生活室で食事をしたり他の入所者と交流したりします。1ユニットの定員はおおむね10人以下となっています。

また、通常は郊外に設置されている大規模な介護老人福祉施設の定員の一部を市街地などに設置した施設に分散する**サテライト型特養**と呼ばれるものもあります。これは入所者が家族や地域住民と交流できることをめざす地域密着型サービスの目標とも合致するものです。地域密着型特養には、短期入所サービスや小規模多機能型居宅介護サービスを同じ施設で提供しているところもあります。

地域密着型特定施設入居者生活介護の費用のめやす（1日当たり）*

要介護1	要介護2	要介護3	要介護4	要介護5
546円	614円	685円	750円	820円

注：食費、居住費は別途自己負担

地域密着型介護老人福祉施設入所者生活介護の費用のめやす（1日当たり）*

●従来型施設（従来型個室）

要介護1	要介護2	要介護3	要介護4	要介護5
600円	671円	745円	817円	887円

●ユニット型施設（ユニット型個室）

要介護1	要介護2	要介護3	要介護4	要介護5
682円	753円	828円	901円	971円

注：食費、居住費は別途自己負担

ユニットケアとは

施設を自宅に近い環境に整えて、入居者が自宅で暮らすのと同じような日常生活を送れるよう配慮したケアサービス。個室が基本。これまでの大規模な施設の画一的な介護に対する反省から生まれたもので、認知症高齢者のグループホームで大きな効果をあげたことから、介護老人福祉施設や介護老人保健施設にも広がっている。

ユニット型地域密着型介護老人福祉施設

・**設備基準**

居室　原則個室で 10.65m² 以上
共同生活室に近接
1 ユニットの定員は 10 人以下
ブザーを設置

共同生活室　入居者の交流と共同の日常生活にふさわしい形状、洗面設備、便所、浴室、医務室、幅 1.5m以上の廊下、消火設備

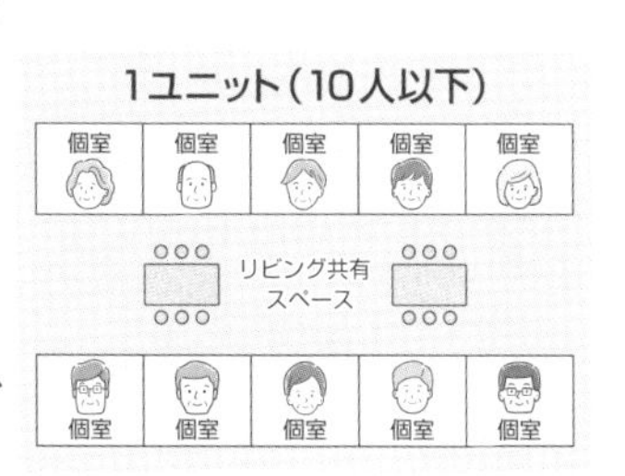

・**職員配置**

ユニットごとに常時 1 人以上の介護職員または看護職員
（夜間・深夜は 2 ユニットごとに）
ユニットごとに常勤のユニットリーダー

＊この金額は「その他地域」に住んでいる利用者の自己負担分（1 割負担）。各自の自己負担分は、「介護報酬の地域区分」から住所地がどの区分に属しているか調べ、次いで 117ページの「地域単価表」の数字を掛けて計算することができる。

7-6 地域包括ケアの実現（定期巡回・随時対応型訪問介護看護・看護小規模多機能型居宅介護）

地域包括ケアの実現に向けて平成24年の改正介護保険法によって新たにスタートしたサービスです。

介護と看護の一体的なサービス提供をめざす

定期巡回・随時対応型訪問介護看護は、日中・夜間を通じて、訪問介護と訪問看護が密に連携しながら、定期的な巡回または随時通報により、利用者の居宅を訪問し、入浴、排泄、食事などの介護、日常生活上の緊急時の対応、そのほか安心して居宅において生活を送ることができるようにするための援助を行うサービスです。対象は要介護者のみです。

このサービスには、訪問介護と訪問看護を同じ事業所が提供する一体型と、訪問介護を提供する事業所が訪問看護事業所と連携してサービスを提供する連携型があります。２０２４年度からは、ケアコール端末を持つ利用者に、主に夜間に訪問介護・訪問看護を提供する夜間型ができました。

看護小規模多機能型居宅介護

看護小規模多機能型居宅介護*は、小規模多機能型居宅介護と訪問看護を組み合わせて提供するサービスです。登録定員は29人です。

このサービスは、要介護度が高く、日常的に医療が必要な人の療養生活を支援し、心身の機能の維持回復、生活機能の維持・向上をめざしています。「通い」「泊り」「訪問介護」に加え「訪問看護」まで含めたサービスを一元的に管理して提供するので、利用者の状況に応じて、必要な種類のサービスを提供できるという利点があります。

このサービスは、定員18人のサテライト型事業所を持つことができます。サテライト型事業所では管理者、ケアマネジャーなどの職員は、本体事業所と兼務でき、配置しなくてもよいとされています。

*事業所の登録定員や利用定員は、小規模多機能型居宅介護と同様である。さらに、サテライト型事業所の設置も認められている。

定期巡回・随時対応型訪問介護看護のサービスイメージ

定期巡回・随時対応型訪問看護の費用のめやす（1日につき）*

●一体型の場合

	要介護1	要介護2	要介護3	要介護4	要介護5
訪問看護サービスを行わない場合	5,446円	9,720円	16,140円	20,417円	24,692円
訪問看護サービスを行う場合	7,946円	12,413円	18,948円	23,358円	28,298円

●連携型の場合

要介護1	要介護2	要介護3	要介護4	要介護5
5,446円	9,720円	16,140円	20,417円	24,692円

＊この金額は「その他地域」に住んでいる利用者の自己負担分（1割負担）。各自の自己負担分は、「介護報酬の地域区分」から住所地がどの区分に属しているか調べ、次いで117ページの「地域単価表」の数字を掛けて計算することができる。

ACPと「人生会議」～生きる選択～

平均寿命は今後も伸び続けることが予測され、多くの人が90歳、100歳、さらにそれ以上長生きする人もいる「人生100歳時代」が来ます。このように長生きが当たり前になる“長命”社会では、誰もが「長寿を祝う長生き」になるわけではなく、延命治療などが施され、死ぬに死ねない「つらい長生き」になる人もいます。

病気や障がいが重くなったとき、どのような医療を受けるか受けないかについては、人工呼吸器や胃ろうなどを使用する「延命主義」と、それらを受けない「尊厳死主義」に大別されます。どちらを選択するか自分で意思表示できればよいのですが、深刻なのは意思表示ができない場合です。意思表示の代わりを託す家族がいない場合にはどうすればよいのでしょうか。

厚生労働省では、2018年３月に「人生の最終段階における医療・ケアの決定プロセスに関するガイドライン」を発表しました。これは、2007年に策定されたガイドラインの改訂版で、そのときの名称には「ケア」の語が入っていませんでした。しかし、今後介護施設や自宅での要介護者の看取りが増えることを想定し、「ケア」の語が加えられたのです。また、今回のガイドラインでは、諸外国で普及し始めている「アドバンス・ケア・プランニング（ACP）」の考え方が取り入れられました。「人生の最終段階の医療やケアについて、本人が家族などや医療・ケアチームと事前に繰り返し話し合うプロセス」のことで「人生会議」とも称されています。

ACPでは「意思は変更していい」という前提のもとで、適切な情報提供や説明を医療職などが行いながら、医療・ケアスタッフと話し合って意思をまとめたり、見直したりしていきます。ガイドラインとその解説書では、「本人の意思が確認できる場合」のほか、「本人の意思を推定する場合」「家族がいない、医療・ケアチームの合意が形成されない」などについてまで説明されています。

利用者（家族）の「胃ろうはしたくない」「人工呼吸器など管につながれて生きていたくない」「できるだけ長生きしたい（してほしい）」などについて、医療スタッフと話し合う時代になってきたのです。それはケアマネジャーなどの介護職も意思決定の支援を求められる時代になったことを意味します。（高室 成幸）

第8章

施設サービスの種類と利用方法

介護保険施設の入所者は、介護や看護、リハビリテーション、療養などを受けることができます。介護保険施設には3種類あり、介護老人福祉施設は中重度中心、介護老人保健施設は病院から家庭への中間施設なので軽中度中心、介護医療院は重度の医療ニーズと介護ニーズに対応するという特徴があります。

8-1 介護保険施設に入所して受けるサービス

介護保険の施設サービスには介護老人福祉施設、介護老人保健施設、介護医療院・介護療養型医療施設の３種類があります。

介護保険施設には3種類の施設がある

介護保険施設には、「**介護老人福祉施設**」「**介護老人保健施設**」「**介護医療院**」があります。２０１５年４月から、介護老人福祉施設の新規入所は原則として要介護3以上の人に限定されました。

このうち介護老人福祉施設は、施設数、入所者数とも最も多く、入所者の年齢もかなり高齢で、認知症の症状がある人が8割を占めます。介護老人保健施設は、病状が安定期にある人の医療機関と家庭との中間施設と位置付けられます。介護医療院は、常時医療管理が必要な急性疾患の回復期にある人や慢性疾患をもつ人のための、最も医療に重点を置く施設です。

介護保険制度の施設介護サービス費の給付対象となるには、いずれの施設も都道府県知事の指定や許可を受ける必要があります。

これらの施設の利用率（定員に対する入所者数の割合）はいずれも90％を超えており、多数の入所希望者が待機しています。入所にあたっては要介護度や家族の状況などにより必要性の高い人から優先的に入所できることになっています。ここ数年、居住系施設の急増で待機者は減り、地方では空床も目立ちはじめています。

介護保険施設にかかるお金

施設の入所者は、要介護度別に定められた介護報酬の1割（または2割か3割）と食費・居住費を支払います。また別途、次の費用も支払います。①希望による特別な居室の費用、②希望による特別な食事費、③理美容代、④その他、日常生活において通常必要となる費用で入所者の負担が適当なもの。

介護保険施設

	介護老人福祉施設	介護老人保健施設	介護医療院
設置根拠	「老人福祉法」にもとづき認可された特別養護老人ホームを指定	「介護保険法」に基づく開設許可	「介護保険法」に基づく開設許可
設置者	地方公共団体、社会福祉法人	国、地方公共団体、医療法人、社会福祉法人、日本赤十字社、健康保険組合など	地方公共団体、医療法人、社会福祉法人など
医　療	医療保険で給付	施設療養上必要な医療は介護保険で給付	施設療養上必要な医療は介護保険で給付
利用対象者	常時介護が必要で在宅生活が困難な要介護者	病状安定期にあり、入院治療をする必要はないが、リハビリテーションや看護、介護を必要とする要介護者	日常的な医学管理が必要な重度の要介護者
特　徴	主に介護を伴う生活援助を提供	保健医療に比重を置く、医療機関と家庭との中間施設	慢性期の医療ニーズと介護ニーズに対応

介護保険施設に共通する専門職

介護保険施設に共通して置かなければならない職員

- 医師（介護老人福祉施設は非常勤）、薬剤師（介護老人福祉施設では不要）
- ケアマネジャー（入所者 100 人に対して常勤で 1 人以上）
- 介護・看護職員
- 栄養士または管理栄養士
- 理学療法士、作業療法士
- 言語聴覚士
  （介護療養型医療施設では不要、介護老人福祉施設では機能訓練指導員）

8-2 常時介護が必要な中重度の利用者への住まいの提供（介護老人福祉施設）

常時介護が必要で在宅での生活が困難な要介護者が入所してさまざまなサービスを受けることができます。

常時介護が必要な利用者に入浴、排泄、食事などの介護を行う

「介護老人福祉施設」は、老人福祉法上の「**特別養護老人ホーム**」のうち定員30人以上の施設が都道府県知事の指定を受けて介護保険施設となったものです。利用者それぞれの施設サービス計画にもとづいて、**入浴**（1週間に2回以上）、**排泄、食事などの介護**、その他**日常生活上の世話、機能訓練、健康管理**および**療養上の世話**を行うことを目的としています。

利用者は、施設のサービス内容や職員体制、費用負担の内訳などを明示した重要事項説明書をよく読み、十分説明を聞いてから、契約を交わして入所申込みをします。基本は要介護3以上で、要介護度の重い人や生活が困難な人は特例的に入所できます。

また、入所中に入院することになっても、3か月以内に退院できる見込みがあるときは、退院後は元の施設に戻ることができます。

介護老人福祉施設にかかるお金

介護老人福祉施設の費用は、施設の規模や種類、居室（個室・準個室・多床室）の種類によって、要介護度別に定められています。

加算では、個別機能訓練のほかに、看取りケアに取り組む場合に看取り介護加算があります。栄養・口腔関連では、栄養マネジメント強化加算、経口維持・口腔衛生管理に加算があります。また認知症チームケア推進加算、高齢者施設等感染対策向上加算が新設されました。退所する場合に退所時情報提供や栄養情報連携も加算になりました。

介護老人福祉施設の費用のめやす（1日につき）*

サービス内容			要介護度	費用
介護福祉施設サービス費	介護福祉施設	介護福祉施設サービス費〈従来型個室〉	要介護1	589円
			要介護2	659円
			要介護3	732円
			要介護4	802円
			要介護5	871円
		介護福祉施設サービス費〈多床室〉	要介護1	589円
			要介護2	659円
			要介護3	732円
			要介護4	802円
			要介護5	871円
	経過的小規模介護福祉施設	経過的小規模介護福祉施設サービス費〈従来型個室〉	要介護1	694円
			要介護2	762円
			要介護3	835円
			要介護4	903円
			要介護5	968円
		経過的小規模介護福祉施設サービス費〈多床室〉	要介護1	694円
			要介護2	762円
			要介護3	835円
			要介護4	903円
			要介護5	968円
ユニット型介護老人福祉施設における介護福祉施設サービス費	ユニット型介護福祉施設	ユニット型介護福祉施設サービス費〈ユニット型個室・ユニット型個室的多床室〉	要介護1	670円
			要介護2	740円
			要介護3	815円
			要介護4	886円
			要介護5	955円
	ユニット型経過的小規模介護福祉施設	ユニット型経過的小規模介護福祉施設サービス費〈ユニット型個室・ユニット型個室的多床室〉	要介護1	768円
			要介護2	836円
			要介護3	910円
			要介護4	977円
			要介護5	1,043円

＊この金額は「その他地域」に住んでいる利用者の自己負担分（1割負担）。各自の自己負担分は、「介護報酬の地域区分」から住所地がどの区分に属しているか調べ、次いで117ページの「地域単価表」の数字を掛けて計算することができる。

8-3

生活の場と医療を結び付ける中間的施設（介護老人保健施設）

在宅復帰を目指す施設です。退所時には、様々な指導でスムーズな復帰をサポートします。

医療と生活の場を結び付けるサービスを提供する

介護老人保健施設は、施設サービス計画にもとづいて、看護、医学的管理のもとに**介護**、**機能訓練**その他必要な**医療**や**日常生活上の世話**を行うことを目的とする施設です。

病状が安定期にある利用者の自立支援と家庭復帰を可能とするように、維持期リハビリテーションを中心として、医師、看護・介護職員、作業療法士、理学療法士、言語聴覚士、支援相談員、栄養士などがチームでサービスを提供します。

医療の場と生活の場を結び付ける「**在宅復帰のための通過施設**」として、退所時には、在宅における介護の問題や生活上の困難を解決するために退所前後訪問指導、退所時指導などを行います。また、短期入所療養介護や通所リハビリテーションも提供します。施設によっては入所待機者も多く、介護老人福祉施設の入所者より要介護度は低いものの、認知症疾患をもつ利用者が増加しており、入所者のうち認知症のある人は95％以上にのぼります（2016年厚生労働省調査による）。

介護老人保健施設にかかるお金

介護老人保健施設の費用は、施設や居室の種類によって要介護度別に定められています。さらに、短期集中リハビリテーション実施加算、認知症専門ケア加算、栄養マネジメント強化加算、経口移行加算、居宅における外泊を認めた場合の加算、退所時等支援加算、高齢者施設等感染対策向上加算、初期加算やターミナルケア加算などの加算や、身体拘束廃止未実施減算などの減算があります。

介護老人保健施設の費用のめやす（1日につき）*

●介護老人保健施設

単位（円）

個室（型）	要介護 1	要介護 2	要介護 3	要介護 4	要介護 5
従来型個室【基本型】	717	763	828	883	932
従来型個室【在宅強化型】	788	862	928	985	1,040
多床室【基本型】	793	843	908	961	1,012
多床室【在宅強化型】	871	947	1,014	1,072	1,125

●介護老人保健施設（療養型老健：看護職員を配置）

単位（円）

個室（型）	要介護 1	要介護 2	要介護 3	要介護 4	要介護 5
従来型個室【療養型】	758	843	960	1,041	1,117
多床室【療養型】	839	924	1,044	1,121	1,197

●介護老人保健施設（療養型老健：看護オンコール体制）

単位（円）

個室（型）	要介護 1	要介護 2	要介護 3	要介護 4	要介護 5
従来型個室【療養型】	758	837	933	1,013	1,089
多床室【療養型】	839	918	1,016	1,092	1,170

●ユニット型介護保健施設

単位（円）

個室（型）	要介護 1	要介護 2	要介護 3	要介護 4	要介護 5
ユニット型個室【基本型】	802	848	913	968	1,018
ユニット型個室【在宅強化型】	876	952	1,018	1,077	1,130

注：加算に、在宅復帰支援機能加算、栄養マネジメント強化加算、かかりつけ医連携薬剤調整加算、認知症専門ケア加算、褥瘡マネジメント加算、排せつ支援加算などがある。

*この金額は「その他地域」に住んでいる利用者の自己負担分（1割負担）。各自の自己負担分は、「介護報酬の地域区分」から住所地がどの区分に属しているか調べ、次いで117ページの「地域単価表」の数字を掛けて計算することができる。

8-4

長期の療養生活を支える（介護医療院）

介護医療院は、2018年に創設された介護保険施設で、廃止された介護療養病床からの転換先として期待されています。

介護医療院の位置付け

介護医療院は、介護療養病床からの転換先の1つとして、さらに今後増加が見込まれる慢性期の医療ニーズと介護ニーズに対応するため、2018年4月に創設されました。介護医療院は、介護老人保健施設と同様、法律上、医療法の**医療提供施設**であり、介護保険法の**介護保険施設**として位置付けられています。

介護医療院の特徴

介護医療院は、日常的な医学管理が必要な重度の要介護者の受け入れ、看取りやターミナルケアの機能、生活施設としての機能などを兼ね備えた介護保険施設です。介護医療院の管理は、原則として都道府県知事から承認を受けた**医師**が行います。

主な開設主体は、地方公共団体、医療法人、社会福祉法人などです。病院や診療所から介護医療院に転換した場合には、転換前の病院や診療所の名称を引き続き使用できることになっています。

介護医療院では、計画担当の介護支援専門員が作成した**施設サービス計画**にそって、看護職員や介護職員による食事、入浴、排泄、整容などの日常生活上必要な介護を受けられるほか、必要に応じてレクリエーション、機能訓練、必要な医療なども受けることができます。

介護医療院で提供できるサービス

介護医療院では、入所者に対する施設サービスだけでなく、訪問リハビリテーション、通所リハビリテーション、短期入所療養介護などの居宅サービスを提供することもできます。

介護医療院の主な利用者像

Ⅰ型	重篤な身体疾患を有する者および身体合併症を有する認知症高齢者等（療養機能強化型 A・B 相当）
Ⅱ型	上記と比べて、容体は比較的安定した者

介護医療院の費用のめやす（1日につき）

●Ⅰ型介護医療院サービス（比較的重度の要介護者対象）　単位（円）

	（Ⅰ）療養強化型A		（Ⅱ）療養強化型B 看護師6：1 介護職員4：1		（Ⅲ）療養強化型B 看護師6：1 介護職員5：1	
	従来型個室	多床室	従来型個室	多床室	従来型個室	多床室
要介護1	721	833	711	821	694	805
要介護2	832	943	820	930	804	914
要介護3	1070	1182	1055	1165	1039	1148
要介護4	1172	1283	1155	1264	1138	1248
要介護5	1263	1375	1245	1355	1228	1338

●Ⅱ型介護医療院サービス　単位（円）

	（Ⅰ）療養強化型A		（Ⅱ）療養強化型B 看護師6：1 介護職員4：1		（Ⅲ）療養強化型B 看護師6：1 介護職員5：1	
	従来型個室	多床室	従来型個室	多床室	従来型個室	多床室
要介護1	675	786	659	770	648	759
要介護2	771	883	755	867	743	855
要介護3	981	1092	963	1075	952	1064
要介護4	1069	1181	1053	1165	1042	1154
要介護5	1149	1261	1133	1245	1121	1234

●特別介護医療院サービス　単位（円）

	（Ⅰ）療養強化型A		（Ⅱ）療養強化型B	
	従来型個室	多床室	従来型個室	多床室
要介護1	661	764	614	721
要介護2	763	869	707	814
要介護3	988	1091	905	1012
要介護4	1081	1186	991	1096
要介護5	1168	1271	1066	1172

看取りは、病院でなく「自宅や施設」で

2025年以降、死亡人数が著しく増加すると予測されています。かつて日本では在宅死が当たり前でしたが、ここ30年近くは「病院死」が大きな割合を占めています。「多死社会」になると、医療機関ではとても対応できなくなると指摘されています。このような多死社会を目前に控えて、「終末期をどこで過ごし、どこで亡くなるか」に関心が集まっています。多くの人は、不要な延命措置を受けず、身体的、精神的な苦痛の緩和・軽減のみで、それまでと同じように暮らしながら死を迎えたいと思っています。ではそのためにはどこを選べばいいのか、答えが見つからないのが現状です。

一方、国の施策や介護の現場でも、看取りへの対応をどう強化するかが、大きな課題の一つになっています。これまでの介護報酬改定では、いろいろなサービスに看取りやターミナルケアに関する加算が設けられたり、単位数が引き上げられたりしてきています。ここ数年は、施設サービスや入居するサービスだけでなく訪問介護や訪問看護、小規模多機能型居宅介護などの介護保険サービスで、在宅での看取りの取り組みが行われ始めています。病院に併設された有料老人ホームや、高齢者の住まいの一つとして増えてきたサービス付き高齢者向け住宅でも看取りを行うところが少しずつ増えてきています。

では、看取り介護を行うにあたり、施設はどのようなところに注意をしなければならないのでしょうか。まず看取り加算の算定要件にも定められているように、生活相談員、介護職、看護職、ケアマネジャーなどの職員と管理者が協議し、看取りに関する基本指針をしっかりと定め、共有することが必要になります。指針には、緊急時も含めた医師や医療機関との連携体制、施設職員の対応法などについても定めます。

施設で最期を迎えたいと願う利用者にとっては、施設選びが重要です。希望する施設の看取り実績や、医師は常勤か非常勤か、看護師の人数や夜間の体制、いよいよというときの医療的措置や家族への連絡体制などを情報収集し、本人(家族)が望む最期を迎えられるかをしっかりと見極めていく必要があります。

(高室 成幸)

居住型施設の種類と利用方法

高齢者の住まいには、自宅や介護保険施設だけでなく、有料老人ホーム（住宅型）やサービス付き高齢者向け住宅などがあり「居住型」といわれています。

有料老人ホームは老人福祉法に基づく施設、サービス付き高齢者向け住宅は高齢者住まい法に基づく施設ですが、特定施設入居者生活介護の指定を受けられ、介護保険制度とのかかわりも深くなっています。

図解入門
How-nual

9-1

「老人福祉法」に規定されている有料老人ホーム

高齢者の住まいの一つである有料老人ホームには、住宅型や介護付きといった形態があります。

有料老人ホームとは

有料老人ホームは、老人福祉法に基づき設置されている施設で、入居する高齢者を対象に、食事の提供、日常生活上の援助、介護、健康管理などを提供しています。開設主体は、株式会社（営利法人）、社会福祉法人、医療法人などであり、開設にあたっては、**都道府県知事**に届け出る必要があります。

有料老人ホームの特徴

有料老人ホームの形態には、介護付、住宅型、健康型がありますが、そのほとんどを**介護付**と**住宅型**が占めています。介護付は、介護体制や看護体制などが整備され、原則として65歳以上の要介護者を対象にした「特定施設入居者生活介護」の指定を受けています。認知症がある高齢者も受け入れ可能です。

住宅型は、比較的自立した高齢者を対象にした有料老人ホームですが、要支援状態や要介護状態になった場合には、入居者が外部の介護サービス事業者などと契約し、訪問介護や通所介護などの介護サービスを利用します。

入居一時金は、入居時に「初期償却」（10～30％）があり、退去時（死亡含む）に未償却があれば返還金として戻ります。クーリングオフ制度があり、入居後3か月以内の退去なら、入居期間相当分の家賃・食費は除き、一時金の全額が返還されます。

介護保険制度とのかかわり

都道府県知事の指定を受けることで、特定施設入居者生活介護を提供できます。介護保険法の特定施設と位置付けられている有料老人ホームは、住所地特例の対象施設となります（2-5参照）。

有料老人ホームの入居者保護のための施策の強化（老人福祉法改正, 2018年4月から）

①事業停止命令の創設

➡有料老人ホームの設置者が、悪質な事業を続けた場合、都道府県は、これまで業務改善命令による指導で対応していたが、より威力のある業務停止命令を行うことができるようになった。

②前払金保全措置の義務の対象拡大

➡前払金を受領する場合の保全措置義務の対象に、2006年3月31日以前に設置された有料老人ホームを含めることになった。

③有料老人ホームに係る指定の取消し等に関する事項の創設

➡市町村長は、有料老人ホームの設置者に対して事業の制限や事業停止の命令をしたことを都道府県知事から通知された場合、その設置者が提供している地域密着型サービスの指定を取り消しや効力停止ができるようになった。

介護付き有料老人ホームの費用のめやす（1日につき）

単位（円）

	要介護1	要介護2	要介護3	要介護4	要介護5
特定施設入居者生活介護	542	609	679	744	813
外部サービス利用型	57		84		
短期利用特定施設入居者生活介護	542	609	679	744	813

9-2

「高齢者住まい法」に基づくサービス付き高齢者向け住宅

サービス付き高齢者向け住宅は、高齢者住まい法に基づく高齢者の住まいであり、２０１１年に創設されました。

●サービス付き高齢者向け住宅の位置付け

サービス付き高齢者向け住宅は、バリアフリー構造と高齢者に配慮された一定基準以上の面積や設備を有し、安否確認や生活相談などのサービスを提供することが義務付けられた住宅です。２０１１年改正の高齢者住まい法に基づき創設され、**厚生労働省**と**国土交通省**による共管事業として位置付けられています。

●サービス付き高齢者向け住宅の特徴

多くの有料老人ホームは、入居の際、施設を利用する権利を購入する**利用権方式**を採用しているのに対し、サービス付き高齢者向け住宅は、一般の賃貸住宅と同様、**賃貸借方式**によって契約を締結します。そのため、有料老人ホームに比べると、初期費用を抑えることができます。

また、入居者が要支援状態や要介護状態になった場合には、外部の介護サービス事業者などと契約することで、訪問介護や通所介護などの居宅介護サービスを利用することができます。

●介護保険制度とのかかわり

サービス付き高齢者向け住宅は、次のいずれかに該当する場合、介護保険法の特定施設と判断され、**住所地特例の対象施設**となります（２−５参照）。

・サービス付き高齢者向け住宅の登録を行い、かつ特定施設入居者生活介護の指定を受けている場合

・サービス付き高齢者向け住宅の登録を行い、有料老人ホームに該当（食事の提供、介護、家事、健康管理のいずれかのサービスを自らまたは委託により提供）し、かつ契約形態が利用権方式の場合

サービス付き高齢者向け住宅と有料老人ホームの契約方式の違い（一般的）

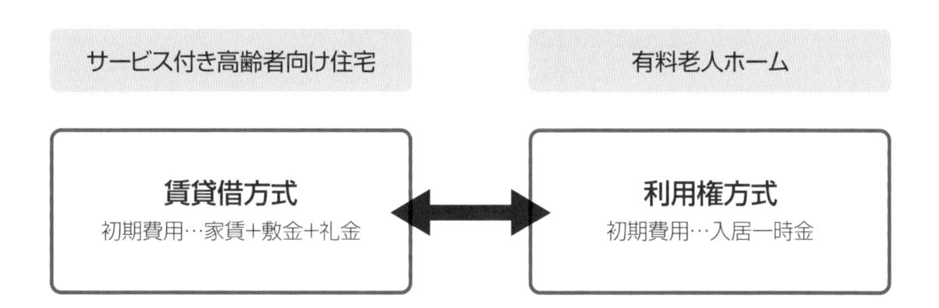

サービス付き高齢者向け住宅の登録基準

サービス付き高齢者向け住宅の「特定施設」としての登録基準には、主に住宅、サービス、契約の内容に関するものが設けられている。登録を行うのは、都道府県、政令指定都市、中核市であり、登録後は指導･監督を行う。

住宅	1 室床面積：原則 25 ㎡以上、便所・洗面設備等の設置、バリアフリー住宅。なお特定施設の指定をされていない場合は、リビングや食堂などの共有スペースがあれば床面積：18 ㎡以上～ 25 ㎡未満でも可。
サービス	安否確認、生活相談サービス
契約の内容	高齢者の居住の安定が図られた契約であること、前払い家賃等の返還ルール及び保全措置が講じられていること

サービス付き高齢者向け住宅の費用のめやす

入居条件	入居一時金	月額利用料	サービス内容
自立かつ60歳以上	0円～30万円	11万円～20万円（賃料、管理費、食費、水道・光熱費、その他）	安否確認、生活相談生活支援サービス、食事の提供

居住型施設の上手な使い方

法改正によって、さまざまなタイプの有料老人ホームやサービス付き高齢者向け住宅などの「居住型施設」が増えています。これらは特別養護老人ホームなどの介護施設のように、24時間365日、常に介護サービスが受けられるのではなく、必要なときに外部のサポート（サービス）を利用しながら生活するというスタイルです。まさに高齢者が安心して暮らせる集住スタイルの新しい"住まい"といえます。

最近では、建物一棟すべてが高齢者住宅ではなく、団地に点在する空室をバリアフリーに改修し、サービス付き高齢者向け住宅として登録した「分散型」も見られるようになりました。登録している部屋の近隣の建物にフロントがあり、スタッフが常駐して安否確認や生活相談を行います。

さまざまな世代の人たちが暮らす団地のなかの一室で生活するのですから、高齢者施設に入っているという感覚はなく、自立した日常生活を送りながら、困ったことがあったときにはすぐにサポートしてもらえる安心感があります。

また、これからはライフスタイルに合わせて、居住型施設のユニークな使い方が求められるようになるでしょう。一人暮らしの高齢者が昼間は住み慣れた自宅で過ごし、不安のある夜間だけ居住施設を利用したり、雪の多い地域であれば冬だけ居住施設で暮らしたりできるサービスがあってもいいかもしれません。今後は利用者の多様なニーズに応えられるように、居住型施設の利用方法のバリエーションも増えていくことでしょう。

将来は海の見えるところで暮らしたい
便利な都会暮らしを続けたい
できる限り仕事（趣味）を続けたい

など、あなたが希望するライフスタイルを実現するためには、誰とどんなところに住み、どんな暮らし方をしたいかをシミュレーションしておくことです。

それが豊かな第二の人生を送るためのコツです。そのなかの選択肢の一つに、自分の理想に合った居住型施設を利用することも加えておくとよいでしょう。

（高室 成幸）

第10章

指定介護サービス提供事業者の要件

提供するサービスの質が一定になるように、事業者には人員や設備、運営の基準を満たして都道府県や市町村の指定を受けるように義務付けられています。また、利用者には自分に合ったサービスを利用できるように事業者の情報が提供されなければなりません。指定事業者以外にも介護保険制度ではカバーできないサービスを提供する事業者もいます。

10-1

指定を受けた事業者だけが介護保険サービスを提供できる

居宅サービス、地域密着型サービス、施設サービスを提供する事業者は指定を受けています。

指定を受けなければサービス提供はできない

介護保険のサービスを提供するには次の7種類の指定事業者にならなければなりません。そのうち、⑦は都道府県知事が、①、②、③、④、⑤、⑥は市町村長が指定します。

①指定居宅介護支援事業者
②指定介護予防支援事業者（地域包括支援センター）
③指定居宅サービス事業者
④指定介護予防サービス事業者
⑤指定地域密着型サービス事業者
⑥指定地域密着型介護予防サービス事業者
⑦指定介護保険施設＊

指定に必要な条件

サービスの種類と事業所ごとに決められた次の要件を満たしている場合に指定が受けられます。

①原則として、事業者が法人であること。
②人員基準を満たしていること。
③運営・設備基準、施設基準に従って適正な運営ができること。

また、悪質な事業者を排除するために、申請者や事業者の履歴が不適切な場合は指定が受けられません。事業者の指定の有効期間は6年で、その後は改めて申請しなければなりません。

指定者は、指定した後も指定事業者に対して、報告を求め検査を行い、提供したサービスが事業の基準を満たしているか、保険給付の不正請求がないかなどについて指導監督を行います。

さらに、指定事業者が人員基準や運営基準を満たさなくなったときや不正請求をしたときなどは、指定を取り消すことになります。

＊**指定介護保険施設**　介護保険施設のうち、都道府県知事の「指定」を受けるのは介護老人福祉施設のみ。介護老人保健施設と介護医療院は、開設にあたって都道府県知事の「許可」を受ける。

主な指定サービス事業者数の推移＊1

各年10月1日現在

	2000年	2003年	2019年	2022年
訪問介護	9,833	15,701	34,825	36,420
訪問入浴介護	2,269	2,474	1,790	1,709
訪問看護ステーション	4,730	5,091	11,580	14,829
通所介護	8,037	12,498	24,035	24,569
通所リハビリテーション	4,911	5,732	8,318	8,234
短期入所生活介護	4,515	5,439	11,566	11,875
短期入所療養介護	4,651	5,758	5,230	4,969
認知症対応型共同生活介護	675	3,665	13,760	14,139
特定施設入居者生活介護	…	…	5,328	5,760
福祉用具貸与	2,685	5,016	7,651	7,927
居宅介護支援	17,176	23,184	40,118	38,538
介護老人福祉施設	4,463	5,084	8,234	8,494
介護老人保健施設	2,667	3,013	4,337	4,273
介護医療院	…	…	245	730
介護療養型医療施設	3,862	3,817	833	300

指定取消・効力の停止処分のあった施設・事業所数＊2

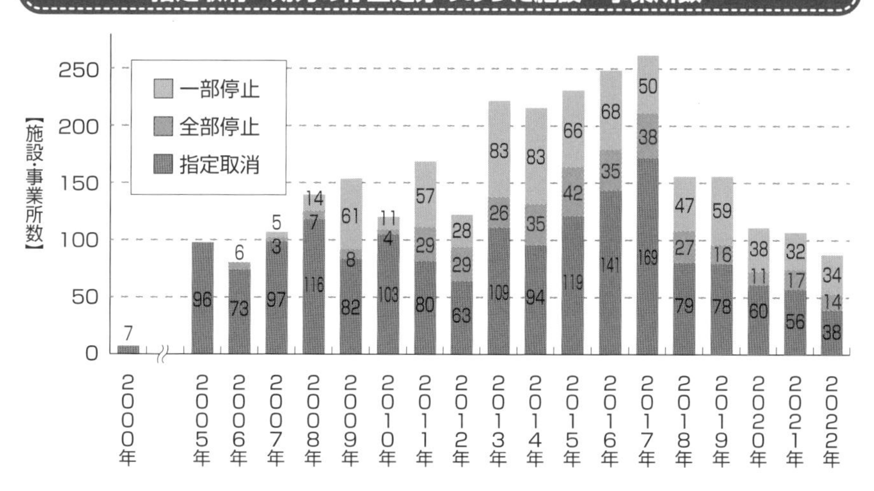

＊1 『介護サービス施設・事業所調査結果の概況』 厚生労働省より。
＊2 『介護サービス事業所に対する指導・監査結果の状況及び介護サービス事業者の業務管理体制の整備に関する届出・確認検査の状況』2022年 全国介護保険・高齢者保健福祉担当課長会議資料より

10-2 ケアマネジメントを提供する事業者が指定を受けるには

サービスを提供するには、人員基準やサービス提供基準を満たして、市町村長の指定を受ける必要があります。

指定を受けるためには基準を守る

居宅介護支援事業者がケアマネジメントを行う場合には、「指定居宅介護支援等の事業の人員及び運営に関する基準」に従わなければなりません。

①人員に関する基準

事業所ごとに1人以上の常勤のケアマネジャーを置きます。利用者44人に1人、端数が増えるたびに1人必要です（増員分は非常勤でもよい）。事業所ごとに、常勤で専任の管理者*が必要です。

②サービス提供の拒否の禁止

正当な理由なくサービスの提供を拒否できません。また、通常の事業実施区域から遠いなどの理由でサービス提供が困難な場合は、他の事業者を紹介するなどの対応をします。なお、通常の事業実施区域以外でサービスを提供した場合は交通費を請求できます。

③サービス提供の開始時の基準

利用者の**被保険者証**によって、被保険者資格、要介護認定の有無、認定有効期間を確認します。介護支援専門員は身分証明書を携行して提示します。サービスの内容・手続き、利用料についてあらかじめ利用者に説明して同意を得ます。要介護認定等が済んでおらず、利用者が**申請代行**を依頼した場合には速やかに援助します。

④サービス提供時（ケアプランの作成時）の基準

利用するサービスの内容と費用を利用者とその家族に説明して同意を得ます。その際、**複数のサービス事業者**を提示します。

⑤苦情処理

利用者の苦情には迅速・適切に対応し、利用者が国保連に申し立てる際は必要な援助を行います。

***管理者**　原則として主任介護支援専門員でなければならない。

居宅介護支援費（1月につき）*

取扱件数	居宅介護支援費（Ⅰ）		居宅介護支援費（Ⅱ）	
	要介護1・2	要介護3～5	要介護1・2	要介護3～5
45件未満	10,860円／月	14,110円／月	10,860円／月	14,110円／月
45件以上60件未満	5,440円／月	7,040円／月	5,270円／月	6,830円／月
60件以上	3,260円／月	4,220円／月	3,160円／月	4,100円／月

注1：（Ⅱ）は国保連が運用・管理する情報処理システムの利用と事務職員を配置している場合に算定。取扱件数は「50件未満、50件以上60件未満」となる。
注2：ターミナルケアマネジメント加算、緊急時等居宅カンファレンス加算、入院時情報連携加算、退院・退所加算などがある。

●特定事業所加算

①人員配置の要件と単位

特定事業所加算の種別	(Ⅰ)	(Ⅱ)	(Ⅲ)	(A)
専任かつ常勤の主任介護支援専門員	2名以上	1名以上	1名以上	1名以上
専任かつ常勤の介護支援専門員	3名以上	3名以上	2名以上	1名以上+ 常勤換算方法で1以上
加算単位（1件につき）	5,190円/月	4,210円/月	3,230円/月	1,140円/月

②加算（1）のみの要件
・利用者のうち要介護3～5であるものが4割以上
③加算（Ⅰ）（Ⅱ）（Ⅲ）（A）共通の算定要件（主なもの）
・24時間連絡体制の確保（加算Aでは携帯電話等の転送による対応も可） ・困難事例、ヤングケアラー・障害者・生活困窮者・難病患者への支援に関する事例検討会や研修に参加 ・特定事業所集中減算の適用を受けていない ・介護支援専門員一人当たりの利用者が40名未満（加算Ⅱでは45名未満）

介護予防支援費（1月につき）*

介護予防支援費（Ⅰ）	介護予防支援費（Ⅱ）
4420円／月	4720円／月

注1：（Ⅰ）は地域包括支援センターが提供した場合に算定、（Ⅱ）は居宅介護支援事業所が提供した場合に算定。
注2：初回加算、委託連携加算がある。

＊居宅介護支援費・介護予防支援費は全額が保険給付され、利用者負担はない。表は「その他地域」に住んでいる場合。

10-3 サービス事業者は種類ごと、事業所ごとに指定を受ける

居宅サービスは都道府県及び指定都市・中核市の指定、地域密着型サービスは市町村の指定が必要となります。

サービスの種類、事業所ごとに指定を受ける

指定居宅サービス事業者、指定介護予防サービス事業者、指定地域密着型サービス事業者、指定地域密着型介護予防サービス事業者の基準は、サービスごとに基本方針、人員基準、設備・運営基準からなっています。

①訪問・通所サービスなどについての共通事項

介護支援事業者と共通のものがありますが、それ以外の事項は次のようになっています。

・サービス担当者会議などを通じて利用者の心身の状況や環境、他のサービスの利用状況を把握する。
・居宅介護支援事業者などと連携を図る。
・利用者が現物給付を受けるために、ケアプラン作成依頼届出書の提出などを援助する。
・ケアプランにそったサービスを提供する。
・ケアプランなどの変更に対して援助する。
・サービス提供を記録する。
・保険給付の償還請求の証明書を発行する。
・利用者の不正などを市町村へ通知する。

②短期入所サービスについての共通事項

訪問・通所サービスと共通なもの以外の事項は次のようになっています。

・適切な技術をもって介護を行うこと、週に2回以上の入浴・清拭を行うこと、おむつを適切に取り替えること。
・利用者の負担により、職員以外の者による介護を受けさせてはならない。
・本人や他の利用者の生命または身体の保護など、緊急のやむをえない場合を除き、身体的拘束などの利用者の行動を制限する行為を行わない。

居宅サービス事業所数の開設主体別構成割合＊

2022年10月1日現在

単位（%）	地方公共団体	公的・社会保険関係団体	社会福祉法人	医療法人	社団・財団法人	協同組合	営利法人（会社）	特定非営利活動法人（NPO）	その他
訪問介護	0.3	…	15.4	5.2	1.5	1.8	70.7	4.8	0.4
訪問入浴介護	0.1	…	22.4	1.8	0.4	0.6	74.4	0.3	−
訪問看護ステーション	1.5	1.4	5.4	20.8	6.4	1.3	61.5	1.3	0.5
通所介護	0.3	…	34.9	7.5	0.5	1.2	54.0	1.5	0.1
通所リハビリテーション	2.6	1.2	8.4	78.7	2.6	…	0.0	…	6.6
短期入所生活介護	1.3	…	85.0	2.7	0.1	0.3	10.1	0.4	0.1
短期入所療養介護	3.2	1.6	13.9	77.1	2.9	…	−	…	1.3
特定施設入居者生活介護	0.5	…	21.8	6.7	0.6	0.3	69.1	0.5	0.5
福祉用具貸与	0.0	…	1.9	1.3	0.6	0.9	94.6	0.5	0.2
介護予防支援事業所（地域包括支援センター）	21.1	…	56.4	15.2	3.2	1.0	2.4	0.4	0.3
居宅介護支援事業所	0.6	…	24.9	15.6	2.5	1.8	51.2	2.8	0.6

注：訪問介護、訪問入浴介護、通所介護、短期入所生活介護、特定施設入居者生活介護、福祉用具貸与、介護予防支援事業所、居宅介護支援事業所については経営主体である。

利用料についての共通事項

事業者が受け取れる費用について、以下のような共通事項がある。

①利用料の一部として、介護報酬請求のために算定した額（居宅介護サービス費用基準額）から現物給付の額を除いた額の支払いを受ける（通常は1割から3割。支給限度基準額を超えている場合などは、その額を合わせた額）。

②償還払いとなるサービスを提供したときの利用料と、居宅介護サービス費用基準額との間に不合理な差異を設けることはできない。

③通常の食費、滞在費のほか、次の費用の支払いを受けることができる。
利用者の希望による特別な居室･療養室および食事の費用、送迎の費用、理美容代、その他の日常生活費

④サービス提供にあたっては、あらかじめ利用者またはその家族にサービス内容と費用の額の説明を行い、利用者の同意を得る。

＊出所：『介護サービス施設・事業所調査結果の概要』2022年　厚生労働省より。

10-4

事業者の指定には特例がある

すでにあるサービスの指定を受けた事業者や施設が他のサービスの指定事業者、指定施設とみなされる制度があります。

指定を受けたものとする〝みなし指定〟

次の事業者・施設は、以下のそれぞれのサービス提供について、「通常指定」と区分し、指定を受けたものとみなされます（みなし指定）。ただし、他法の許可・指定の効力を失った場合、みなし指定の効力も失います。

①健康保険法による指定

- **病院・診療所（保険医療機関）**……訪問看護、訪問リハビリ、居宅療養管理指導
- **薬局（保険薬局）**……居宅療養管理指導

②介護保険法による指定

- **老人保健施設**……通所リハビリ、短期入所療養介護
- **介護医療院**……通所リハビリ、短期入所療養介護

市町村の判断で指定事業者として扱うことができる

指定事業者としての要件のすべてを満たすことができていない場合でも、市町村の判断でそのサービスを保険給付の対象とすることができるのが**基準該当サービス事業者**です。また、サービスを確保することが困難な離島や過疎地などで保険給付の対象とすることのできる**離島等相当サービス事業者**もあります。

基準該当サービスが認められるサービスは、訪問介護、訪問入浴介護、通所介護、短期入所生活介護に限られます。

指定事業者の特例

●居宅サービスのみなし指定

・病院・診療所……訪問看護、訪問リハビリ、居宅療養管理指導
・薬局……居宅療養管理指導
・指定老人訪問看護事業者……訪問看護
・介護老人保健施設……通所リハビリ、短期入所療養介護
・介護医療院……通所リハビリ、短期入所療養介護

●介護保険施設になることができる医療機関

・病院・診療所（医療法人・個人）➡社会福祉法人設立
➡介護老人福祉施設
・病院・診療所（医療法人）➡介護老人保健施設、介護医療院

10-5 指定事業者に関する情報を収集する

利用者がサービスを提供する事業者を自由に判断できるように、事業者情報が都道府県や市町村から提供されています。

「介護サービスに関する情報」は公表されなければならない

介護保険のサービスは、利用者の自由な選択によりサービス事業者との契約にもとづいて提供されます。そのため、利用者が選択するために必要な事業者に関する情報が広く公表されています。

①都道府県知事による介護サービス情報公表制度

事業者・施設は介護サービスの提供を始めるときなどには、名称・所在地・サービスの内容・利用料などの情報を都道府県に報告する義務があります。都道府県は、基本情報はそのまま、調査の必要な調査情報は事実かどうか調査して公表します。

②市町村による情報提供

都道府県は指定した事業者や施設に関して事業者管理台帳を作成して市町村に送ります。市町村はそれをもとに利用者や介護支援事業者からの問い合わせに応じています。また、要介護認定を申請したときや要介護認定を受けたときに、市町村では一覧表にして提供する以外に、市町村の公式サイトで掲示する例も増えています。

③ケアマネジャーによる情報提供

ケアマネジャーは最も身近な情報提供者です。複数の事業者を提案するなど特定の事業者に偏らない公平な情報提供が義務づけられています。

④WAMネットのホームページによる情報提供

WAMネット（独立行政法人福祉医療機構）は、介護保険や福祉保健医療関係の情報をインターネット上で広く提供しています。その介護事業者情報提供システムは広く一般に公開されており、事業所の名前や所在地、サービス提供地域、サービスの種類などから検索することができます。

介護保険関連ホームページ一覧

	サイトの運営者・名称	URL
公的機関	各道府県・各市役所・区役所・町村役場	各道府県名・各市区町村名で検索
	東京都	https://www.metro.tokyo.lg.jp/
	厚生労働省	https://www.mhlw.go.jp/
専門職団体	独立行政法人　福祉医療機構	https://www.wam.go.jp/
	公益社団法人　日本看護協会	https://www.nurse.or.jp/
	公益社団法人　日本医師会	https://www.med.or.jp/
	社会福祉法人　全国社会福祉協議会	https://www.shakyo.or.jp/
	公益社団法人　全国老人福祉施設協議会	https://www.roushikyo.or.jp/
	公益社団法人　全国老人保健施設協会	https://www.roken.or.jp/
	一般社団法人　日本介護支援専門員協会	https://www.jcma.or.jp/
介護サービスなど	公益社団法人　全国有料老人ホーム協会	https://www.yurokyo.or.jp/
	一般社団法人　全国介護付きホーム協会	https://www.kaigotsuki-home.or.jp/
	一般社団法人　シルバーサービス振興会	http://www.espa.or.jp/
	介護情報ネットワーク	https://www.kaigonw.ne.jp/
高齢者住宅福祉機器	一般社団法人　高齢者住宅協会	http://www.shpo.or.jp/
	公益財団法人　テクノエイド協会	http:// www.techno-aids.or.jp/
	福祉用具専門相談員協会	http://www.zfssk.com/
その他	ケアマネジメントオンライン	https://www.caremanagement.jp/
	ケアマネ・ドットコム	http://www.care-mane.com/
	みんなの介護	https://www.minnanokaigo.com/

10-6 介護保険サービスについての苦情があるとき

介護保険サービスの苦情は、サービス事業者や施設、ケアマネジャー、市町村、国保連の窓口などに申し出ます。

苦情は事業者・施設、ケアマネジャー、市町村、国保連に申し出る

介護保険では利用したサービスについての苦情を処理する仕組みがつくられています。

①サービス事業者と施設

事業者や施設は、利用者からの苦情に迅速適切に対応するために相談窓口などを設置し、その内容を記録します。市町村や国保連の調査に協力して、指導を受けた場合は改善を行わなければなりません。

②居宅介護支援事業者（ケアマネジャー）

利用者（家族）、事業者から事情を聞いて対応し、その結果を説明します。また、利用者が国保連に苦情申立てをするときには援助します。

③市町村（地域包括支援センター含む）

事業者、施設に対する調査、指導、助言を行い、介護相談員などを派遣して苦情を処理します。

④都道府県

事業者や施設が指定基準に違反している場合は立入検査や指定取消しなどを行います。

制度上の処理機関である国保連が処理する

国保連は、制度上の苦情処理機関として、利用者から書面による申立てを受け、事業者に対する調査、指導、助言を行います。苦情を受理する基準は、①介護保険の指定サービスである、②市町村の圏域を越えている、③市町村での取扱いが困難である、④市町村の体制が整わない、⑤申立人が国保連での処理を希望する、などです。

窓口は都道府県国保連の事務局で、審査、改善指示は介護サービス苦情処理委員会が行い、原則60日以内に事業者に措置を通知します。

介護保険における苦情処理

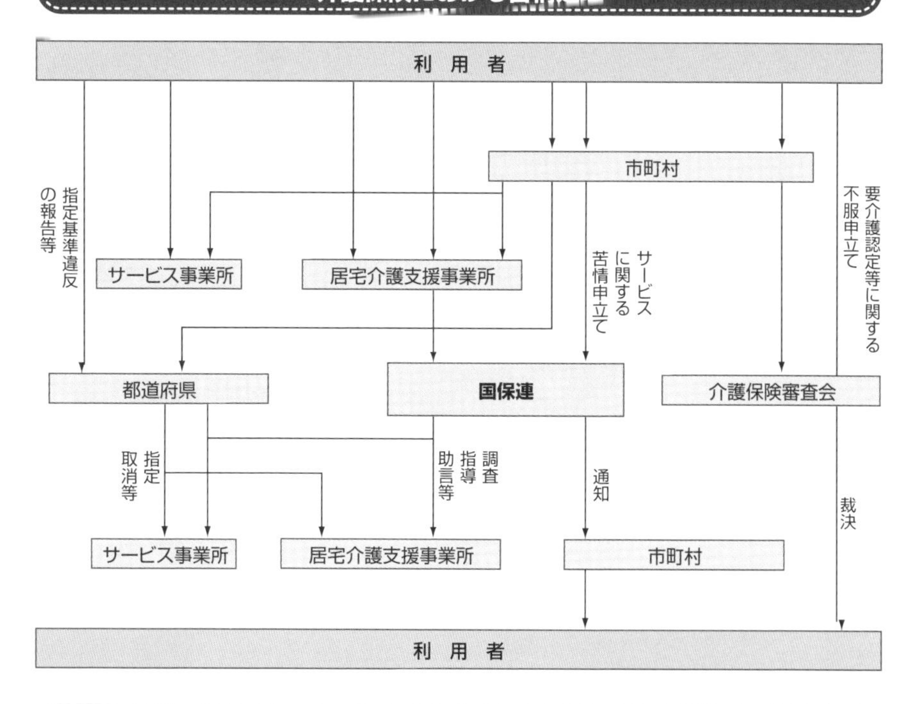

国保連苦情申立て内容別累計*

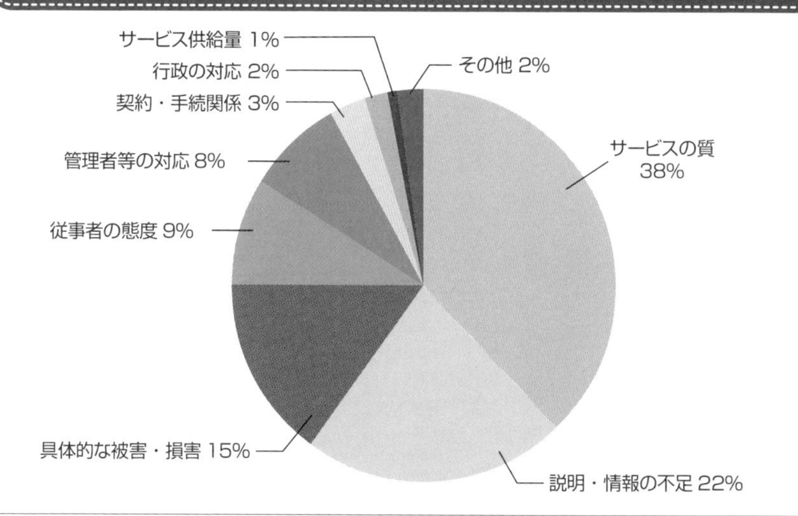

＊2022年4月～2023年3月分（65件）。　出所：『苦情申立及び相談受付状況』2023年度　国民健康保険中央会より。

10-7 介護保険制度外の介護サービスを利用する

介護保険や市町村独自のサービスを利用していても営利法人のサービスやNPO法人などの援助を受けることができます。

一般企業による介護サービス

国の制度（社会保険）としての介護保険のサービスではありませんが、一般の企業による、きめ細かく地域に密着したサービスがあります。

一般の企業によるサービスは「**シルバーサービス**」ともいわれ、有料老人ホームや高齢者マンションなどの住宅、保険会社が提供する介護保険商品、ホームヘルプ、福祉機器・介護用品の販売・レンタル、家事代行、配食、移送・送迎、出張理美容など多岐にわたっています。

介護保険制度外のサービスは、国の基準などが適用されるわけではないため、契約する際は、企業やサービスの内容が信頼できるものかどうかを利用者が自分で調べて判断しなければなりません。そこで、シルバーサービスの質の向上とその健全な発展を図ることを目的に、1987年に、**シルバーサービス振興会**が設立され、訪問介護、訪問入浴、配食サービス、福祉用具販売・レンタルについて、一定の基準を満たす事業所に「シルバーマーク」を交付すると共に、インターネットによる検索サービスも提供しています。

非営利活動が提供する身近なサービス

非営利活動には**行政主導型**と**NPO法人**や**ボランティア**によるものがあります。行政主導型は社会福祉協議会や福祉公社などが提供するもので、少額の費用で様々なサービスを提供しています。NPO法人やボランティアグループ（有償ボランティア含む）は、通院や買い物のための自家用車による無償の送迎、外出の介助などユニークで身近なサービスを提供しています。

介護保険外の介護サービス

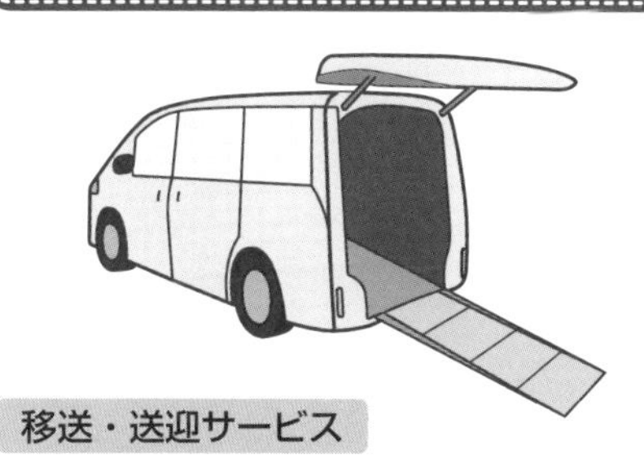

移送・送迎サービス

ホームヘルパーの資格をもったタクシー運転手が外出の準備から病院への引継ぎまでを行うものは「介護タクシー」として介護保険の給付が受けられる。ボランティアが自分の車を使って病院やスーパーへ送り迎えをする送迎ボランティアもある。

配食サービス

高齢者向きの食事を希望の回数、希望の日時に配達し、食卓に並べるところまでする場合もある。糖尿病や高血圧治療食、おかゆ、刻み食などもある。
また、地域の社会福祉協議会や福祉公社、ボランティアが行っているものもある。

出張理美容

理容師や美容師が道具をもって高齢者の自宅などで理髪、ヘアカットなどを行う。特にいつまでも美しくありたいと願う女性の高齢者にとって、状態の改善に役立つことが多い。

乳酸飲料配達員の声がけ

乳酸飲料の配達員が高齢者の自宅に配達するときに安否を尋ねるひと声を掛ける。市町村が依頼する場合と販売店が独自に行う場合がある。

商店街の生活支援

地域の商店街の組合が買い物代行サービスや宅配サービスを行う。地域の小売店の売上を伸ばし商店街の活性化にも役立つ。

10-8 保険会社の介護保険商品を利用する

保険会社の介護保険は、介護にかかわる経済的なリスクを補てんする金融商品です。

生損保会社が売り出している介護保険

同じ「介護保険」という名前でも、公的介護保険ではなく、生命保険会社や損害保険会社が売り出す**金融商品としての介護保険**があります。

公的介護保険では、介護が必要な状態となったときにサービスそのものが提供される現物給付の仕組みであるのに対し、生損保会社の介護保険は所定の要介護状態となったときに現金が保険金として支払われるものです。その現金を、公的介護保険の利用者負担分にあてるか、支給限度基準額以上の利用や民間のサービス利用などにあてるかは自由です。

生損保会社の介護保険の特徴

生損保会社によってさまざまな商品が発売されていますが、次のような特徴を、パンフレットなどで十分に確認してから契約しましょう。

①要介護状態の基準が厳しい。

おおむね要介護2あるいは3以上でその状態が180日以上続いた場合などとなっています。

②保険金の受け取り方が選択できる。

介護一時金、介護年金（一生涯あるいは一定期間）、介護一時金+介護年金、の3つのタイプがあります。

③給付が決定すると保険料は免除となる。

④介護にかかる費用だけでなく生活費が保障されるものもある。

⑤自分だけでなく親が要介護状態になったときに利用できる保険商品もある。

⑥交通事故やケガなどによる若年層の要介護状態、40歳以上65歳未満の人の特定疾病によらない要介護状態をカバーできるものもある。

生損保会社の介護保険（例）

●P生命の「終身介護年金保険」

特約介護保険金の支払条件

1 公的介護保険による要介護認定で要介護2以上と認定されたとき。

2 所定の要介護状態になった日から180日以上継続したと医師によって診断されたとき。

●A損保の介護補償特約

・公的介護保険の要支援または要介護1の認定を受け、30日以上継続した場合は、軽度介護一時金が支払われる。

・要介護2以上の認定を受け、30日以上継続した場合は、介護一時金と各月ごとに介護保険金が支払われる。

・若年層の要介護状態、40歳以上65歳未満の特定疾病によらない要介護状態も補償する。

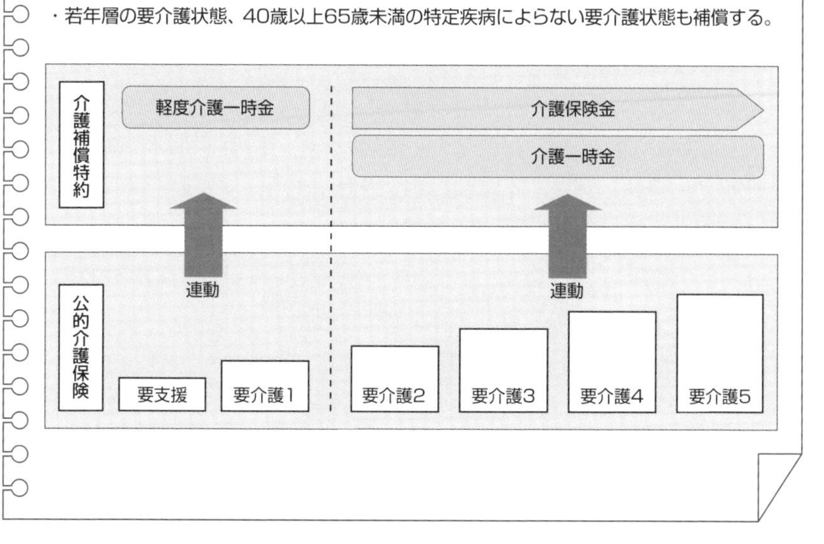

民間の生活支援サービスを活用する

介護保険外サービスの需要が高まっています。介護保険サービスでは限界があり、認知症高齢者や単身高齢世帯の増加が背景にあります。

要介護認定を受けると、住まい、食事、家事といった生活の基本的な部分は、ある程度介護保険サービスでカバーされます。しかし要介護認定を受けていない高齢者の場合でも加齢に伴い、買い物、掃除、調理、ゴミ出しなど「以前はできていたが、できなくなること」が増えていきます。日常生活の「ちょっとした困りごと」をサポートしてくれる生活支援サービスがあれば、「これまでの生活」を継続することができ、介護予防にもつながります。

国は、より多くの民間企業に生活支援サービス参入を促すため「地域包括ケアシステムに向けた公的介護保険外サービスの参考事例集」を、厚労省・経産省・農水省の連名で作成しました。介護保険外サービスを拡充させ、生活支援サービスの選択肢を増やすことで、地域包括ケアシステムを補完していく狙いです。

こうした民間の生活支援サービスの普及が、別居している家族の不安解消（例：安否確認）や家族介護者の「仕事と介護の両立支援」に役に立つからです。高齢者の様子を伝えるIT機器を使った見守りサービス、栄養バランスに配慮した配食サービスなどは、離れて暮らす家族にとっても安心できるサービスです。民間サービスのよい点は、利用制限がある介護保険サービスとは違い多様なニーズに対応できる点です。例えば、民間の福祉タクシーは、緊急の通院や旅行などにも利用が可能です。車いすやストレッチャーを運送できる専用車両もあり、体が不自由になっても無理なく行楽を楽しむことができます。

生活支援サービス以外にも、ロボット掃除機や乾燥機能つき洗濯機など、便利な家電機器が多く発売されています。こういった便利グッズや高齢者向けの生活支援サービスは、今後も増えていきます。増え続ける高齢者の生活を豊かにする民間の生活支援サービス…これらを上手に活用したライフスタイルが当たり前になる時代が、すぐそこに来ています。

（高室 成幸）

DATA

巻末資料

●資料１　介護保険被保険者証

●資料２　主治医意見書

●資料３　介護報酬の主な加算減算

●資料４　要介護度別ケアプランの例

図解入門
How-nual

資料1 介護保険被保険者証

（表面）

（一）

介護保険被保険者証

被保険者	
番号	0123456789
住所	港区〇〇町〇〇番地〇〇
フリガナ	シュウワ タロウ
氏名	秀和 太郎
生年月日	明治・(大正)・昭和 11年 3月 10日
性別	(男)・女
交付年月日	令和 3年 11月 1日
保険者番号並びに保険者の名称及び印	

被保険者番号は別に控えておきましょう

間違いがないか確認しましょう

（二）

要介護状態区分等	要介護2	
認定年月日	令和 3年 11月 1日	
認定の有効期間（事業対象者の場合は、基本チェックリスト実施日）	令和3年11月1日～令和4年4月1日	
居宅サービス等	区分支給限度基準額	
	令和3年11月1日～令和4年4月1日 1月当たり	
（うち種類支給限度基準額）	サービスの種類	種類支給限度基準額
認定審査会の意見及びサービスの種類の指定		

1か月に利用できる居宅サービスの上限（単位数）

（三）

給付制限	内容	期間
		開始年月日 令和 年 月 日 終了年月日 令和 年 月 日
		開始年月日 令和 年 月 日 終了年月日 令和 年 月 日
		開始年月日 令和 年 月 日 終了年月日 令和 年 月 日

保険料滞納などで制限がかかる場合に記載されます

居宅介護支援事業者若しくは介護予防支援事業者及びその事業所の名称又は地域包括支援センターの名称	
	届出年月日 令和 年 月 日
	届出年月日 令和 年 月 日
	届出年月日 令和 年 月 日

介護保険施設等		
種類		入所等 年月日 令和 年 月 日
名称		退所等 年月日 令和 年 月 日
種類		入所等 年月日 令和 年 月 日
名称		退所等 年月日 令和 年 月 日

資料2 主治医意見書

主治医意見書　　記入日 令和 2年10月1日

申請者	(ふりがな) しゅうわ たろう 秀和 太郎 明(大)昭 11年 3月 10日生(歳)	(男)・女	〒 ― 港区○○町○○番地○○ 連絡先 ( )

上記の申請者に関する意見は以下の通りです。

主治医として、本意見書が介護サービス計画作成に利用されることに ☑同意する。 □同意しない。

医師氏名 青山 一夫
医療機関名 東都大学病院　　電話 ( )
医療機関所在地 東京都千代田区　　FAX ( )

(1)最終診察日	令和 2 年 9 月 24 日
(2)意見書作成回数	☑初回 □2回目以上
(3)他科受診の有無	□有 ☑無 (有の場合)→□内科 □精神科 □外科 □整形外科 □脳神経外科 □皮膚科 □泌尿器科 □婦人科 □眼科 □耳鼻咽喉科 □リハビリテーション科 □歯科 □その他( )

1.傷病に関する意見

(1)診断名（特定疾病または生活機能低下の直接原因となっている傷病名については1.に記入）及び発症年月日
1. ＿＿＿＿ 発症年月日(昭和・平成・令和 年 月 日頃)
2. ＿＿＿＿ 発症年月日(昭和・平成・令和 年 月 日頃)
3. ＿＿＿＿ 発症年月日(昭和・平成・令和 年 月 日頃)

(2)症状としての安定性 □安定 □不安定 □不明
(「不安定」とした場合、具体的な状況を記入)

(3)生活機能低下の直接の原因となっている傷病または特定疾病の経過及び投薬内容を含む治療内容
〔最近(概ね6か月以内)介護に影響のあったもの及び特定疾病についてはその診断の根拠等について記入〕

第２号保険者が介護保険を利用できるかの根拠になります

2.特別な医療（過去14日間以内に受けた医療のすべてにチェック）

処置内容	□点滴の管理 □中心静脈栄養 □透析 □ストーマの処置 □酸素療法 □レスピレーター □気管切開の処置 □疼痛の看護 □経管栄養
特別な対応	□モニター測定(血圧、心拍、酸素飽和度等) □褥瘡の処置
失禁への対応	□カテーテル(コンドームカテーテル、留置カテーテル 等)

3.心身の状態に関する意見

(1)日常生活の自立度等について
・障害高齢者の日常生活自立度(寝たきり度) □自立 □J1 □J2 □A1 □A2 □B1 □B2 □C1 □C2
・認知症高齢者の日常生活自立度 □自立 □I □IIa □IIb □IIIa □IIIb □IV □M

軽度の認知症を判断する際の参考になります

(2)認知症の中核症状(認知症以外の疾患で同様の症状を認める場合を含む)
・短期記憶 □問題なし □問題あり
・日常の意思決定を行うための認知能力 □自立 □いくらか困難 □見守りが必要 □判断できない
・自分の意思の伝達能力 □伝えられる □いくらか困難 □具体的要求に限られる □伝えられない

(3)認知症の行動・心理症状(BPSD)(該当する項目全てチェック:認知症以外の疾患で同様の症状を認める場合を含む)
□無 □有 → {□幻視・幻聴 □妄想 □昼夜逆転 □暴言 □暴行 □介護への抵抗 □徘徊 □火の不始末 □不潔行為 □異食行動 □性的問題行動 □その他( )}

福祉用具を借りる際に参考にされる場合があります

(4)その他の精神・神経症状
□無 □有 〔症状名: 専門医受診の有無 □有( ) □無〕

資料3 介護報酬の主な加算減算（★印は2024年度から新設）

●居宅介護支援・介護予防支援

1. 居宅介護支援

初回加算	300単位/月
特定事業所加算	
（Ⅰ）	519単位/月
（Ⅱ）	421単位/月
（Ⅲ）	323単位/月
（A）	114単位/月
特定事業所医療介護連携加算	125単位/月
入院時情報連携加算	
（Ⅰ）	250単位/月
（Ⅱ）	200単位/月
退院・退所加算（入院・入所期間中1回を限度）	
（Ⅰ）イ	450単位/回
（Ⅰ）ロ	600単位/回
（Ⅱ）イ	600単位/回
（Ⅱ）ロ	750単位/回
（Ⅲ）	900単位/回
通院時情報連携加算	50単位/月（1回を限度）
緊急時等居宅カンファレンス加算	200単位/回（月2回を限度）
ターミナルケアマネジメント加算	400単位/月
特別地域居宅介護支援加算	15%加算
中山間地域等における小規模事業所加算	10%加算
中山間地域等居住者へのサービス提供加算	5%加算

<減算>

高齢者虐待防止措置未実施減算★	×99%
業務継続計画未策定減算 ★（2025年4月1日より）	×99%
事業所と同一建物の利用者又はこれ以外の同一建物の利用者20人以上にサービスを行う場合★	×95%
運営基準減算	×50%
特定事業所集中減算	▲200単位/月

2. 介護予防支援

初回加算	300単位/月
委託連携加算（地域包括が行う場合）	300単位/月（委託開始月に1回を限度）
特別地域介護予防支援加算（居宅介護支援事業所が行う場合）★	15%加算
中山間地域等における小規模事業所加算（居宅介護支援事業所が行う場合）★	10%加算
中山間地域等に居住する者へのサービス提供加算（居宅介護支援事業所が行う場合）★	5%加算

<減算>

高齢者虐待防止措置未実施減算★	×99%
業務継続計画未策定減算★（2025年4月1日より）	×99%

●居宅サービス

1. 訪問介護費

初回加算	200単位/月
緊急時訪問介護加算（身体介護）	100単位/回
2人の訪問介護員等による場合の加算	×200%
時間外加算	
夜間（18～22時）	25%加算
早朝（6～8時）	25%加算
深夜（22～6時）	50%加算

生活機能向上連携加算	
（Ⅰ）	100単位／月
（Ⅱ）	200単位／月
口腔連携強化加算★	50単位／回 （月に1回を限度）
認知症専門ケア加算	
（Ⅰ）	3単位／日
（Ⅱ）	4単位／日
介護職員等処遇改善加算★	
（Ⅰ）	24.5%加算
（Ⅱ）	22.4%加算
（Ⅲ）	18.2%加算
（Ⅳ）	14.5%加算
（Ⅴ）	22.1～7.6%加算
特定事業所加算	
（Ⅰ）	20%加算
（Ⅱ）	10%加算
（Ⅲ）	10%加算
（Ⅳ）	3%加算
（Ⅴ）★	3%加算

※介護職員等処遇改善加算は令和6年6月から算定（以下同様）。

※介護職員等処遇改善加算（Ⅴ）は令和7年3月末まで算定（以下同様）。

特別地域訪問介護加算	15%加算
中山間地域等における小規模事業所加算	10%加算 （訪問回数200回以下／月）
中山間地域等居住者へのサービス提供加算	5%加算

＜減算＞

共生型の場合	
居宅介護事業所で障害者居宅介護従業者基礎研修課程修了者等が行う場合	×70%
居宅介護事業所で重度訪問介護従業者養成研修修了者が行う場合	×93%
重度訪問介護事業所が行う場合	×93%
高齢者虐待防止措置未実施減算★	×99%
業務継続計画未策定減算★（2025年4月1日より）	×99%
事業所と同一建物の利用者、又はこれ以外の同一建物の利用者20人以上にサービスを行う場合	×90%
事業所と同一建物の利用者50人以上にサービスを行う場合	×85%
事業所と同一建物の利用者が90%以上の場合★	×88%

2．訪問入浴介護費

初回加算	200単位／月
認知症専門ケア加算	
（Ⅰ）	3単位／日
（Ⅱ）	4単位／日
看取り連携体制加算★	64単位／回（死亡日と死亡日以前30日以下に限る）
サービス提供体制強化加算	
（Ⅰ）	44単位／回
（Ⅱ）	36単位／回
（Ⅲ）	12単位／回

介護職員等処遇改善加算★	
（Ⅰ）	10.0%加算
（Ⅱ）	9.4%加算
（Ⅲ）	7.9%加算
（Ⅳ）	6.3%加算
（Ⅴ）	8.9～3.3%加算
特別地域訪問入浴介護加算	15%加算
中山間地域等における小規模事業所加算	10%加算 （20回以下／月）

中山間地域等居住者へのサービス提供加算	5%加算

＜減算＞

高齢者虐待防止措置未実施減算★	×99%
業務継続計画未策定減算★（2025年4月1日より）	×99%
介護職員3人が行った場合	×95%
全身入浴が困難で、清拭又は部分浴を実施した場合	×90%
事業所と同一建物の利用者、又はこれ以外の同一建物の利用者20人以上にサービスを行う場合	×90%
事業所と同一建物の利用者50人以上にサービスを行う場合	×85%

3．訪問看護費

サービス提供体制強化加算	
（Ⅰ）	6単位／回
（Ⅱ）	3単位／回
（Ⅰ）（定期巡回・随時対応型訪問介護看護事業所と連携して行う場合）	50単位／月
（Ⅱ）（定期巡回・随時対応型訪問介護看護事業所と連携して行う場合）	25単位／月
時間外加算	
夜間（18～22時）・早朝（6～8時）	25%加算
深夜（22～6時）	50%加算
複数名訪問加算	
（Ⅰ）30分未満	254単位／回
（Ⅰ）30分以上	402単位／回
（Ⅱ）30分未満	201単位／回
（Ⅱ）30分以上	317単位／回
ターミナルケア加算	2,500単位／死亡月
退院時共同指導加算	600単位／回
初回加算	
（Ⅰ）★	350単位／月
（Ⅱ）	300単位／月
口腔連携強化加算★	50単位／回（月1回を限度）
特別管理加算	
（Ⅰ）	500単位／月
（Ⅱ）	250単位／月
長時間訪問看護加算	300単位／回
緊急時訪問看護加算	
（Ⅰ）訪問看護ステーション★	600単位／月
（Ⅰ）病院・診療所★	325単位／月
（Ⅱ）訪問看護ステーション	574単位／月
（Ⅱ）病院・診療所	315単位／月
特別地域訪問看護加算	15%加算
中山間地域等小規模事業所加算	10%加算
中山間地域等居住者サービス提供加算	5%加算
看護・介護職員連携強化加算	250単位／月
看護体制強化加算	
（Ⅰ）	550単位／月
（Ⅱ）	200単位／月
専門管理加算★	250単位／月
遠隔死亡診断補助加算★	150単位／回

＜減算＞

准看護士の場合	×90%
理学療法士等が1日2回を超えて実施	×90%
高齢者虐待防止措置未実施減算★	×99%
業務継続計画未策定減算★（2025年4月1日より）	×99%
事業所と同一建物の利用者、又はこれ以外の同一建物の利用者20人以上にサービスを行う場合	×90%

事業所と同一建物の利用者50人以上にサービスを行う場合	×85%

急性増悪等で主治医（介護老人保健施設の医師を除く）が一時的に頻回の訪問看護の必要がある旨を指示	▲97単位/月

※ほかに、定期巡回・随時対応型訪問愛護看護事業所と連携した場合の規定がある。

4. 訪問リハビリテーション費

サービス提供体制強化加算	
（Ⅰ）	6単位/回
（Ⅱ）	3単位/回
短期集中リハビリテーション実施加算	200単位/日
リハビリテーションマネジメント加算	
イ	180単位/月
ロ	213単位/月
事業所の医師がリハビリテーション計画の説明をして同意を得た場合★	イ、ロに270単位／月を加算
認知症短期集中リハビリテーション実施加算★	240単位／日（週2日を限度）
口腔連携強化加算★	50単位／月
退院時共同指導加算★	600単位
移行支援加算	17単位/日

特別地域訪問リハビリテーション加算	15%加算
中山間地域等における小規模事業所加算	10%加算
中山間地域等居住者へのサービス提供加算	5%加算

<減算>

高齢者虐待防止措置未実施減算★	×99%
業務継続計画未策定減算★（2025年4月1日より）	×99%
同一建物利用者にサービスを行う場合	訪問介護参照
事業所と同一建物の利用者50人以上にサービスを行う場合	×85%
診療未実施減算	▲50単位/回

5. 居宅療養管理指導費

医療用麻薬持続注射療法加算（薬剤師）★	250単位／回
在宅中心静脈栄養法加算（薬剤師）★	150単位／回
特別地域居宅療養管理指導加算	15%加算/回

中山間地域等における小規模事業所加算	10%加算/回
中山間地域等居住者へのサービス提供加算	5%加算/回
特別薬剤管理指導加算（薬剤師）	100単位/回

6. 通所介護費

サービス提供体制強化加算	
（Ⅰ）	22単位/回
（Ⅱ）	18単位/回
（Ⅲ）	6単位/回
介護職員等処遇改善加算★	
（Ⅰ）	×9.2%加算
（Ⅱ）	×9.0%加算
（Ⅲ）	×8.0%加算
（Ⅳ）	6.4%加算
（Ⅴ）	8.1～3.3%加算
個別機能訓練加算	
（Ⅰ）イ	56単位/日
（Ⅰ）ロ	76単位/日
（Ⅱ）	20単位/月
生活機能向上連携加算	
（Ⅰ）	100単位/月（3月に1回を限度）
（Ⅱ）	200単位/月

資料

ADL維持等加算	
（Ⅰ）	30単位／月
（Ⅱ）	60単位／月
中重度者ケア体制加算	45単位／日
認知症加算	60単位／日
若年性認知症利用者受入加算	60単位／日
栄養改善加算	200単位／回 （3月以内・月2回を限度）
口腔・栄養スクリーニング加算	
（Ⅰ）	20単位／回 （6月に1回を限度）
（Ⅱ）	5単位／回 （6月に1回を限度）
口腔機能向上加算	
（Ⅰ）	150単位／回（3月以内・月2回を限度）
（Ⅱ）	160単位／回（3月以内・月2回を限度）
科学的介護推進体制加算	40単位／月
栄養アセスメント加算	50単位／月
中山間地域等居住者へのサービス提供加算	5%加算
延長加算（8時間以上9時間未満の通所介護の前後に日常生活上の世話を行う場合）	
9時間以上10時間未満	50単位／回
10時間以上11時間未満	100単位／回
11時間以上12時間未満	150単位／回
12時間以上13時間未満	200単位／回
13時間以上14時間未満	250単位／回
入浴介助加算	
（Ⅰ）	40単位／日
（Ⅱ）	55単位／日
生活相談員配置等加算	13単位／日

＜減算＞

利用者の数が利用定員を超える場合、又は看護・介護職員の員数が基準に満たない場合	×70%
2時間以上3時間未満の通所介護を行う場合	4時間以上5時間未満の単位×70%
事業所と同一建物に居住する者、又は同一建物からサービスを利用する者の場合	▲94単位／日
送迎未実施の場合	▲47単位／片道
高齢者虐待防止措置未実施減算★	×99%
業務継続計画未策定減算★	×99%

※業務継続計画未策定減算は、「感染症の予防及びまん延の防止のための指針」の整備及び非常災害に関する具体的計画の策定を行っている場合、2025年3月31日まで算定しない（以下、訪問系サービス以外で同様）。

※ほかに、共生型の場合、感染症や災害で利用者が減少した場合についての規定がある。

7. 通所リハビリテーション費

サービス提供体制強化加算	
（Ⅰ）	22単位／回
（Ⅱ）	18単位／回
（Ⅲ）	6単位／回
介護職員等処遇改善加算★	
（Ⅰ）	8.6%加算
（Ⅱ）	8.3%加算
（Ⅲ）	6.6%加算
（Ⅳ）	5.3%加算
（Ⅴ）	7.6～2.8%加算
退院時共同指導加算★	600単位／回
理学療法士等体制強化加算（1時間以上2時間未満のみ）	30単位／日

リハビリテーション提供体制加算	
3時間以上4時間未満	12単位／回
4時間以上5時間未満	16単位／回
5時間以上6時間未満	20単位／回
6時間以上7時間未満	24単位／回
7時間以上の場合	28単位／回
リハビリテーションマネジメント加算	
イ　6月以内	560単位／月
イ　6月超	240単位／月
ロ　6月以内	593単位／月
ロ　6月超	273単位／月
ハ　6月以内★	793単位／月
ハ　6月超★	473単位／月

事業所の医師がリハビリテーション計画の説明をして同意を得た場合★	イ、ロ、ハに270単位／月を加算
短期集中個別リハビリテーション実施加算	110単位/日（通院・退所日又は認定日から3月以内）
認知症短期集中リハビリテーション実施加算	
（Ⅰ）（退院日又は通所開始日から3月以内）	240単位/日
（Ⅱ）（退院月又は通所開始月から3月以内）	1,920単位/月
生活行為向上リハビリテーション実施加算	1,250単位/月（6月以内）
若年性認知症利用者受入加算	60単位/日
栄養改善加算	200単位/回（3月以内・月2回を限度）
口腔・栄養スクリーニング加算	
（Ⅰ）	20単位/回（6月に1回を限度）
（Ⅱ）	5単位/回（6月に1回を限度）
口腔機能向上加算	
（Ⅰ）	150単位/回（3月以内、月2回を限度）
（Ⅱ）イ★	155単位／回（3月以内、月2回を限度）
（Ⅱ）ロ	160単位/回（3月以内、月に2回を限度）
科学的介護推進体制加算	40単位/月
栄養アセスメント加算	50単位/月
中重度者ケア体制加算	20単位/日
移行支援加算	12単位/日
中山間地域等居住者へのサービス提供加算	5%加算

延長加算（7時間以上8時間未満の通所リハビリテーションの前後に日常生活上の世話を行う場合）	
8時間以上9時間未満	50単位/回
9時間以上10時間未満	100単位/回
10時間以上11時間未満	150単位/回
11時間以上12時間未満	200単位/回
12時間以上13時間未満	250単位/回
13時間以上14時間未満	300単位/回
入浴介助加算	
（Ⅰ）	40単位/日
（Ⅱ）	60単位/日
重度療養管理加算（1時間以上2時間未満を除く）	100単位/日

<減算>

利用者の数が利用定員を超える場合、又は医師、理学療法士等、看護・介護職員の員数が基準に満たない場合	×70%
生活行為向上リハビリテーション実施後に通所リハビリテーションを継続利用した場合	×85%/日（実施終了月の翌月から6月まで）
事業所と同一建物に居住する者、又は同一建物からサービスを利用する者の場合	▲94単位/日
送迎未実施の場合	▲47単位/片道
高齢者虐待防止措置未実施減算★	×99%
業務継続計画未策定減算★	×99%

8. 短期入所生活介護

看護体制加算	
（Ⅰ）	4単位/日
（Ⅱ）	8単位/日
（Ⅲ）イ　利用定員29人以下	12単位/日
（Ⅲ）ロ　30～50人	6単位/日
（Ⅳ）イ　29人以下	23単位/日
（Ⅳ）ロ　30～50人	13単位/日
夜勤職員配置加算	
（Ⅰ）	13単位/日
（Ⅱ）（ユニット型）	18単位/日
（Ⅲ）	15単位/日
（Ⅳ）（ユニット型）	20単位/日
療養食加算	8単位/回（1日に3回を限度）
緊急短期入所受入加算	90単位/日（7日を限度）
在宅中重度者受入加算	

(1) 看護体制加算(Ⅰ)又は(Ⅲ)を算定している	421単位/日
(2) 看護体制加算(Ⅱ)又は(Ⅳ)を算定している	417単位/日
(3) 看護体制加算(1)(2)いずれも算定している	413単位/日
(4) 看護体制加算を算定していない	425単位/日
口腔連携強化加算★	50単位/回 (月1回を限度)
生産性向上推進体制加算★	
(Ⅰ)	100単位/月
(Ⅱ)	10単位/月
サービス提供体制強化加算	
(Ⅰ)	22単位/日
(Ⅱ)	18単位/日
(Ⅲ)	6単位/日
介護職員等処遇改善加算★	
(Ⅰ)	14.0%加算
(Ⅱ)	13.6%加算
(Ⅲ)	11.3%加算
(Ⅳ)	9.0%加算
(Ⅴ)	12.4～4.7%加算
認知症専門ケア加算	
(Ⅰ)	3単位/日
(Ⅱ)	4単位/日
認知症行動・心理症状緊急対応加算	200単位/日 (7日を限度)
若年性認知症利用者受入加算	120単位/日
生活相談員配置等加算	13単位/日
生活機能向上連携加算	
(Ⅰ)	100単位/月 (3月に1回を限度)
(Ⅱ)	200単位/月
専従の機能訓練指導員を配置している場合	12単位/日
個別機能訓練加算	56単位/日
医療連携強化加算	58単位/日
看取り連携体制加算★	64単位/日 (死亡日と死亡日以前30日以下、7日を限度)
送迎を行う場合	184単位/片道

<減算>

長期利用者に短期入所生活介護を提供する場合	▲30単位/日
夜勤職員の勤務条件基準を満たさない場合	×97%
利用者・入所者の数が入所定員を超える場合、又は介護・看護職員の員数が基準に満たない場合	×70%
ユニットケアにおける体制が未整備である場合	×97%
身体拘束廃止未実施減算★	×99%
高齢者虐待防止措置未実施減算★	×99%
業務継続計画未策定減算★	×99%

※ほかに、共生型の場合についての規定がある。

9. 短期入所療養介護費(介護老人保健施設の場合)

療養体制維持特別加算	
(Ⅰ)	27単位/日
(Ⅱ)	57単位/日
総合医学管理加算	275単位/日 (10日を限度)
口腔連携強化加算★	50単位/回 (月1回を限度)
生産性向上推進体制加算★	
(Ⅰ)	100単位/月
(Ⅱ)	10単位/月
療養食加算	8単位/回 (1日に3回を限度)
認知症専門ケア加算	
(Ⅰ)	3単位/日
(Ⅱ)	4単位/日
緊急時施設療養費(緊急時治療管理)	518単位/日 (月1回・3日を限度)
サービス提供体制強化加算	
(Ⅰ)	22単位/日
(Ⅱ)	18単位/日

（Ⅲ）	6単位/日
介護職員等処遇改善加算★	
（Ⅰ）	7.5%加算
（Ⅱ）	7.1%加算
（Ⅲ）	5.4%加算
（Ⅳ）	4.4%加算
（Ⅴ）	6.7～2.3%加算
夜勤職員配置加算	24単位/日
個別リハビリテーション実施加算	240単位/日
認知症ケア加算	76単位/日
認知症行動・心理症状緊急対応加算	200単位/日（利用開始日から7日を限度）
緊急短期入所受入加算	90単位/日 （7日を限度）
若年性認知症利用者受入加算	60又は120単位/日
重度療養管理加算	60又は120単位/日
在宅復帰・在宅療養支援機能加算	
（Ⅰ）	51単位/日
（Ⅱ）	51単位/日
送迎を行う場合	184単位/片道

<減算>

夜勤職員の勤務条件基準を満たさない場合	×97%
利用者の数及び入所者の数が入所定員を超える場合、又は医師、理学療法士等、看護・介護職員の員数が基準に満たない場合	×70%
ユニットケアにおける体制が未整備である場合	×97%
身体拘束廃止未実施減算★	×99%
高齢者虐待防止措置未実施減算★	×99%
業務継続計画未策定減算★	×99%
療養型の面積が8㎡／人以上の場合	▲26単位／日 （2025年8月1日より）

※ほかに、特別療養費、緊急時施設療養費の特定治療についての規定がある。

※介護老人保健施設の場合のほか、療養病床を有する病院の場合、診療所の場合、介護医療院の場合についての規定がある。

10. 特定施設入居者生活介護（◆は外部サービス利用型・短期利用では算定しない）

退院・退所時連携加算◆	30単位/日
退去時情報提供加算★	250単位／回
看取り看護加算◆	
（Ⅰ）(1) 死亡日以前31日以上45日以下	72単位/日
（Ⅰ）(2) 死亡日以前4日以上30日以下	144単位/日
（Ⅰ）(3) 死亡日以前2日又は3日	680単位/日
（Ⅰ）(4) 死亡日	1,280単位/日
（Ⅱ）(1) 死亡日以前31日以上45日以下	572単位/日
（Ⅱ）(2) 死亡日以前4日以上30日以下	644単位/日
（Ⅱ）(3) 死亡日以前2日又は3日	1,180単位/日
（Ⅱ）(4) 死亡日	1,780単位/日
認知症専門ケア加算◆	
（Ⅰ）	3単位/日
（Ⅱ）	4単位/日

高齢者施設等感染対策向上加算★	
（Ⅰ）	10単位／月
（Ⅱ）	5単位／月
新興感染症等施設療養費★	240単位／日（月1回、連続5日を限度）
生産性向上推進体制加算★（外部サービス利用型を除く）	
（Ⅰ）	100単位／月
（Ⅱ）	10単位／月
サービス提供体制強化加算	
（Ⅰ）	22単位/日
（Ⅱ）	18単位/日
（Ⅲ）	6単位/日
介護職員等処遇改善加算★	
（Ⅰ）	12.8%加算
（Ⅱ）	12.2%加算
（Ⅲ）	11.0%加算
（Ⅳ）	8.8%加算
（Ⅴ）	11.3～4.6%加算

入居継続支援加算◆	
（Ⅰ）	36単位/日
（Ⅱ）	22単位/日
生活機能向上連携加算◆	
（Ⅰ）	100単位/月 （3月に1回を限度）
（Ⅱ）	200単位/月
個別機能訓練加算◆	
（Ⅰ）	12単位/日
（Ⅱ）	20単位/月
口腔・栄養スクリーニング加算◆	20単位/回 （6月に1回を限度）
科学的介護推進体制加算◆	40単位/月
ADL維持等加算◆	
（Ⅰ）	30単位/月
（Ⅱ）	60単位/月
若年性認知症入居者受入加算（外部サービス利用型を除く）	120単位/日
夜間看護体制加算（外部サービス利用型を除く）	
（Ⅰ）	18単位／日
（Ⅱ）★	9単位／日

協力医療機関連携加算（短期利用を除く）★	
相談・診療体制を常時確保している協力機関の場合	100単位／月
上記以外の協力機関の場合	40単位／月
障害者等支援加算（外部サービス利用型のみ）	20単位/日

<減算>

減算	
身体拘束廃止未実施減算（外部サービス利用型・短期利用を除く）	×90%
看護・介護職員の員数が基準に満たない場合（外部サービス利用型を除く）	×70%
介護職員の員数が基準に満たない場合（外部サービス利用型のみ）	×70%
身体拘束廃止未実施減算（外部サービス利用型のみ）★（2025年4月1日より）	×99%
高齢者虐待防止措置未実施減算★	×99%
業務継続計画未策定減算★	×97%

11. 福祉用具貸与

加算	
特別地域福祉用具貸与加算	交通費に相当する額を事業所の所在地に適用される1単位の単価で除して得た単位数（個々の用具ごとに貸与費の100/100を限度）
中山間地域等における小規模事業所加算	交通費に相当する額の2/3に相当する額を事業所の所在地に適用される1単位の単価で除して得た単位数（個々の用具ごとに貸与費の2/3を限度）
中山間地域等に居住する者へのサービス提供加算	交通費に相当する額の1/3に相当する額を事業所の所在地に適用される1単位の単価で除して得た単位数（個々の用具ごとに貸与費の1/3を限度）
高齢者虐待防止措置未実施減算★（2027年4月1日より）	×99%
業務継続計画未策定減算★（2025年4月1日より）	×99%

●施設サービス

1. 介護老人福祉施設

外泊時費用（所定単位数に代えて）	246単位／日 （1月に6日を限度）
外泊時在宅サービス利用費用（所定単位数に代えて）	560単位／日 （1月に6日を限度）
初期加算	30単位／日（入所日から30日以内）
退所時栄養情報連携加算★	70単位／回 （月1回を限度）
再入所時栄養連携加算	200単位／回 （1回を限度）
退所時等相談援助加算	
（1）退所前訪問相談援助加算	460単位／回 （入所中1回又は2回を限度）
（2）退所後訪問相談援助加算	460単位／回 （退所後1回を限度）
（3）退所時相談援助加算	400単位／回 （1回を限度）
（4）退所前連携加算	500単位／回 （1回を限度）
（5）退所時情報提供加算★	250単位／回（1回を限度）
協力医療機関連携加算★	
相談・診療体制を常時確保し緊急時入院を受け入れる体制を確保している協力医療機関の場合	50単位／月（2025年3月31日までは100単位）
上記以外の協力医療機関の場合	5単位／月
特別通院送迎加算★	594単位／月
栄養マネジメント強化加算	11単位／日
経口移行加算	28単位／日（計画作成日から180日以内）
経口維持加算	
（Ⅰ）	400単位／月
（Ⅱ）	100単位／月
口腔衛生管理加算	
（Ⅰ）	90単位／月
（Ⅱ）	110単位／月
療養食加算	6単位／回 （1日に3回を限度）

配置医師緊急時対応加算	
配置医師の勤務時間外の場合★	325単位／回
早朝・夜間の場合	650単位／回
深夜の場合	1,300単位／回
看取り看護加算	
（Ⅰ）（1）死亡日以前31日以上45日以下	72単位／日
（Ⅰ）（2）死亡日以前4日以上30日以下	144単位／日
（Ⅰ）（3）死亡日以前2日又は3日	680単位／日
（Ⅰ）（4）死亡日	1,280単位／日
（Ⅱ）（1）死亡日以前31日以上45日以下	72単位／日
（Ⅱ）（2）死亡日以前4日以上30日以下	144単位／日
（Ⅱ）（3）死亡日以前2日又は3日	780単位／日
（Ⅱ）（4）死亡日	1,580単位／日
在宅復帰支援機能加算	10単位／日
在宅・入所相互利用加算	40単位／日
認知症行動・心理症状緊急対応加算	200単位／日 （入所後7日を限度）
認知症専門ケア加算	
（Ⅰ）	3単位／日
（Ⅱ）	4単位／日
認知症チームケア推進加算★	
（Ⅰ）	150単位／月
（Ⅱ）	120単位／月
褥瘡マネジメント加算	
（Ⅰ）	3単位／月
（Ⅱ）	13単位／月
排せつ支援加算	
（Ⅰ）	10単位／月
（Ⅱ）	15単位／月
（Ⅲ）	20単位／月
自立支援促進加算	280単位／月
科学的介護推進体制加算	
（Ⅰ）	40単位／月

（Ⅱ）	50単位/月
安全対策体制加算	20単位/回 （入所時に1回を限度）
高齢者施設等感染対策向上加算★	
（Ⅰ）	10単位／月
（Ⅱ）	5単位／月
新興感染症等施設療養費★	240単位／日（月1回、連続5日を限度）
生産性向上推進体制加算★	
（Ⅰ）	100単位／月
（Ⅱ）	10単位／月
サービス提供体制強化加算	
（Ⅰ）	22単位/日
（Ⅱ）	18単位/日
（Ⅲ）	6単位/日
介護職員等処遇改善加算★	
（Ⅰ）	14.0%加算
（Ⅱ）	13.6%加算
（Ⅲ）	11.3%加算
（Ⅳ）	9.0%加算
（Ⅴ）	12.4～4.7%加算
日常生活継続支援加算	
（Ⅰ）（ユニット型以外）	36単位/日
（Ⅱ）（ユニット型）	46単位/日
看護体制加算	
（Ⅰ）定員30～50人	6単位/日
（Ⅰ）定員51人以上又は経過的小規模	4単位/日
（Ⅱ）定員30～50人	13単位/日
（Ⅱ）定員51人以上又は経過的小規模	8単位/日
夜勤職員配置加算	
（Ⅰ）定員30～50人（ユニット型以外）	22単位/日
（Ⅰ）定員51人以上又は経過的小規模（ユニット型以外）	13単位/日
（Ⅱ）定員30～50人（ユニット型）	27単位/日
（Ⅱ）定員51人以上又は経過的小規模（ユニット型）	18単位/日
（Ⅲ）定員30～50人（ユニット型以外）	28単位/日
（Ⅲ）定員51人以上又は経過的小規模（ユニット型以外）	16単位/日
（Ⅳ）定員30～50人（ユニット型）	33単位/日
（Ⅳ）定員51人以上又は経過的小規模（ユニット型）	21単位/日
準ユニットケア加算（ユニット型以外）	5単位/日
生活機能向上連携加算	
（Ⅰ）	100単位/月 （3月に1回を限度）
（Ⅱ）	200単位/月
個別機能訓練加算	
（Ⅰ）	12単位/日
（Ⅱ）	20単位/月
（Ⅲ）★	20単位／月
ADL維持等加算	
（Ⅰ）	30単位/月
（Ⅱ）	60単位/月
若年性認知症入所者受入加算	120単位/日
専従の常勤医師を配置している場合	25単位/日
精神科医師による療養指導（月2回以上）	5単位/日
障害者生活支援体制加算	
（Ⅰ）	26単位/日
（Ⅱ）	41単位/日

<減算>

身体拘束廃止未実施減算	×90%/日
夜勤職員の勤務条件基準を満たさない場合	×97%
入所者の数が入所定員を超える場合、又は介護・看護職員又は介護支援専門員の員数が基準に満たない場合	×70%
ユニットケアにおける体制が未整備である場合（ユニット型）	×97%

安全管理体制未実施減算	▲5単位/日
栄養管理の基準を満たさない場合	▲14単位/日

高齢者虐待防止措置未実施減算★	×99%
業務継続計画未策定減算★	×97%

2. 介護老人保健施設

外泊時費用（所定単位数に代えて）	
外泊時費用	362単位/日（月6日を限度）
外泊時費用（在宅サービス利用）	800単位/日（月6日を限度）
ターミナルケア加算	
(1) 死亡日以前31日以上45日以下（療養型以外）	72単位/日
(1) 死亡日以前31日以上45日以下（療養型）	80単位/日
(2) 死亡日以前4日以上30日以下（療養型以外）	160単位/日
(2) 死亡日以前4日以上30日以下（療養型）	160単位/日
(3) 死亡日以前2日又は3日（療養型以外）	910単位/日
(3) 死亡日以前2日又は3日（療養型）	850単位/日
(4) 死亡日（療養型以外）	1,900単位/日
(4) 死亡日（療養型）	1,700単位/日
療養体制維持特別加算	
（Ⅰ）	27単位/日
（Ⅱ）	57単位/日
在宅復帰・在宅療養支援機能加算	
（Ⅰ）	51単位/日
（Ⅱ）	51単位/日
初期加算	
（Ⅰ）★	60単位／日
（Ⅱ）	30単位／日
退所時栄養情報連携加算★	70単位／回（月に1回を限度）
再入所時栄養連携加算	200単位/回（1回を限度）

入所前後訪問指導加算（入所中1回を限度）	
（Ⅰ）	450単位/回
（Ⅱ）	480単位/回
退所時等支援等加算　(1) 退所時等支援加算	
(一) 試行的退所時指導加算	400単位/回（3月以内、月1回を限度）
(二) 退所時情報提供加算（Ⅰ）	500単位/回（1回を限度）
退所時情報提供加算（Ⅱ）★	250単位／回（1回を限度）
(三) 入退所前連携加算（Ⅰ）	600単位/回（1回を限度）
(四) 入退所前連携加算（Ⅱ）	400単位/回（1回を限度）
退所時等支援等加算 (2) 訪問看護指示加算	300単位／回（1回を限度）
協力医療機関連携加算★	
相談・診療体制を常時確保し緊急時入院を受け入れる体制を確保している協力医療機関の場合	50単位／月（2025年3月31日までは100単位）
上記以外の協力医療機関の場合	5単位／月
栄養マネジメント強化加算	11単位/日
経口移行加算	28単位/日（計画作成日から180日以内）
経口維持加算	
（Ⅰ）	400単位/月
（Ⅱ）	100単位/月
口腔衛生管理加算	
（Ⅰ）	90単位/月
（Ⅱ）	110単位/月
療養食加算	6単位/回（1日に3回を限度）
在宅復帰支援機能加算（療養型の場合）	10単位/日

資料

かかりつけ医連携薬剤調整加算	
（Ⅰ）イ	140単位/回 （1回を限度）
（Ⅰ）ロ★	70単位／回 （1回を限度）
（Ⅱ）	240単位/回 （1回を限度）
（Ⅲ）	100単位/回 （1回を限度）
緊急時施設療養費（緊急時治療管理）	518単位/日（月に1回、連続3日を限度）
所定疾患施設療養費	
（Ⅰ）	239単位/日（月に1回、連続7日を限度）
（Ⅱ）	480単位/日（月に1回、連続10日を限度）
認知症チームケア推進加算★	
（Ⅰ）	150単位／月
（Ⅱ）	120単位／月
認知症専門ケア加算	
（Ⅰ）	3単位/日
（Ⅱ）	4単位/日
認知症行動・心理症状緊急対応加算	200単位/日 （入所後7日を限度）
リハビリテーションマネジメント計画書情報加算	
（Ⅰ）★	53単位／月
（Ⅱ）	33単位／月
褥瘡マネジメント加算（基本型・在宅強化型の場合）	
（Ⅰ）	3単位/月
（Ⅱ）	13単位/月
排せつ支援加算	
（Ⅰ）	10単位/月
（Ⅱ）	15単位/月
（Ⅲ）	20単位/月
自立支援促進加算	300単位/月
科学的介護推進体制加算	
（Ⅰ）	40単位/月
（Ⅱ）	60単位/月
安全対策体制加算	20単位/回 （入所時に1回を限度）
サービス提供体制強化加算	
（Ⅰ）	22単位/日
（Ⅱ）	18単位/日
（Ⅲ）	6単位/日
高齢者施設等感染対策向上加算★	
（Ⅰ）	10単位／月
（Ⅱ）	5単位／月
新興感染症等施設療養費★	240単位／日（月1回、連続5日を限度）
生産性向上推進体制加算★	
（Ⅰ）	100単位／月
（Ⅱ）	10単位／月
介護職員等処遇改善加算★	
（Ⅰ）	7.5%加算
（Ⅱ）	7.1%加算
（Ⅲ）	5.4%加算
（Ⅳ）	4.4%加算
（Ⅴ）	6.7～2.3%加算
夜勤職員配置加算	24単位/日
短期集中リハビリテーション実施加算	
（Ⅰ）★	258単位／日
（Ⅱ）	200単位／日
認知症短期集中リハビリテーション実施加算	
（Ⅰ）★	240単位／日（週3日、入所日から3月以内）
（Ⅱ）	120単位／日（週3日、入所日から3月以内）
認知症ケア加算（ユニット型以外）	76単位/日
若年性認知症入所者受入加算	120単位/日

<減算>

夜勤職員の勤務条件基準を満たさない場合	×97%
入所者の数が入所定員を超える場合、又は医師、看護・介護職員、理学療法士等又は介護支援専門員の員数が基準に満たない場合	×70%
ユニットケアにおける体制が未整備である場合	×97%
身体拘束廃止未実施減算	×90%
安全管理体制未実施減算	▲5単位/日
栄養管理の基準を満たさない場合	▲14単位/日

高齢者虐待防止措置未実施減算★	×99%
業務継続計画未策定減算★	×97%

療養室の面積が8㎡／人以上の場合★	▲26単位／日

※ほかに、特別療養費、緊急時施設療養費の特定治療についての規定がある。

3. 介護医療院

外泊時費用（所定単位数に代えて）	362単位/日（月6日を限度）
試行的退院サービス費（所定単位数に代えて）	800単位/日（月6日を限度）
他科受診時費用（所定単位数に代えて）	362単位/日（月4日を限度）
初期加算	30単位/日
退所時栄養情報連携加算★	70単位／回（月1回を限度）
再入所時栄養連携加算	200単位/回（1回を限度）
退所時指導等加算　(一) 退所時等指導加算	
a 退所前訪問指導加算	460単位（1回又は2回を限度）
b 退所後訪問指導加算	460単位（1回を限度）
c 退所時指導加算	400単位/回（1回を限度）
d 退所時情報提供加算	
（Ⅰ）	500単位／回（1回を限度）
（Ⅱ）★	250単位／回（1回を限度）
e 退所前連携加算	500単位/回（1回を限度）
退所時指導等加算（二）訪問看護指示加算	300単位／回（1回を限度）
協力医療機関連携加算★	
相談・診療体制を常時確保し緊急時入院を受け入れる体制を確保している協力医療機関の場合	50単位／月（2025年3月31日までは100単位）
上記以外の協力医療機関の場合	5単位／月
栄養マネジメント強化加算	11単位/日
経口移行加算	28単位/日（計画作成日から180日以内）

経口維持加算	
（Ⅰ）	400単位/月
（Ⅱ）	100単位/月
口腔衛生管理加算	
（Ⅰ）	90単位/月
（Ⅱ）	110単位/月
療養食加算	6単位/回（1日に3回を限度）
在宅復帰支援機能加算	10単位/日
緊急時施設診療費（緊急時治療管理）	518単位/日（月1回3日を限度）
認知症専門ケア加算	
（Ⅰ）	3単位/日
（Ⅱ）	4単位/日
認知症行動・心理症状緊急対応加算	200単位/日（入所後7日を限度）
認知症チームケア推進加算★	
（Ⅰ）	150単位／月
（Ⅱ）	120単位／月
重度認知症疾患療養体制加算	
（Ⅰ）要介護1・2	140単位/日
（Ⅰ）要介護3・4・5	40単位/日
（Ⅱ）要介護1・2	200単位/日
（Ⅱ）要介護3・4・5	100単位/日
排せつ支援加算	
（Ⅰ）	10単位/月
（Ⅱ）	15単位/月
（Ⅲ）	20単位/月
自立支援促進加算	280単位/月
科学的介護推進体制加算	
（Ⅰ）	40単位/月
（Ⅱ）	60単位/月
安全対策体制加算	20単位/回（入所時に1回を限度）

資料

高齢者施設等感染対策向上加算★	
（Ⅰ）	10単位／月
（Ⅱ）	5単位／月
新興感染症等施設療養費★	240単位／日（月1回、連続5日を限度）
生産性向上推進体制加算★	
（Ⅰ）	100単位／月
（Ⅱ）	10単位／月
サービス提供体制強化加算	
（Ⅰ）	22単位/日
（Ⅱ）	18単位/日
（Ⅲ）	6単位/日
介護職員等処遇改善加算★	
（Ⅰ）	5.1%加算
（Ⅱ）	4.7%加算
（Ⅲ）	3.6%加算
（Ⅳ）	2.9%加算
（Ⅴ）	4.6～1.5%加算
夜間勤務等看護	
（Ⅰ）	23単位/日
（Ⅱ）	14単位/日
（Ⅲ）	14単位/日
（Ⅳ）	7単位/日
若年性認知症患者受入加算	120単位/日

<減算>

身体拘束廃止未実施減算	×90%/日
夜勤を行う職員の勤務条件基準を満たさない場合	▲25単位/日
入所者の数が入所定員を超える場合、又は医師、薬剤師、看護・介護職員、介護支援専門員の員数が基準に満たない場合	×70%
看護師が基準に定められた看護職員の員数に20/100を乗じた数未満の場合	×90%
ユニットケアにおける体制が未整備である場合	×97%
安全管理体制未実施減算	▲5単位/日
栄養管理の基準を満たさない場合	▲14単位/日
療養環境減算	
（Ⅰ）	▲25単位/日
（Ⅱ）	▲25単位/日
高齢者虐待防止措置未実施減算★	×99%
業務継続計画未策定減算★	×97%
療養室の面積が8㎡／人以上の場合★（2025年8月1日より）	▲26単位／日

※ほかに、特別診療費、緊急時施設診療費の特定治療についての規定がある。

●地域密着型サービス

1. 定期巡回・随時対応型訪問介護看護

初期加算（一体型・連携型）	30単位/日（利用初日から30日を限定）
退院時共同指導加算（一体型で訪問看護を行う場合）	600単位/回（1回を限定）
総合マネジメント強化加算（一体型・連携型）★	
（Ⅰ）★	1,200単位／月
（Ⅱ）	800単位／月
生活機能向上連携加算（一体型・連携型）	
（Ⅰ）（初回実施月）	100単位/月
（Ⅱ）（実施月以降3月）	200単位/月
認知症専門ケア加算（一体型・連携型）	
（Ⅰ）	90単位/月
（Ⅱ）	120単位/月
認知症専門ケア加算（夜間型の基本サービスを除く）★	
（Ⅰ）	3単位／日
（Ⅱ）	4単位／日
口腔連携強化加算★（一体型・連携型）	50単位／回（月に1回を限度）
サービス提供体制強化加算（一体型・連携型・夜間型基本サービス）	
（Ⅰ）	750単位/月
（Ⅱ）	640単位/月
（Ⅲ）	350単位/月
サービス提供体制強化加算（夜間型の基本サービスを除く）★	
（Ⅰ）	22単位／回
（Ⅱ）	18単位／回
（Ⅲ）	6単位／回
介護職員等処遇改善加算★	
（Ⅰ）	24.5加算
（Ⅱ）	22.4%加算
（Ⅲ）	18.2%加算
（Ⅳ）	14.5%加算
（Ⅴ）	22.1～7.6%加算
特別地域定期巡回・随時対応型訪問介護看護加算（夜間型の基本サービスを除く）	15%加算
中山間地域等における小規模事業所加算（夜間型の基本サービスを除く）	10%加算
中山間地域等に居住する者へのサービス提供加算（夜間型の基本サービスを除く）	5%加算
緊急時訪問看護加算（一体型で訪問看護あり）	
（Ⅰ）★	325単位／月
（Ⅱ）	315単位／月
特別管理加算（一体型で訪問看護あり）	
（Ⅰ）	500単位/月
（Ⅱ）	250単位/月
ターミナルケア加算（一体型で訪問看護あり）	2,500単位/死亡月

<減算>

高齢者虐待防止措置未実施減算★	×99%
業務継続計画未策定減算★（2025年4月1日より）	×99%
准看護師の場合（一体型で訪問看護を行う場合）	×98%
事業所と同一建物の利用者にサービスを行う場合（一体型・連携型）	▲600単位/月
事業所と同一建物の利用者50人以上にサービスを行う場合（一体型・連携型）	▲900単位/月
事業所と同一建物の利用者50人以上にサービスを行う場合（夜間型の基本サービスを除く）★	×85%
事業所と同一建物の利用者、又はこれ以外の同一建物の利用者20人以上にサービスを行う場合（夜間型の基本サービスを除く）★	×90%

※ほかに、通所系サービスを利用している場合の減算がある。

2. 夜間対応型訪問介護

認知症専門ケア加算★	
（Ⅰ）イ	3単位/日
（Ⅰ）ロ	90単位/月
（Ⅱ）イ	4単位/日
（Ⅱ）ロ	120単位／月
サービス提供体制強化加算	
（Ⅰ）イ	22単位/回
（Ⅰ）ロ	154単位/月
（Ⅱ）イ	18 単位/回
（Ⅱ）ロ	126単位/月
（Ⅲ）イ	6単位/回
（Ⅲ）ロ	42単位/月
介護職員等処遇改善加算★	
（Ⅰ）	24.5%加算
（Ⅱ）	22.4%加算
（Ⅲ）	18.2%加算
（Ⅳ）	14.5%加算
（Ⅴ）	22.1～7.6%加算
24時間通報対応加算	610単位/月

特別地域夜間対応型訪問介護加算	15%加算
中山間地域等における小規模事業所加算	10%加算
中山間地域等居住者サービス提供加算	5%加算

＜減算＞

高齢者虐待防止措置未実施減算★	×99%
業務継続計画未策定減算★（2025年4月1日より）	×99%
事業所と同一建物の利用者又はこれ以外の同一建物の利用者20人以上にサービスを行う場合	×90%
事業所と同一建物の利用者50人以上にサービスを行う場合	×85%

3. 地域密着型通所介護（◆は療養通所介護・短期利用療養通所介護では算定しない）

サービス提供体制強化加算	
（Ⅰ）（通所介護）★	22単位/日
（Ⅱ）（通所介護）	18単位/日
（Ⅲ）（通所介護）	6単位/日
（Ⅲ）（療養通所介護）イ	48単位/月
（Ⅲ）（療養通所介護）ロ	24単位/月
（Ⅲ）（短期利用療養通所介護）イ★	12単位／日
（Ⅲ）（短期利用療養通所介護）ロ★	6単位／日
介護職員等処遇改善加算★	
（Ⅰ）	9.2%加算
（Ⅱ）	9.0%加算
（Ⅲ）	8.0%加算
（Ⅳ）	6.4%加算
（Ⅴ）	8.1～3.3%加算
延長加算（8時間以上9時間未満の地域密着型通所介護の前後に日常生活上の世話を行う場合）◆	
9時間以上10時間未満	50単位
10時間以上11時間未満	100単位
11時間以上12時間未満	150単位
12時間以上13時間未満	200単位
13時間以上14時間未満	250単位
生活相談員配置等加算◆	13単位/日
入浴介助加算◆	
（Ⅰ）	40単位/日
（Ⅱ）	55単位/日
中山間地域等に居住する者へのサービス提供加算	5%加算
中重度者ケア体制加算◆	45単位/日
生活機能向上連携加算◆	
（Ⅰ）	100単位/月（3月に1回を限度）
（Ⅱ）	200単位/月
個別機能訓練加算◆	
（Ⅰ）イ	56単位/日
（Ⅰ）ロ	76単位/日
（Ⅱ）	20単位/月
ADL維持等加算◆	
（Ⅰ）	30単位/月
（Ⅱ）	60単位/月

認知症加算◆	60単位/日
若年性認知症利用者受入加算◆	60単位/日
栄養アセスメント加算◆	50単位/月
栄養改善加算◆	200単位/回 (3月以内・月2回を限度)
口腔・栄養スクリーニング加算	
(Ⅰ)	20単位/回 (6月に1回を限度)
(Ⅱ)	5単位/回 (6月に1回を限度)
口腔機能向上加算◆	
(Ⅰ)	150単位/回 (3月以内・1月に2回を限度)
(Ⅱ)	160単位/回 (3月以内・1月に2回を限度)
科学的介護推進体制加算◆	40単位/月
重度者ケア体制加算(療養通所介護)★	150単位/月

＜減算＞

利用者の数が利用定員を超える場合、又は看護・介護職員の員数が基準に満たない場合	×70%
入浴介助を行わない場合(療養通所介護)	×95%
過少サービスに対する減算(療養通所介護)	×70%
2時間以上3時間未満の地域密着型通所介護を行う場合◆	4時間以上5時間未満×70%
高齢者虐待防止措置未実施減算★	×99%
業務継続計画未策定減算★	×99%
事業所と同一建物に居住する利用者にサービスを行う場合◆	▲94単位/日
送迎を行わない場合◆	▲47単位/片道

※ほかに、共生型の場合、感染症や災害で利用者が減少した場合についての規定がある。

4. 認知症対応型通所介護

サービス提供体制強化加算	
(Ⅰ)	22単位/回
(Ⅱ)	18単位/回
(Ⅲ)	6単位/回
介護職員等処遇改善加算★	
(Ⅰ)	18.1%加算
(Ⅱ)	17.4%加算
(Ⅲ)	15.0%加算
(Ⅳ)	12.2%加算
(Ⅴ)	15.8～6.5%加算
延長加算(8時間以上9時間未満の認知症対応型通所介護の前後に日常生活上の世話を行う場合)	
9時間以上10時間未満	50単位
10時間以上11時間未満	100単位
11時間以上12時間未満	150単位
12時間以上13時間未満	200単位
13時間以上14時間未満	250単位
中山間地域等居住者サービス提供加算	5%加算

入浴介助加算	
(Ⅰ)	40単位/日
(Ⅱ)	55単位/日
個別機能訓練加算	
(Ⅰ)	27単位/日
(Ⅱ)	20単位/月
生活機能向上連携加算	
(Ⅰ)	100単位/月 (3月に1回を限度)
(Ⅱ)	200単位/月
ADL維持等加算	
(Ⅰ)	30単位/月
(Ⅱ)	60単位/月
若年性認知症利用者受入加算	60単位/日
栄養アセスメント加算	50単位/月
栄養改善加算	200単位/回 (3月以内、月2回を限度)

口腔・栄養スクリーニング加算	
（Ⅰ）	20単位/回 （6月に1回を限度）
（Ⅱ）	5単位/回 （6月に1回を限度）
口腔機能向上加算	
（Ⅰ）	150単位/回（3月以内、月に2回を限度）
（Ⅱ）	160単位/回（3月以内、月に2回を限度）
科学的介護推進体制加算	40単位/月

<減算>

利用者数が利用定員を超える場合、又は看護・介護職員の員数が基準に満たない場合	×70%
2時間以上3時間未満の認知症対応型通所介護を行う場合	4時間以上5時間未満×63%
事業所と同一建物に居住する利用者にサービスを行う場合	▲94単位/日
送迎を行わない場合の減算	▲47単位/片道
高齢者虐待防止措置未実施減算★	×99%
業務継続計画未策定減算★	×99%

※ほかに、感染症や災害で利用者が減少した場合についての規定がある。

5. 小規模多機能型居宅介護（◆は短期利用では算定しない）

初期加算◆	30単位/日
認知症加算◆	
（Ⅰ）★	920単位/月
（Ⅱ）★	890単位/月
（Ⅲ）	760単位/月
（Ⅳ）	460単位/月
認知症行動・心理症状緊急対応加算（短期利用）	200単位/日 （7日を限度）
若年性認知症利用者受入加算◆	800単位/月
看護職員配置加算◆	
（Ⅰ）	900単位/月
（Ⅱ）	700単位/月
（Ⅲ）	480単位/月
看取り連携体制加算◆	64単位/日
訪問体制強化加算◆	1,000単位/月
総合マネジメント体制強化加算◆	
（Ⅰ）★	1,200単位/月
（Ⅱ）	800単位/月
生産性向上推進体制加算★	
（Ⅰ）	100単位/月
（Ⅱ）	10単位/月
生活機能向上連携加算	
（Ⅰ）（初回実施月のみ）	100単位/月
（Ⅱ）（実施月以降3月）	200単位/月
口腔・栄養スクリーニング加算◆	20単位/回 （6月に1回を限度）
科学的介護推進体制加算◆	40単位/月
サービス提供体制強化加算	
（Ⅰ）	750単位/月
（Ⅱ）	640単位/月
（Ⅲ）	350単位/月
（Ⅰ）（短期利用）	25単位/日
（Ⅱ）（短期利用）	21単位/日
（Ⅲ）（短期利用）	12単位/日
介護職員等処遇改善加算★	
（Ⅰ）	14.9%加算
（Ⅱ）	14.6%加算
（Ⅲ）	13.4%加算
（Ⅳ）	10.6%加算
（Ⅴ）	13.2～5.6%加算
特別地域小規模多機能型居宅介護加算（短期利用除く）◆	15%加算
中山間地域等における小規模事業所加算	10%加算
中山間地域等に居住する者へのサービス提供加算◆	5%加算

<減算>

身体拘束廃止未実施減算★	×99%
高齢者虐待防止措置未実施減算★	×99%
業務継続計画未策定減算★	×99%
登録者数が登録定員を超える場合、又は従業者の員数が基準に満たない場合	×70%
過少サービスに対する減算◆	×70%

6. 認知症対応型共同生活介護（◆は短期利用では算定しない）

入院時費用（所定単位数に代えて）	246単位／日（月に6日を限度）
初期加算◆	30単位／日
看取り介護加算◆	
（1）死亡日以前31日以上45日以下	72単位／日
（2）死亡日以前4日以上30日以下	144単位／日
（3）死亡日以前2日以上3日以下	680単位／日
（4）死亡日	1,280単位／日
医療連携体制加算	
（Ⅰ）イ	57単位／日
（Ⅰ）ロ	47単位／日
（Ⅰ）ハ	37単位／日
（Ⅱ）★	5単位／日
退居時相談援助加算◆	400単位／回（1回を限度）
協力医療機関連携加算◆★	
相談・診療体制を常時確保している協力医療機関の場合	100単位／月
上記以外の協力医療機関の場合	40単位／月
認知症専門ケア加算◆	
（Ⅰ）	3単位／日
（Ⅱ）	4単位／日
認知症チームケア推進加算◆★	
（Ⅰ）	150単位／月
（Ⅱ）	120単位／月
退去時情報提供加算◆★	250単位／回
生活機能向上連携加算	
（Ⅰ）	100単位／月（初回実施月のみ）
（Ⅱ）	200単位／月（3月を限度）
栄養管理体制加算◆	30単位／月
口腔衛生管理体制加算◆	30単位／月
口腔・栄養スクリーニング加算◆	20単位／回（6月に1回を限度）
科学的介護推進体制加算◆	40単位／月
高齢者施設等感染対策向上加算★	
（Ⅰ）	10単位／月
（Ⅱ）	5単位／月
新興感染症等施設療養費★	240単位／日（月1回、連続5日を限度）
生産性向上推進体制加算★	
（Ⅰ）	100単位／月
（Ⅱ）	10単位／月
サービス提供体制強化加算	
（Ⅰ）	22単位／日
（Ⅱ）	18単位／日
（Ⅲ）	6単位／日
介護職員等処遇改善加算★	
（Ⅰ）	18.6%加算
（Ⅱ）	17.8%加算
（Ⅲ）	15.5%加算
（Ⅳ）	12.5%加算
（Ⅴ）	16.3～6.6%加算
夜間支援体制加算	
（Ⅰ）（1ユニットの場合）	50単位／月
（Ⅱ）（2ユニット以上の場合）	25単位／月
認知症行動・心理症状緊急対応加算（短期利用）	200単位／日（入居日から7日を限度）

資料

若年性認知症利用者受入加算	120単位／日

＜減算＞

夜勤職員の勤務条件基準を満たさない場合	×97%
利用者の数が利用定員を超える場合、又は介護従事者の員数が基準に満たない場合	×70%
身体拘束廃止未実施減算	
短期利用ではない	×90%
短期利用★	×90% (2025年4月1日より)
高齢者虐待防止措置未実施減算★	×99%
業務継続計画未策定減算★	×97%
3ユニットで夜勤職員の員数を2人以上とする場合	▲50単位/日

7. 地域密着型特定施設入居者生活介護（◆は短期利用では算定しない）

退院・退所時連携加算◆	30単位/日（入居日から30日を限度）
看取り介護加算◆	
（Ⅰ）(1) 死亡日以前31日以上45日以下	72単位/日
（Ⅰ）(2) 死亡日以前4日以上30日以下	144単位/日
（Ⅰ）(3) 死亡日以前2日又は3日	680単位/日
（Ⅰ）(4) 死亡日	1,280単位/日
（Ⅱ）(1) 死亡日以前31日以上45日以下	572単位/日
（Ⅱ）(2) 死亡日以前4日以上30日以下	644単位/日
（Ⅱ）(3) 死亡日以前2日又は3日	1,180単位/日
（Ⅱ）(4) 死亡日	1,780単位/日
退去時情報提供加算◆★	250単位／回
認知症専門ケア加算◆	
（Ⅰ）	3単位/日
（Ⅱ）	4単位/日
科学的介護推進体制加算◆	40単位/月
高齢者施設等感染対策向上加算★	
（Ⅰ）	10単位／月
（Ⅱ）	5単位／月
新興感染症等施設療養費★	240単位／日（月1回、連続5日を限度）
生産性向上推進体制加算★（外部サービス利用型を除く）	
（Ⅰ）	100単位／月
（Ⅱ）	10単位／月
サービス提供体制強化加算	
（Ⅰ）	22単位/日
（Ⅱ）	18単位/日
（Ⅲ）	6単位/日
介護職員等処遇改善加算★	
（Ⅰ）	12.8%加算
（Ⅱ）	12.2%加算
（Ⅲ）	11.0%加算
（Ⅳ）	8.8%加算
（Ⅴ）	11.3～4.6%加算
入居継続支援加算◆	
（Ⅰ）	36単位/日
（Ⅱ）	22単位/日
生活機能向上連携加算◆	
（Ⅰ）	100単位/月 （3月に1回を限度）
（Ⅱ）	200単位/月
個別機能訓練加算◆	
（Ⅰ）	12単位/日
（Ⅱ）	20単位/月
ADL維持等加算◆	
（Ⅰ）	30単位/月
（Ⅱ）	60単位/月
夜間看護体制加算	
（Ⅰ）	18単位／日
（Ⅱ）★	9単位／日
若年性認知症利用者受入加算	120単位/日

協力医療機関連携加算◆	
相談・診療体制を常時確保している協力機関の場合	100単位／月
上記以外の協力機関の場合★	40単位／月
口腔衛生管理体制加算◆	30単位/月
口腔・栄養スクリーニング加算◆	20単位/回 (6月に1回を限度)

<減算>

看護・介護職員の員数が基準に満たない場合	×70%
身体拘束廃止未実施減算◆	×90%
身体拘束廃止未実施減算(短期利用)★	×99% (2025年4月1日より)
高齢者虐待防止措置未実施減算★	×99%
業務継続計画未策定減算★	×97%

8. 地域密着型介護老人福祉施設入所者生活介護

外泊時費用(所定単位数に代えて)	246単位/日 (月に6日を限度)
外泊時在宅サービス利用費用(所定単位数に代えて)	560単位/日 (月に6日を限度)
初期加算	30単位/日(入所日から30日を限度)
再入所時栄養連携加算	200単位/回 (1回を限度)
退所時栄養情報連携加算★	70単位／回 (月に1回を限度)
退所時等相談援助加算	
(1) 退所前訪問相談援助加算	460単位/回 (入所中1回又は2回を限度)
(2) 退所後訪問相談援助加算	460単位/回 (退所後1回を限度)
(3) 退所時相談援助加算	400単位/回 (1回を限度)
(4) 退所前連携加算	500単位/回 (1回を限度)
(5) 退所時情報提供加算★	250単位／回(1回を限度)
協力医療機関連携加算★	
相談・診療体制を常時確保し緊急時入院を受け入れる体制を確保している協力医療機関の場合	50単位／月 (2025年3月31日までは100単位)
上記以外の協力医療機関の場合	5単位／月
栄養マネジメント強化加算	11単位/日

経口移行加算	28単位/日 (180日以内)
経口維持加算	
(Ⅰ)	400単位/月
(Ⅱ)	100単位/月
口腔衛生管理加算	
(Ⅰ)	90単位/月
(Ⅱ)	110単位/月
療養食加算	6単位/回 (1日に3回を限度)
配置医師緊急時対応加算	
配置医師の勤務時間外の場合★	325単位／回
早朝・夜間の場合	650単位/回
深夜の場合	1,300単位/回
看取り介護加算	
(Ⅰ)(1) 死亡日以前31日以上45日以下	72単位/日
(Ⅰ)(2) 死亡日以前4日以上30日以下	144単位/日
(Ⅰ)(3) 死亡日以前2日又は3日	680単位/日
(Ⅰ)(4) 死亡日	1,280単位/日
(Ⅱ)(1) 死亡日以前31日以上45日以下	72単位/日
(Ⅱ)(2) 死亡日以前4日以上30日以下	144単位/日
(Ⅱ)(3) 死亡日以前2日又は3日	780単位/日
(Ⅱ)(4) 死亡日	1,580単位/日
在宅復帰支援機能加算	10単位/日

資料

在宅・入所相互利用加算	40単位/日
小規模拠点集合型施設加算	50単位/日
特別通院送迎加算★	594単位/月
認知症行動・心理症状緊急対応加算	200単位/日 (入所後7日を限度)
認知症専門ケア加算	
(Ⅰ)	3単位/日
(Ⅱ)	4単位/日
認知症チームケア推進加算★	
(Ⅰ)	150単位/月
(Ⅱ)	120単位/月
褥瘡マネジメント加算	
(Ⅰ)	3単位/月
(Ⅱ)	13単位/月
排せつ支援加算	
(Ⅰ)	10単位/月
(Ⅱ)	15単位/月
(Ⅲ)	20単位/月
自立支援促進加算	280単位/月
科学的介護推進体制加算	
(Ⅰ)	40単位/月
(Ⅱ)	50単位/月
安全対策体制加算	20単位/回 (入所時に1回を限度)
サービス提供体制強化加算	
(Ⅰ)	22単位/日
(Ⅱ)	18単位/日
(Ⅲ)	6単位/日
介護職員等処遇改善加算★	
(Ⅰ)	14.0%加算
(Ⅱ)	13.6%加算
(Ⅲ)	11.3%加算
(Ⅳ)	9.0%加算
(Ⅴ)	12.4～4.7%加算
高齢者施設等感染対策向上加算★	
(Ⅰ)	10単位/月
(Ⅱ)	5単位/月
新興感染症等施設療養費★	240単位/日(月1回、連続5日を限度)
生産性向上推進体制加算★(外部サービス利用型を除く)	
(Ⅰ)	100単位/月
(Ⅱ)	10単位/月
日常生活継続支援加算	
(Ⅰ)ユニット型以外	36単位/日
(Ⅱ)ユニット型	46単位/日
生活機能向上連携加算	
(Ⅰ)	100単位/月 (3月に1回を限度)
(Ⅱ)	200単位/月
看護体制加算	
(Ⅰ)	12単位/日(基本)
(Ⅱ)	23単位/日(基本)
夜勤職員配置加算	
(Ⅰ)	41単位/日(基本)
(Ⅱ)	13単位/日(基本)
(Ⅲ)	56単位/日(基本)
(Ⅳ)	16単位/日(基本)
準ユニットケア加算(ユニット型以外)	5単位/日
個別機能訓練加算	
(Ⅰ)	12単位/日
(Ⅱ)	20単位/月
(Ⅲ)★	20単位/月
ADL維持等加算	
(Ⅰ)	30単位/月
(Ⅱ)	60単位/月
若年性認知症利用者受入加算	120単位/日
専従の常勤医師を配置している場合	25単位/日
精神科医師による療養指導	5単位/日
障害者生活支援体制加算	
(Ⅰ)	26単位/日
(Ⅱ)	41単位/日

<減算>

夜勤職員の勤務条件基準を満たさない場合	×97%
入所者の数が入所定員を超える場合、又は介護・看護職員又は介護支援専門員の員数が基準に満たない場合	×70%

ユニットケアにおける体制が未整備である場合	×97%
身体拘束廃止未実施減算	×90%
安全管理体制未実施減算	▲5単位/日
栄養管理の基準を満たさない場合	▲14単位/日

高齢者虐待防止措置未実施減算★	×99%
業務継続計画未策定減算★	×97%

※ほかに、経過的サービスについての規定がある。

9. 看護小規模多機能型居宅介護（◆は短期利用では算定しない）

初期加算◆	30単位/日
認知症加算◆	
（Ⅰ）★	920単位/月
（Ⅱ）★	890単位/月
（Ⅲ）	760単位/月
（Ⅳ）	460単位/月
認知症行動・心理症状緊急対応加算（短期利用）	200単位/日（7日を限度）
若年性認知症利用者受入加算◆	800単位/月
栄養アセスメント加算◆	50単位/月
栄養改善加算◆	200単位/回（3月以内・月に2回を限度）
口腔・栄養スクリーニング加算◆	
（Ⅰ）	20単位/回（6月に1回を限度）
（Ⅱ）	5単位/回（6月に1回を限度）
口腔機能向上加算	
（Ⅰ）	150単位/回（3月以内・月に2回を限度）
（Ⅱ）	160単位/回（3月以内・月に2回を限度）
退院時共同指導加算◆	600単位/回（1回を限度）
緊急時対応加算◆★	774単位/月
特別管理加算◆	
（Ⅰ）	500単位/月
（Ⅱ）	250単位/月
専門管理加算★	250単位/月
ターミナルケア加算◆	2,000単位/死亡月
遠隔死亡診断補助加算★	150単位/回
看護体制強化加算◆	
（Ⅰ）	3,000単位/月
（Ⅱ）	2,500単位/月

訪問体制強化加算◆	1,000単位/月
総合マネジメント体制強化加算	
（Ⅰ）★	1200単位/月
（Ⅱ）	800単位/月
褥瘡マネジメント加算◆	
（Ⅰ）	3単位/月
（Ⅱ）	13単位/月
排せつ支援加算◆	
（Ⅰ）	10単位/月
（Ⅱ）	15単位/月
（Ⅲ）	20単位/月
科学的介護推進体制加算◆	40単位/月
生産性向上推進体制加算★	
（Ⅰ）	100単位/月
（Ⅱ）	10単位/月
サービス提供体制強化加算	
（Ⅰ）	750単位/月
（Ⅱ）	640単位/月
（Ⅲ）	350単位/月
（Ⅰ）（短期利用）	25単位/日
（Ⅱ）（短期利用）	21単位/日
（Ⅲ）（短期利用）	12単位/日
介護職員等処遇改善加算★	
（Ⅰ）	14.9%加算
（Ⅱ）	14.6%加算
（Ⅲ）	13.4%加算
（Ⅳ）	10.6%加算
（Ⅴ）	13.2～5.6%加算
特別地域看護小規模多機能型居宅介護加算◆	15%加算
中山間地域等における小規模事業所加算	10%加算

中山間地域等に居住する者へのサービス提供加算◆	5%加算

<減算>

登録者数が登録定員を超える場合、又は従業者の員数が基準に満たない場合	×70%
過少サービスに対する減算◆	×70%
身体拘束廃止未実施減算★	×99%
高齢者虐待防止措置未実施減算★	×99%
業務継続計画未策定減算★	×99%
サテライト体制未整備減算◆	×97%

訪問看護体制減算◆	925単位/月 (要介護1～3) 1,850単位/月 (要介護4) 2,914単位/月 (要介護5)
末期の悪性腫瘍などにより医療保険の訪問看護が行われる場合◆	925単位/月 (要介護1～3) 1,850単位/月 (要介護4) 2,914単位/月 (要介護5)
特別の指示により頻回に医療保険の訪問看護が行われる場合◆	30単位/日 (要介護1～3) 60単位/月 (要介護4) 95単位/月 (要介護5)

資料4　要介護度別ケアプランの例

要介護1（区分支給限度基準額16,765単位）

訪問介護と通所介護、通所リハビリを利用する

Kさん（女性・85歳）

●**生活環境**　一人暮らし。近県に住んでいる長女が週に1度遠距離介護をしている。長女には小学生の子どもが2人いるので、夫が面倒を見ることのできる日曜日にしか来ることができない。調理は多少できるが、配食サービスを受けている。

●**心身の状況**　軽いパーキンソン病のため、歩行は小刻みで転倒しやすい。

●**本人・家族の希望**　一人暮らしでさびしい。家族も週に1回しか訪れることができないので、週に2回午前中に誰かに来てもらい、通院・外出介助をしてほしい。

	月	火	水	木	金	土	日
8:00							
10:00	通所リハ	訪問介護(身)	通所介護		訪問介護(身)		長女介護
12:00							
14:00							
16:00							
18:00							

なし

1か月の費用　（地域区分を「その他」とし、1単位の単価は10.00とする。利用者の自己負担額は介護報酬の1割。）

訪問介護（身体介護：10～11時）　387単位×週2回（月8回）

通所介護（通常規模型：要介護1）
（584単位（基本）＋個別機能訓練加算（Ⅰ）イ56単位）×週2回（月8回）

通所リハビリ（通常規模型：6時間以上7時間未満、要介護1）
（715単位（基本））×週1回（月4回）＋リハビリテーションマネジメント加算（イ）560単位

⇒合計9,064単位（90,640円）　**自己負担額は9,064円**

※ほかに住宅改修として、浴室の手すり設置。例として、I字型手すり1本8,000円（工事費、消費税込み）、L字型手すり1本15,000円（工事費、消費税込み）。自己負担1割。

（区分支給限度基準額 19,705単位）

通所介護を利用する

Sさん（女性・86歳）

●**生活環境**　一戸建て住宅に次男夫婦と同居しているが、夫婦共に働いているので、母親が日中は1人になってしまう。

●**心身の状況**　足腰が弱り以前から立ち居ふるまいが困難であるが、最近になって認知症の症状も現れた。昼間に寝てしまって、夜間に起きることがある。

●**本人・家族の希望**　昼間の活動を活発にして夜間よく眠れるようにするためと、人との接触を図るために通所介護を希望する。

	月	火	水	木	金	土	日
8:00							
10:00		通所介護		通所介護	通所介護		
12:00							
14:00							
16:00							
18:00							

特殊寝台（3モーター）・付属品（マットレス、ベッド柵）

1か月の費用（地域区分を「その他」とし、1単位の単価は10.00とする。福祉用具貸与の介護報酬は事業者の自由設定なので、平均的な料金を設定。利用者の自己負担額は介護報酬の1割。）

通所介護（通常規模型：6時間以上7時間未満、要介護2）
（689単位（基本）＋入浴介助加算（Ⅰ）40単位）×週3回（月12回）

福祉用具貸与：特殊寝台（3モーター）1,200単位＋付属品（マットレス）200単位＋付属品（ベッド柵）50単位（毎月）

⇒合計10,198単位（101,980円）　**自己負担額は10,198円**

（区分支給限度基準額27,048単位）

訪問介護と訪問看護、通所介護を利用する

Mさん（男性・92歳）

●**生活環境**　長男夫婦、孫3人と同居。自宅併設の店舗で青果店を営んでいるので忙しく、十分な介護ができない。

●**心身の状況**　関節リウマチのためほとんど歩けない。また、大腸がん摘出手術のため、人工肛門を装着している。

●**本人・家族の希望**　訪問介護と人工肛門管理のための訪問看護、通所介護を希望する。通所介護では車いすへの移乗・移動や歩行訓練を中心に行ってほしい。車いすでの散歩などもしたい。

	月	火	水	木	金	土	日
8:00							
		通所介護				通所介護	
10:00	訪問看護	↓	訪問介護(身)	訪問介護(身)		↓	
		↓			訪問介護(身)	↓	
12:00		↓				↓	
14:00		↓				↓	
		↓	訪問看護		訪問看護	↓	
16:00							
18:00							

車いす
特殊寝台（3モーター）・付属品（マットレス、ベッド柵）

1か月の費用　（地域区分を「その他」とし、1単位の単価は10.00とする。福祉用具貸与の介護報酬は事業者の自由設定なので、平均的な料金を設定。利用者の自己負担額は介護報酬の1割。）

訪問介護（身体介護：10～11時、11～12時）　387単位×週3回（月12回）
訪問看護（訪問看護ステーション：10～11時、15～16時）
823単位×週3回（月12回）
通所介護（通常規模型：6時間以上7時間未満、要介護3）
（796単位（基本）＋個別機能訓練加算（Ⅰ）イ56単位＋入浴介助加算（Ⅰ）40単位）×週2回（月8回）
福祉用具貸与：特殊寝台（3モーター）1,200単位＋付属品（マットレス）200単位＋付属品（ベッド柵）50単位　車いす600単位（毎月）

⇒合計23,706単位（237,060円）　**自己負担額は23,706円**

（区分支給限度基準額27,048単位）

訪問介護と訪問看護、通所介護を利用する

Oさん（女性・88歳）

●**生活環境**　67歳の長女と同居。長女も高齢で障害者認定を受けており、母親の居室の掃除、洗濯などに不自由をしている。

●**心身の状況**　5年前に脳梗塞で倒れ、右半身に片麻痺が残った。そのため歩行は困難であるが、介助があればトイレに行く程度は歩ける。血圧が非常に高いので、常時医学的な管理が必要である。

●**本人・家族の希望**　入浴のためと長女の休息のために週2回は通所介護を希望する。買い物、掃除、洗濯のための訪問介護（生活援助）と訪問看護、通所介護を希望している。

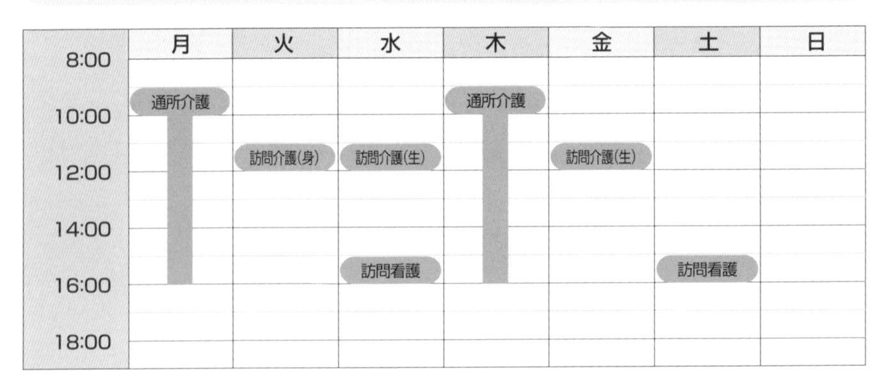

特殊寝台（3モーター）・付属品（マットレス、ベッド柵）
車いす

1か月の費用　（地域区分を「その他」とし、1単位の単価は10.00とする。福祉用具貸与の介護報酬は事業者の自由設定なので、平均的な料金を設定。利用者の自己負担額は介護報酬の1割。）

訪問介護（生活援助：11～12時）　220単位×週2回（月8回）
訪問介護（身体介護：11～12時）　387単位×週1回（月4回）
訪問看護（訪問看護ステーション：15～16時）　823単位×週2回（月8回）
通所介護（通常規模型：6時間以上7時間未満、要介護3）
（796単位（基本）＋個別機能訓練加算（Ⅰ）イ56単位）×週2回（月8回）
福祉用具貸与：特殊寝台（3モーター）1,200単位＋付属品（マットレス）200単位＋付属品（ベッド柵）50単位　車いす600単位（毎月）

⇒合計18,758単位（187,580円）　**自己負担額は18,758円**

（区分支給限度額30,938単位）

夜間対応型訪問介護と訪問看護、リハビリ、通所介護を利用

Yさん（男性・76歳）

●**生活環境**　夫婦2人世帯。妻も同年齢で病弱なため介護が十分にできない。離れて住む長男が月に3日程度訪れて遠距離介護をしている。

●**心身の状況**　1年前に脳梗塞で倒れて右半身に麻痺が残った。リハビリも行っているが意欲が低下しており、最近は寝たきり状態になり、腰に褥瘡もでき始めている。

●**本人・家族の希望**　何とか歩けるようになるように、リハビリを中心としたい。夜間妻が十分眠れるように、夜間対応型訪問介護を希望している。また、通所介護での入浴を楽しみにしている。

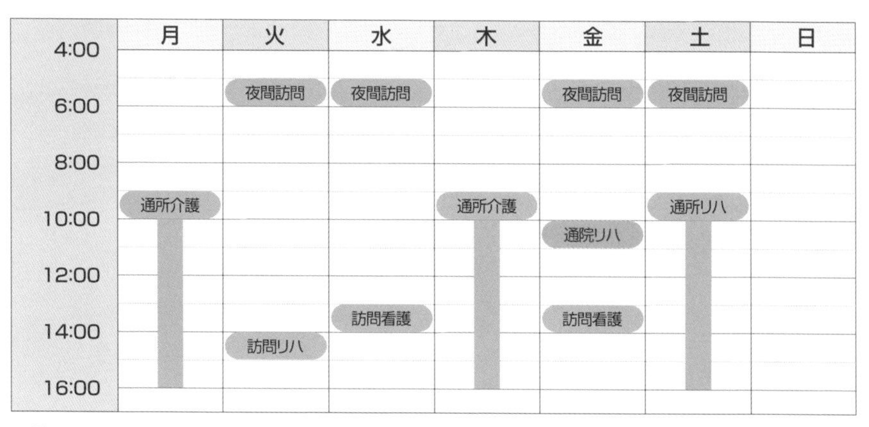

特殊寝台（3モーター）・付属品（ベッド柵）
車いす・付属品（クッション）　褥瘡予防用具（マットレス）　スロープ

1か月の費用　（地域区分を「その他」とし、1単位の単価は10.00とする。福祉用具貸与の介護報酬は事業者の自由設定なので、平均的な料金を設定。利用者の自己負担額は介護報酬の1割。）

夜間対応型訪問介護（夜間訪問介護Ⅰ定期巡回）　989単位（毎月）＋372単位×週4回（月16回）
訪問リハビリテーション（14～15時）　308単位(1日)×週1回(月4回)
訪問看護（病院：13～14時）574単位×週2回（月8回）＋緊急時訪問看護加算Ⅱ315単位（毎月）
通所介護（通常規模型：6時間以上7時間未満、要介護4）
（901単位(基本)+個別機能訓練加算（Ⅰ）イ56単位＋入浴介助加算（Ⅰ）40単位)×週2回(月8回)
通所リハビリ（介護老人保健施設通常規模型：6時間以上7時間未満、要介護4）
（1.137単位（基本））×週1回（月4回）＋リハビリテーションマネジメント加算（イ）560単位
福祉用具貸与：特殊寝台（3モーター）1,200単位＋付属品（ベッド柵）50単位　車いす700単位＋付属品（クッション）200単位　褥瘡予防用具（マットレス）600単位　スロープ　600単位（毎月）
⇒合計29,514単位（295,140円）　**自己負担額は29,514円**

（区分支給限度基準額30,938単位）

小規模多機能型居宅介護を利用する

Aさん（男性・78歳）

●**生活状況**　次女夫婦と同居。主な介護の担い手は次女であるが、次女は月～金はパート勤務がある。

●**心身の状況**　Aさんはアルツハイマー型認知症がある。寝たきり度A2　認知症の日常生活自立度Ⅲa。　歩行は介助がなければ歩けない。食事は嚥下困難があるため見守りが必要で、排泄を失敗することが多い。

●**本人・家族の希望**　以前は、通所介護と訪問介護を組み合わせて利用していた。しかし、次女が仕事を始めて留守の時間が長くなることや、Aさんがデイケアから戻る時間に在宅して迎えることが無理な場合もあること、家に違う人が出入りするとAさんが落ち着かなくなり、興奮することもあるという問題を抱えている。地域包括支援センターに相談し、通いを基本として時間延長や、通いと同じ職員による訪問介護や泊りへの切り替えなど、臨機応変に対応できる小規模多機能型居宅介護への変更を希望している。

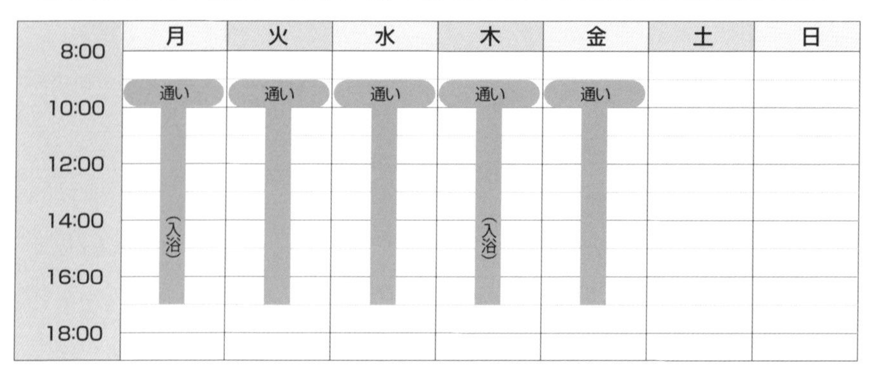

車いす

1か月の費用　（地域区分を「その他」とし、1単位の単価は10.00とする。福祉用具貸与の介護報酬は事業者の自由設定なので、平均的な料金を設定。利用者の自己負担額は介護報酬の1割。）

小規模多機能型居宅介護（要介護4）　24,677単位（1月当たり）
初期加算　30単位×30回（初月のみ）
認知症加算（Ⅲ）　760単位／月
福祉用具貸与：車いす700単位＋付属品（クッション）200単位

⇒合計27,237単位（271,930円）　**自己負担額は27,193円**

要介護5 （区分支給限度基準額36,217単位）

訪問介護と訪問看護、認知症対応型通所介護を利用する

Tさん（女性・79歳）

●**生活環境**　84歳の夫と共に夫婦2人で暮らす。夫は年齢の割には元気で、妻の介護はできるかぎり自分で行いたいと思っているが、何分高齢なので十分とはいえない。

●**心身の状況**　70歳ごろからアルツハイマー病で認知症状が現れていた。3年前に脳梗塞で倒れ予後が悪くほとんど歩けない状態が続いている。

●**本人・家族の希望**　本人は希望を述べることはできないが、夫の希望は、食事介助、排泄介助、体位交換など身体介護を希望している。また、認知症の症状が進むことを心配しており、認知症対応型通所介護を希望している。

	月	火	水	木	金	土	日
8:00							
10:00	訪問介護(身)	認知症通所介護	訪問介護(身)	訪問介護(身)	認知症通所介護	訪問介護(身)	訪問介護(身)
12:00							
14:00	訪問看護			訪問看護		訪問看護	
16:00							
18:00							

特殊寝台（3モーター）・付属品（マットレス、ベッド柵）
車いす（リクライニング式）

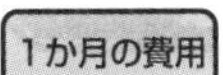

（地域区分を「その他」とし、1単位の単価は10.00とする。福祉用具貸与の介護報酬は事業者の自由設定なので、平均的な料金を設定。利用者の自己負担額は介護報酬の1割。）

訪問介護（身体介護：10～12時）　731単位×週5回（月20回）

認知症対応型通所介護（単独型：6時間以上7時間未満、要介護5）
（1,256単位（基本）＋個別機能訓練加算（Ⅰ）27単位＋入浴介助加算（Ⅰ）40単位）×週2回（月8回）

訪問看護（訪問看護ステーション：14～14時30分）
471単位×週3回（月12回）＋緊急時訪問看護加算（Ⅱ）574単位（毎月）

福祉用具貸与：特殊寝台（3モーター）1,200単位＋付属品（マットレス）200単位＋付属品（ベッド柵）50単位　車いす（リクライニング式）900単位（毎月）

⇒合計33,780単位（337,800円）　**自己負担額は33,780円**

（区分支給限度基準額36,217単位）

訪問介護と通所介護を利用する

Nさん（男性・90歳）

●**生活環境**　1年後に定年を迎える会社員の長男と同居。長男は4年前に妻を亡くし、それ以来父のもとに同居している。長男が会社に行っている日中は一人になってしまう。

●**心身の状況**　本人も1年前に妻を亡くし、そのショックから軽い認知症が起こり、意欲も低下して今では寝たきり状態となっている。そのため、軽い褥瘡がある。

●**本人・家族の希望**　長男は施設入所は希望せず定年後は家で介護したいので、それまで通所介護を利用しながら、日中一人にしないようにと希望している。

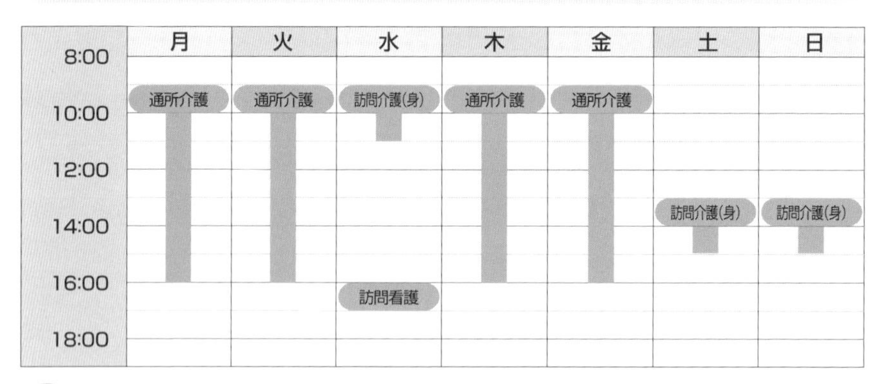

特殊寝台（3モーター）・付属品（マットレス、ベッド柵）
車いす・付属品（クッション）、褥瘡予防用具（エアマット）

1か月の費用　（地域区分を「その他」とし、1単位の単価は10.00とする。福祉用具貸与の介護報酬は事業者の自由設定なので、平均的な料金を設定。利用者の自己負担額は介護報酬の1割。）

訪問介護（身体介護：9～10時30分、13～14時30分）　649単位×週3回（月12回）
通所介護（通常規模型：6時間以上7時間未満、要介護5）
（1,008単位（基本）＋個別機能訓練（Ⅰ）イ56単位＋入浴介助加算（Ⅰ）40単位）×週4回（月16回）
訪問看護（訪問看護ステーション：16～17時）　823単位×週1回（月4回）
福祉用具貸与：特殊寝台（3モーター）1,200単位＋付属品（マットレス）200単位＋付属品（ベッド柵）50単位　車いす700単位＋付属品（クッション）200単位
褥瘡予防用具（エアマット）700単位（毎月）

⇒合計31,794単位（317,940円）　**自己負担額は31,794円**

図解入門
How-nual
索引
INDEX

介護認定審査会……………………………88
介護認定審査会意見……………………88,90
介護福祉士……………………………148
介護報酬…………………… 116,124,230
介護保険資格者証……………………76,78
介護保険事業計画……………………32,44
介護保険事業支援計画…………………44
介護保険審査会………………………126
介護保険特別会計………………………40
介護保険の給付水準……………………60
介護保険被保険者証……………… 76,228
介護保険負担限度額認定証……………122
介護保険要介護認定・要支援認定申請書 76
介護保険要介護認定・要支援認定等
　結果通知書……………………………90
介護保険料率…………………………60
介護予防……………………… 34,106,144
介護予防ケアプラン……………… 106,144
介護予防ケアマネジメント……………144
介護予防サービス………………………26
介護予防サービス費……………………114
介護予防支援…………………………144
介護予防支援事業者… 106,130,144,228
介護予防小規模多機能型居宅介護………182
介護予防・生活支援サービス事業
　…………………………… 100,148,160
介護予防短期入所生活介護……………164
介護予防短期入所療養介護……………166
介護予防通所リハビリテーション………162
介護予防特定施設入居者生活介護………168
介護予防・日常生活支援総合事業 ………100
介護予防認知症対応型共同生活介護……186
介護予防訪問看護……………………154

あ行

IADL …………………………………136
アセスメント…………………………136
医学的管理指導………………………158
生きがい………………………………34
医師…………… 152,154,156,162,200
維持期リハビリテーション……………156
移乗動作訓練…………………………156
1次判定 ……………………… 80,86,88
一部事務組合…………………………40
一般介護予防事業……………………100
医療保険………………………………50
医療保険者……………………………42
インフォーマルサービス………………132
上乗せサービス………………………176
ACP …………………………………192
ADL …………………………………136
栄養指導………………………………158
NPO法人 ……………………………222
オペレーションサービス………………180

か行

概況調査………………………………82
介護医療院
　…… 94,156,162,166,194,200,216
介護給付………………………………108
介護給付費……………………………116
介護サービス…………………………38,40
介護サービス情報公表制度……………218
介護支援サービス……………………130
介護支援専門員 ➡ ケアマネジャー
介護職員初任者研修を修了した人………148
介護職員等特定処遇改善加算…………118

資料 索引

グループホーム……186
ケアハウス……164,168,188
ケアプラン
……72,106,130,132,136,138,255
ケアマネジメント……130,212
ケアマネジャー
……72,106,118,130,134,218,220
軽費老人ホーム……168
契約書……150
健康寿命……27
現物給付……112
広域連合……40
高額医療·高額介護合算制度……120
高額介護サービス費……120
高額介護サービス費支給申請書……120
高額介護予防サービス費……120
後期高齢化率……60
更新認定……82,90,142
公費……54
公費負担医療……96
公務災害補償制度……92
高齢化率……26,60
国保連……41,124,220
国民健康保険……62,68
国民健康保険団体連合会 ➡ 国保連
個別援助計画……140

さ行

サービス事業者……72,106,136,220
サービス担当者会議……136
サービス付き高齢者向け住宅……168,206
サービス提供票……140
サービス利用票……140
再課題分析……136
財産管理……98
財政安定化基金……56
在宅医療サービス……94
介護予防訪問入浴介護……152
介護療養型医療施設……39,94,166,194
介護老人福祉施設……188,194,196
介護老人保健施設
……94,156,162,164,166,194,198
かかりつけ医……76
課題分析……136
課題分析標準項目……136
看護小規模多機能型居宅介護……190
関節可動域訓練……156
管理者……212
聞き取り調査……84
基準該当サービス……114
基準該当サービス事業者……216
基準額……58,60
機能訓練……160,164
基本指針……44
基本チェックリスト(情報)……100
基本調査……82
給付管理業務……132
給付管理票……124,132
協会けんぽ……66
共生型サービス……174
強制加入……46
強制適用……46
行政主導型……222
行政処分……126
居宅介護支援事業者……106,130,220
居宅サービス……108
居宅サービス計画 ➡ ケアプラン
居宅サービス計画作成依頼届出書……134
居宅療養管理指導……158
金融商品……224
筋力増強訓練……156
苦情処理……124,221
国……42
区分支給限度基準額……110

種類支給限度基準額……………………110
障害者支援施設……………………… 48
障害者総合支援法…………………… 92
償還払い………………… 65,78,112,114
小規模多機能型居宅介護………………182
小規模デイ………………………………184
情報提供…………………………………218
条例……………………………………… 40
ショートステイ…………………………164
所得段階別保険料…………………… 58
所得割額……………………………… 68
シルバーサービス………………………222
シルバーサービス振興会………………222
人員配置が基準未満である場合の減算…118
身上保護……………………………… 98
人生会議…………………………………142
申請時への遡及……………………… 78
申請前のサービス利用……………… 78
申請主義……………………………… 72
身体介護…………………………………148
身体拘束廃止未実施減算………………118
診療所………… 154,156,162,164,216
随時訪問サービス………………………180
生活援助…………………………………148
生活支援員…………………………… 98
生活支援サービス……………… 34,226
生活保護……………………………48,96
清拭………………………………………152
成年後見制度………………………… 98
セルフケアプラン………………………130
全身浴……………………………………152
総合事業…………………………………100
措置制度……………………………… 96

た行

ターミナルケア…………… 166,200,202
第1号被保険者 ……………… 46,50,52,62
在日外国人…………………………… 46
作業療法……………………… 156,162
サテライト型特養………………………188
算定基準…………………………………116
暫定ケアプラン……………………… 78
算定構造…………………………………150
歯科医学的管理指導……………………158
支給限度基準額……………… 110,132
自己負担…………………………………112
施設サービス……………………………108
施設サービス計画………………………200
市町村介護保険事業計画……………32,44
市町村相互財政安定化事業………… 56
市町村特別給付……………… 108,176
指定介護保険施設………………………210
指定介護予防サービス事業者…… 210,214
指定介護予防支援事業者………………210
指定居宅介護支援事業者………………210
指定居宅サービス事業者………… 210,214
指定市町村事務受託法人…………… 82
指定地域密着型介護予防サービス事業者
…………………………………… 210,214
指定地域密着型サービス事業者… 210,214
自動車賠償責任保険………………… 92
支払基金……………………………… 50
社会福祉協議会……………………… 98
社会保険診療報酬支払基金………… 66
住所地主義…………………………… 46
住所地特例…………………………46,206
住所を移転したときの認定………… 90
住宅改修費………………………………172
住宅改修費支給限度基準額……… 110,172
重要事項説明書…………………………150
樹形モデル…………………………… 86
主治医………………………………… 76
主治医意見書……………………… 76,88,229
主任介護支援専門員……………… 130,212

資料索引

特別徴収……62
特別養護老人ホーム……164,196
特例居宅介護サービス費……78,114
特記事項……82,84
都道府県……42
都道府県介護保険事業支援計画……44

な行

ながら介護……104
2次判定……80,88
日常生活訓練……160
日常生活自立支援事業……98
日常生活動作訓練……156
任意後見制度……98
認知症対応型共同生活介護……186
認知症対応型通所介護……186
認定区分変更……90,142
認定申請前に受けたサービス……114
認定調査 ➡ 訪問調査
認定調査票……82,84
認定有効期間……90
年金保険者……42

は行

被保険者……38,40,46,54
被保険者均等割額……68
被保険者資格……52
病院……154,156,162,164,216
評価……144
標準賞与額……66
標準報酬月額……66
標準報酬月額表……66
平等割額……68
福祉サービス利用援助事業……98
福祉用具……170
福祉用具購入費支給限度基準額……110
負担軽減措置……120
第2号被保険者……46,50,52,64
他法優先……92
短期入所サービス……214
短期入所生活介護……164
短期入所療養介護……166
地域医療・介護総合確保推進法……28
地域区分……116
地域支援事業……102
地域単価……150
地域単価表……117
地域包括ケアシステム……28,34
地域包括ケアシステム強化法……28
地域包括支援センター
……77,106,130,144,220
地域密着型介護老人福祉施設入所者生活介護
……188
地域密着型サービス……108
地域密着型通所介護……160,184
地域密着型特定施設入居者生活介護……188
地域密着型特養……188
チームオレンジ……102
超高齢社会……26
徴収債権……64
調整交付金……56
通所介護……160
通所リハビリテーション……162
定期巡回サービス……180
定期巡回・随時対応型訪問介護看護……190
デイケア……162
デイサービス……160
適用除外……48
特定施設入居者生活介護……168,206
特定疾病……50
特定入所者……122
特定入所者介護サービス費……122
特定福祉用具……170
特別指示書……154

要介護状態…… 74
要介護状態区分 ➡ 要介護度
要介護度……74,86
要介護認定…… 38,72,76,80
要介護認定等基準時間……80,86
要介護認定の申請……72,76
養護老人ホーム…… 164,168
要支援者…… 38,74,106,144,182
要支援状態…… 74
要支援認定…… 38
横出しサービス……176
予防給付…… 108,144

ら行

LIFE …… 7
ライフ・ワーク・ケア・バランス…… 34
理学療法…… 156,162
離島等相当サービス……114
離島等相当サービス事業者……216
利用料……118
療養通所介護…… 160,184
連帯納付義務…… 62
老人短期入所施設……164
老人保健施設……94,216
老人保健制度…… 94
労働者災害補償保険…… 92

わ行

WAMネット ……218
負担割合…… 54
普通徴収…… 62
不服申立て……126
部分浴……152
訪問介護…… 148,150
訪問介護員……148
訪問看護……94,154
訪問看護指示書……154
訪問看護ステーション……154
訪問調査……80,82,84
訪問調査員……72,84
訪問・通所サービス ……214
訪問入浴介護……152
訪問リハビリテーション……156
ホームヘルパー……148
保険給付…… 38,40,64,108
保健師……130
保険者……38,40
保健福祉サービス……176
保険料……38,40,54,58,60,64,68
保険料率…… 58
歩行訓練……156
ボランティア……222

ま行

みなし指定……216
未収納機関…… 64
モニタリング……136

や行

夜間対応型訪問介護……180
薬学的管理……158
薬局……216
ヤングケアラー……32,104
有料老人ホーム 164,168,188,204,206
ユニットケア……188
要介護者…… 38,74,106,180,188

【監　修】高室成幸（ケアタウン総合研究所　代表）

1958（昭和33）年京都生まれ。日本福祉大学社会福祉学部卒。ケアマネジャーの現任研修、地域包括支援センター、社会福祉協議会、行政職員の研修講師および業界専門誌やWebサイトへの寄稿・連載など多方面で活躍、ケアプラン評論家としても発信中。『新・ケアマネジメントの仕事術』（中央法規出版）、『ケアマネジャーの質問力』（中央法規出版）、『伝える力』（筒井書房）、『施設ケアプラン記載事例集』（日総研出版）、『本人を動機づける介護予防ケアプラン作成ガイド』（日総研出版）、『もう限界！施設介護を考えるときに読む本』（自由国民社）、『もう限界！認知症の家族を介護するときに読む本』（自由国民社）など著書・監修書多数。近著に『利用者・家族に伝わる　ケアプランの書き方術』（中央法規出版）、『目標指向型　介護予防ケアプラン記載事例集』（日総研出版、共著）がある。
ケアタウン総合研究所　URL　http://www.caretown.com

【著　者】ケアマネジメント研究フォーラム

福祉・介護分野をフィールドにしている研究者、編集者などで構成された研究フォーラム。

【編集協力】株式会社エディポック

30年余にわたり、「読者が真に必要とする本作り」をメインテーマに活動を続けている企画編集会社。時代が求める書籍をプロデュースしている。

イラスト協力　タナカ　ヒデノリ

図解入門ビギナーズ
最新介護保険の基本と仕組みがよ～くわかる本［第9版］

発行日　2024年　7月　1日　　第1版第1刷

監　修　高室　成幸
著　者　ケアマネジメント研究フォーラム

発行者　斉藤　和邦
発行所　株式会社　秀和システム
〒135-0016
東京都江東区東陽2-4-2　新宮ビル2F
Tel 03-6264-3105（販売）Fax 03-6264-3094
印刷所　三松堂印刷株式会社　　Printed in Japan

ISBN978-4-7980-7182-4 C0036